유언을 만난 세계

유언을 만난 세계

장애해방열사,
죽어서도 여기 머무는 자

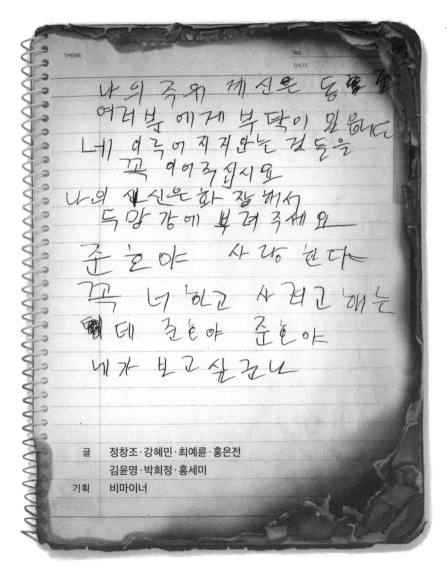

글 정창조·강혜민·최예륜·홍은전
김윤영·박희정·홍세미
기획 비마이너

오월의봄

'발아하는 씨앗'을 남겨준
이들을 기억하며

이제는 오래된 어느 술자리가 새벽 들판에 피어오르는 안개처럼 스멀거린다.

"우리 장애해방 그날까지 함께 투쟁하는 거야, 배신 때리기 없기! 건배!"

홍수 형, 태수와 함께 우리 집 앞 정자에서 마른안주에 소주를 마시며 우리는 이렇게 외쳤다.

그때의 '정자결의'는 홍수 형, 태수에게는 말 그대로 결의의 시간이었을 것이다. 그러나 당시의 내게는 비장애인 시절 맺은 모든 관계가 단절되고서, 장애인이 되어 새로 찾은 술자리에서 벌어진 해프닝일 뿐이었던 것 같다. 까짓것 술 한잔 마셔주는데 이쯤이야. '장애해방'이 뭐가 그리 힘든 것인지는 모르겠고, 그 순간은 그저 내게 위로의 시간이었다.

유언을 만난 세계

나는 주일에 교회에 가라는 엄마 말을 듣지 않고 행글라이딩을 타러 갔다가 추락하여 장애인이 되었다. 박홍수, 정태수와 만나기 전까지 나는 스스로를 '엄마 말을 듣지 않아서 장애인이 된 죄인'으로 여기고 있었다. 나를 둘러싼 모든 삶은 '내 탓이요, 내 탓이요, 전부 내 탓이었다'. 죽거나 살거나 장애란 철저하게 내가 회개하고 극복해야 할 문제였다. 사고 이후 시체처럼 무감각했던 5년의 시간을 땅에 묻고서 다시 살기 위해 찾아간 서울장애인복지관 직업훈련소에서 맺어진 만남은 내 삶을 바꿔놓았다. 1988년의 일이었다.

　　그곳에서 박홍수, 정태수는 장애인에 대한 억압이 내 탓이 아니라 사회 탓이라고 했다. 자본주의가 장애인을 사회 바깥으로 내몰기 때문이라고 했다. 지금에 와서 돌이켜보면 그것은 진실이었다. 그러나 마음 한켠엔 언제나 찜찜함이 남아 있었다. 술 한잔 얻어먹은 운명 때문에 그들과 각종 투쟁을 함께하기는 했지만, 다른 한편으로는 '내가 왜 싸워야 돼?' 하는 생각도 있었기 때문이다. 피할 수만 있다면 그저 도망가고 싶었다.

　　홍수 형은 이를 알고 있었던 것 같다. 형은 종종 내게 '너는 출신이 중도장애인이고, 프티부르주아여서 기호품 소비하듯 장애인운동을 하다가 떠날 것'이라고 했다. 기분은 나빴지만, 나도 특별히 그 말이 틀렸다고 생각하지 않았고, 함께 술 한잔할 친구가 필요했기에 계속 그를 만났다.

　　그러나 얼마 후, 나는 그와 함께 어느덧 거리로 나와 있었다. 복지관을, 도로를 점거하고서 구호를 외치고 있었다. 나의 삶은 그 '정자결의'와 함께 변해버렸다. 그때는 해프닝으로 여겼던 사건이 지금까지 나를 장애인운동에 쇠사슬마냥 묶어둘 줄은 생각도 못했다.

'아, 앞으로 어찌 될꼬, 쿼바디스 도미네.'

그러나 홍수 형과 태수는 나를 여기에 묶어놓고는 2001년, 2002년 차례대로 세상을 떠났다. '정자결의' 이후 20년이 흐르고, 이제 그 결의의 추억은 살아남은 내게만 남겨졌다. 그러나 그 결의는 새로운 장애인운동을 '발아하는 씨앗'이 되었다. 홍수 형, 태수와 더 이상 소주 한잔 기울일 수 없는 지금도, 나는 동지들과 함께 여전히 그 씨앗을 현장 곳곳에 흩뜨리고 싶다. 홍수 형, 태수가 전해준 말처럼, 비장애인들만이 살아가는 영토, 내가 스물네 살까지 살았던 그 영토에, 장애인을 생산성이 낮거나 무가치한 존재로 전락시키는 자본주의적 생산관계에 조금씩 균열을 내고 싶다. 저들만의 영토에, 저들만의 역사에 장애인운동이라는 낯선 영토와 역사를 구획해가면서.

그러고 보면 장애인운동은 내게 '하는 것'이기보다는 '겪는 것'이었다. 박홍수, 정태수뿐이었을까. 내 운동 곁에는 언제나 동지들이 있었고, 나 개인의 의지가 아니라, 그들과 겪어온 나날들이 내 운동을 꾸리고 있었다. 그러나 이 과정은 이별의 과정이기도 했다. 동지들은 나보다 먼저 하나둘씩 세상을 떠났다. 그리고 어느덧 그들은 '열사'라 불리고 있었다.

곁에 있던 이들을 떠나보내는 건 괴로운 일이다. 그러나 그들과의 관계를 통해 몸에 흡수되고, 마음으로 전달되어 작동하던 힘

유언을 만난 세계

은 '희망의 물리적 토대'가 되었다. 죽은 이들은 흔들리는 세상에서 손가락만을 보지 않고 달을 바라보며 지금을 견뎠던 힘이었다. 그래서일까? 장애인운동이 만든 성과들은 모두 나보다 앞서간 이들을 기억하고 추모하면서 시작되었다. '희망의 물리적 토대'는 '살아남은 자여 조직하라!'고 외치며 떠난 열사들이 우리에게 남긴 실천의 영역이다. 떠난 이들은 비장애인 중심의 세상을 변화시킬 진정한 무기가 되어 살아남은 내게 여전히 말을 건넨다.

이 책은 내가 겪어온 이들이 건네는 말이다. 동지들이 겪어온 이들이 건네는 말이다. 살아남은 동지들이 죽은 동지들을 겪어내는 만남의 장소이다. '정자결의' 때처럼 나는 이 이야기들을 통해 다시 한 번 열사들을 겪는다.

김순석, 최정환, 이덕인, 박흥수, 정태수, 최옥란, 박기연, 우동민.

열사들의 삶과 죽음 앞에서도, 여전히 바람이 불고 내 마음과 몸이 흔들리더라.

그러나 흔들림 없이 가는 것은 없다. 흔들리지 않고 장애인운동을 하겠다는 것은 허망한 약속이다. 그냥 겪어내야 한다. 현실에서 세상과 사람을 만나는 관계를 겪는 것이, 그리고 죽은 이들에 대한 기억과 함께 죽은 이들과의 관계를 겪는 것이 나를 지키는 것이었다.

"흥수 형, 태수야. 지금까지 나는 내가 내 의지로 하는 줄 알았어. 아니더라고. 정말, 그냥 온몸으로 겪어내는 것이더라고. 그대들도 떠나고 그대들을 따라 떠난 수많은 동지들과 만나고 사람

들과 관계 속에서 겪어내는 것이 쌓일 때 내 의지가 조금 보이기
시작하더라고. 홍수 형. 태수야"

박경석

전국장애인차별철폐연대 상임공동대표
전국장애인야학협의회 이사장

시대의 악령들을 애도하며

변방의 죽음, 그리고 역사-바깥의 존재들

이 책은 영웅들의 이야기가 아니다. '우리들'의 이야기다. 아니, 어쩌면 '우리들'의 얼굴을 닮았지만, 실은 '우리' 바깥으로 내몰린 사람들의 이야기인지도 모르겠다.

살아서 바깥으로 내몰린 사람들은 죽어서도 바깥으로 내몰린다. '열사'라는 숭고한(?) 이름으로 호명되는 이들이라고 해서 예외는 아니다. 기록은 변방을 피해간다. 죽은 자들이 머무는 거처, 즉 역사에는 가난한 장애인들을 위한 장소가 없다. "우리에게 유산은 유서 없이 남겨졌다."* 이 세계 곳곳에 새겨진 그들의 흔적

---

* René Char, *Feuillets d'Hypnos*, Gallimard, 4 édition, 2017, p.62.

에도, 그들에 대한 살아남은 자들의 기억에도, 안정된 거처를 잃은 목소리는 결코 유산의 향방을 지시하지 않는다.

혹자는 죽음 앞에서 모두가 평등하다고 한다. 누구도 죽음을 피할 수 없는 탓에 죽음이 닥쳐오는 바로 그 순간, 살아서 그어진 차이의 경계도 허물어진다는 것이다. 얼핏 이 말은 사실인 것처럼 보인다. 몸이 온기를 잃을 때, 모든 이는 다시 한 번 존엄해질 기회를 갖는다. 시체는 단순히 부패가 시작된 물질 덩어리가 아니다. 아무리 초라한 얼굴도 곧바로 '처리'되지 않는다. 추모의 장소에서, 시체는 살아 있는 육신보다 더 존귀한 대접을 받는다. 왜 시체를 찾지 못한 죽음이란 유난히 더 참담한가. 연고가 알려지지 않은 죽음은 왜 산 자들에게 과제를 남기는가.

그러고 보면 죽음이란 누군가의 가능성을 무화無化하는 사건이 아니다. 오히려 죽음은 탄생만큼이나 타자와의 관계망을 더 확장할 수 있는 계기다. 감각되지 않던 삶들도 죽음 이후에야 비로소 타자들에게 음미되기 시작한다. 거주시설에서 맞아 죽은 장애인, 산재로 죽은 불안정노동자들, 쪽방과 거리에서 죽어간 이들. 생 내내 '유령' 취급을 받고 살아온 이의 목소리도 그가 음성을 잃은 이후에야, 즉 그가 정말로 유령이 되고 나서야 조금씩 들려오기 시작한다. 죽은 자의 침묵이 숨긴 행간이란, 어쩌면 귀에 들려오는 그 어떤 소란들보다도 더 수다스러운 것인지도 모르겠다.

그러나 사실은 삶만큼이나 죽음에도, 나아가 사후의 삶에도 등급이란 게 있다. 죽음은 불평등으로 채워진 삶의 연장이지, 삶과의 전적인 단절이 아니기 때문이다. '애도될 권리'는 죽은 자 누

유언을 만난 세계

구에게나 동등하게 주어지지 않는다. 바깥으로 내몰린 이들 중 죽음을 통해 그 존재가 사회적으로 음미되는 경우도 있지만, 이는 극히 예외적인 경우일 뿐이다. 설령 죽어서야 겨우 존엄성을 회복한 이라 할지라도, 그에 대한 '주류 사회'의 주목은 보통의 애도와 어딘가 결이 다르다.

애도란 보통 '우리 중 누군가'를 상실했을 때 시작되기 때문이다. 그리고 '우리 중 누군가'를 잃는다는 건 곧 '자기 자신의 상실'이기도 하다. '우리'는 죽은 이와의 관계-사이에서 비로소 '우리'일 수 있었기 때문이다. '이전의 우리'로 돌아갈 수 없다는 고통을 감내하고 극복해가는 것, 그것이 애도의 과정을 구성한다.

그러나 변방의 존재는 '우리-사이'를 살다 간 사람이 아니다. 최소한 '우리' 안에서 존재감이 없던 사람이다. 그리고 감각되지 않던 것은 사라져도 아무런 감흥을 주지 못한다. 죽어서 비로소 주목을 받더라도, 그것은 대체로 '우리'와는 너무 달라서, '우리'보다 너무 불행해서 가련할 뿐인 존재에 대한 다소 호기심 섞인 연민에서 기인한다. '우리 사이'의 죽음에 대한 애도가 죽은 이와 '우리'를 다시 결속시킨다면, '우리 바깥'의 죽음에 대한 관심은 '우리'와 '바깥' 사이의 경계를 더 뚜렷이 한다.

1984년, 휠체어를 타고 다니던 김순석이 거리의 턱에 매번 삶이 가로막혀 목숨을 끊었을 때도 그랬다. 서울시장과 시민들은 "기가 막히도록 안타까운" 그의 사정에 혀를 찼지만, 그걸로 끝이었다. 얼마 후 분노한 장애인들이 김순석의 모조관에 불을 붙여 항의했지만, 사람들은 그것을 '높은 분들까지 참여한 행사를 방해한' 해프닝쯤으로 흘려 넘겼다. 2002년 최옥란이 기초생활보장법 최저생계비 현실화 요구와 함께 음독했을 때도 그랬다. 세상은 그의 비극을 가련해했지만, 정작 세상 바깥으로 더는 내몰리고 싶지 않아 쇠사슬을 몸에 감고 싸우던 그의 모습은 오래 새겨두지 않았다. 한편 그를 죽음으로 내몬 이 법은 김대중 전 대통령의 치적을 담은 추도사에서 '따뜻한 복지정책'의 이름으로 매년 8월마다 화려하게 부활한다.

물론 변방의 죽음이 가련함을 넘어 세상을 들끓게 한 적도 있었다. 1995년 3월, 노점 단속에 항의하며 제 몸에 불을 붙인 최정환은 대규모의 민중 저항을 촉발했다. 그러나 그 순간에조차 장애인 문제는 부차적인 문제였다. '김영삼 정권 퇴진' '세계화 반대'라는 거대한 구호는 정작 그 구호를 촉발한 변방의 목소리를 저도 몰래 감추고 말았다.

'중심의 시좌'에서 가난한 장애인들은 결코 시대에 물결을 일으키는 존재일 수 없다. 죽음조차 변방의 사람들에게 '저들'만의 세계에 포함될 자격을 부여하지 않는다. 살아서 무능력한 신체disabled body, 그러므로 세상을 만드는 데 참여할 수 없다고 여겨진 존재들은 죽어서도 기생적, 수동적 존재로 남겨진다.

변방의 존재들은 살아서 그랬듯, 죽어서도 퇴거를 당한다.

유언을 만난 세계

열사답지 않은 열사의 얼굴을 위하여

이 책의 이야기들이 변방을 살다 간 투사들을 '열사'라는 낡은(?) 호명과 함께 기록하려 하는 것은 이 때문이다. 기록은 추방된 존재를 다시 이 세계로 초대한다. 언제든 산 자들에게서 새롭게 애도될 수 있는 가능성을 열어준다.

한편 열사는 단순한 '피해자'가 아니다. 분신, 산화, 불나비 등 주홍빛 형상들이 여전히 그를 감싸고 있다. 자신이 품은 복수의 불씨를 산 자들의 옷깃에 언제든 옮겨둘 준비를 마쳐두고서. '열사'라는 호명은 변방의 존재들을 '가련함'이라는 형상, '역사-바깥의 존재'라는 허울로부터 해방시킨다. 그리고 변방의 존재들은 이 호명의 힘을 빌려 스스로를 '싸우는 이'로, '세상에 물결을 일으켜 온 이'로 재-정의한다.

그러나 그럼에도, 이 책에 새겨진 유령들은 여전히 '영웅'이 아니다. 이들의 얼굴은 오늘날까지 계승되고 있는 '전형적인 열사'의 모습, 특히 1980년대로부터 계승된 그 숭고한 형상과 사뭇 다르다.

> 언론 자유의 활성화, 노동 형제들의 민중 생존권 싸움, 농민 형제들의 뿌리 뽑힌 삶의 회복, 민족 교육의 활성화…… 등등 이루 헤아릴 수 없는 무수한 문제를 쌓아놓고 있는 현실 속에서 지금 이 순간에도 무수한 우리의 형제들이 고통받고 있다는 현실…… 기성세대에 대한 처절한 반항과, 우리 후손에게

자랑스러운 조국을 남겨주어야 한다는 의무감만을 깊게 간
직하게 했습니다.*

　　　　　　　　　　　　　　　—조성만 유서, 1988년 5월 15일, 할복.

단순하게 변혁운동의 도화선이 되고자 함이 아닙니다. 역사
의 이정표가 되고자 함은 더욱더 아닙니다. 아름답고 밝은 현
실과는 다르게 슬프게 아프게 살아가는 이 땅의 민중을 위해
무엇을 해야 할까 하는 고민 속에 얻은 결론이겠지요.

　　　　　　　　　　　　　　　—김기설 유서, 1991년 5월 8일, 분신.

정의. 진실. 역사. 민주화. 세계의 변혁. 민족의 해방. 계급의
해방. 단지 살아남는 것보다 더 큰 명분이 그를 기다리고 있다. 그
리고 그는 끝내 이 가치를 위해 죽음의 공포마저 넘어선다. 내 목
숨이란 애초에 내 것이 아니다. 그것은 계속 패배하고만 있는 저
낮은 자들을 위한 것이다. 그리고 그 마음이 '결단'으로 이어지는
바로 그 순간, 그는 비루한 일상의 굴레를 넘어 역사 자체가 된다.

　그래서일까? 그는 죽자마자 이 세계로 되돌아왔다. 아니, 꼭
그래야만 했다. 그의 부활은 시대의 진실에 다가가는 창구였고,
복수란 산 자들이 당면한 의무였다. 그리고 부활의식과 더불어 시
대는 잠시나마 불안에 떨었다. 싸움의 대의는 새삼 주목을 받았
고, 정권은 새로 출현한 유령들을 푸닥거리하기 바빴다. 저들은

---

*　　김정한, 《비혁명의 시대》, 빨간소금, 2020, 331쪽에서 재인용.

　　　　　　　　　　　　　　　　유언을 만난 세계

왜 몇 번이고 시신을 탈취하려 시도했던가. 저들은 왜 최소한의 사회적 애도조차 가로막고자 했던가.

한편 산 자들은 앞서간 이들에 대한 부채감 속에서 계속 싸워가야만 했다. 혹은 본인 역시 먼저 떠난 이들마냥, 죽음에 대한 공포를 넘어서야 했다. 혹자는 '1980년대'를 이렇게 평한다. "잃어버린 대상의 시선으로 세상을 바라보려 노력하고, 상실한 대상이 하던 일을 이어받아 수행하기도 하면서 제대로 일처리를 하지 못하는 자신의 무능을 탓한다. …… 그런 만큼 '살아남은 자의 슬픔'을 간직한 채 강력하게 저항할 수 있는 주체가 되고자 했지만, 현실적으로는 살아 있으면서 이상적인 열사의 상을 체현하는 것 또한 불가능한 일이다."**

그러나 열사의 숭고함을 드높이면 드높일수록 열사는 정작 그가 머물던 장소로부터 소외된다. 영웅적 결단만이 상연되는 무대 위에선 그가 '누구'였는지 따위가 더는 중요치 않다. 죽음에 대한 공포를 넘어서기까지 겪었던 비겁함과 굴종들, 삶 내내 지어온 표정들 역시 단지 '죽음'이라는 이상적 결단을 성취하기 위한 계기로 전락한다.

열사는 그렇게 '우리들-너머'의 존재가 된다.

그러나 살아남았기에 비겁하고, 앞으로도 계속 살고자 하기에 비루한 '우리'들이 '숭고한 저 너머의 존재'와 정말로 우정을 나눌 수 있는가? 이 질문이 뇌리를 스친 건 장애해방열사들의 삶을

** 같은 책, 333~334쪽.

하나하나 발굴해 가면서부터였다. '전형적인 열사'의 형상을 손에 꼭 쥐고서 기록 작업을 기획했건만, 계속되는 발굴은 어째 이들의 얼굴에서 숭고함을 조금씩 지워가고 있었다.

오히려 이들은 내 곁에서 싸움을 함께 겪어내고 있는 동지들의 얼굴을 하고 있었다. 때론 답답하고, 때론 섭섭하며, 때론 화가 나고, 때론 우스운, 그러나 그렇기에 함께할 수 있는 이들. 열사들은 마지막 순간에조차 저 추상적인 '민중'이 아니라, '자신의 생'을 이야기했다. 결단의 와중에도 빈약한 의지와 패배감을 날것 그대로 품고 있었다.

어쩌면 지금 필요한 건 기존 열사의 문법에 그간 기록되지 못했던 '변방의 열사'들의 삶과 죽음을 끼워 맞추는 게 아니라, 변방의 열사들이 '누구'인지를 드러나는 대로 드러내고, 이로써 '열사' 개념을 재정립하는 것인지도 모르겠다. 이미 이 시대가 상실한 열사의 위력이란, 어쩌면 열사들을 '열사답지 않은 모습'으로 새로 그려낼 때, 그래서 산 자들이 유령들과 동등한 위치에서 우정을 나눠갈 수 있을 때, 비로소 회복될 수 있을지도 모른다.

세계의 변혁이란 불완전한 우리들 간의 불완전한 연대를 통해 시작되고 완성되는 법이니까.

열사의 종언 선언과 '저들'의 푸닥거리

세 명의 노동 열사가 분신 또는 자살을 택한 지 얼마 지나지 않은 2003년 11월, 당시 대통령이던 노무현은 말했다.

지금과 같이 민주화된 시대에 분신이 목적을 달성하기 위한 투쟁 수단으로 사용돼서는 안 되며, 자살로 인해 목적이 달성되는 일은 없어야 한다.

심지어 당시 죽음을 맞이한 노동 열사 중 한 명은 과거 한때 노무현과 함께 전태일을 기리기도 했던 김주익이었다.

한편 유신에 맞서 민주주의를 외치던 김지하는 1991년 한 칼럼에서 "죽음의 굿판을 걷어치우라"고 일갈했다. 그는 당시 속출하던 학생 열사들의 면전에 대고, 민중들로부터 질긴 생명을 이어가는 법을 배우라고 훈계했다.

그러나 이 종언 선언들이 허무맹랑한 것은 이 시대가 목숨을 걸고 싸울 필요가 없는 평온한 시대라는 환상을 확산시킨다는 점이다. 그리고 이 환상은 억압받는 자들에게 이 시대가, 아니 사실 지나온 모든 시대가 '비상사태'였음을 은폐한다. 즉 열사들이 겪었던, 그리고 그들이 맞서 싸운 억압받는 자들의 파국적 운명들이 매 시대마다 각기 다른 모습으로 역사 내내 반복되고 있음을 효과적으로 감춘다. 종언 선언은 과거와 현재의 차이에 천착하여, 현재를 '더 나아진 시대'로 미화하지만, 이 시대가 과거의 억압을 어떻게 계승하고 있는지에 대해서는 철저히 침묵한다.

단적으로 노무현 정권 당시 '생계형 열사'들이 꾸준히 증가했던 것은 급격히 진행되던 신자유주의화의 흐름이 당대 민중들의 생명을 위협하고 있었기 때문이었지, 운동 진영이 그저 전통을 반복했기 때문이 아니었다. 문제는 열사 전통에 있었던 게 아니라, 바로 '저들'끼리만 '민주화'의 전리품을 나눠 갖던 시대에 있었다. 1991년에도 마찬가지였다. 김지하가 찬양해 마지않던 민중들의 생명은, 거기에 따라붙은 '질긴'이라는 수식어가 무색할 정도로 당대 권력자들의 한마디에 곧장 무너져버리곤 했다.

'촛불혁명(?)'을 거친 이 시대는 어떠한가. 2019년 12월, 고용노동부가 설계한 생산성, 효율성 중심의 공공일자리에 고용되어 실적을 채우지 못해 부담스러워하던 장애인 노동자 설요한이 스스로 목숨을 끊었다. 2020년 5월, 김재순은 일이 너무 힘이 들어 그만뒀던 공장에 재취업해 노동을 하다가 파쇄기에 빨려 들어가 죽었다. 지적장애인이었던 그를 고용하려는 공장이 없어 마지못해 다시 들어간 그 현장엔 최소한의 안전장치조차 없었다. 2021년 7월, 기초생활수급자였던 뇌병변장애인 청년이 옥탑방에서 숨을 거두었고, 그의 시신은 일주일 후에야 발견되었다. 그는 수급비만으로는 생활을 할 수 없어 노동을 하고자 했지만, 장애인이라는 이유로 일자리를 구할 수 없었다.

장애인 수용시설 내 의문의 죽음들은 점점 늘어만 가고, 거기서 살아남은 자들조차 '동등한 타자들과 관계를 꾸려가는 삶'을 매일같이 박탈당한다. 장애인 가족의 동반 자살은 코로나 이후 그 빈도수가 더 많아졌고, 생활고에 시달리다 "죄송합니다"라는 말만을 남기고 스스로 목숨을 끊어야 하는 이들 역시 점점 늘어만 간다.

유언을 만난 세계

이 민중들은 저항했기 때문에 죽은 것이 아니었다. 그저 이 시대가 마련해둔 '평온한' 일상 속에서, 그 일상에 의해 차근차근 죽어갔을 뿐이다. 그리고 저항하지 않고 살아가더라도 목숨을 빼앗기는 시대에 목숨을 건 저항을 멈추라는 선언은, 곧 도래할 자신의 파국에 맞선 싸움을 그만두라는 요구일 수 있다. 하물며 싸울 수 있는 수단이 자기 목숨뿐인 이들, 그렇게라도 싸우지 않는다면 좀처럼 주목조차 받지 못하는 이들이라면 더 그러하지 않겠는가.

목숨을 건 싸움이 비극적이며 더는 반복되지 않아야 하는 것이라면, 그러한 죽음을 양산하는 사회의 시스템을 먼저 변혁해야 한다. 죽음을 양산하는 시스템은 그대로 둔 채, 목숨을 건 투쟁의 폐기만을 요구하는 것은 이 야만의 역사를 계속 이어가겠다는 것과 다름없다.

그리고 이쯤에서 열사의 유령들이 다시 고개를 내민다.

친우여, 나를 아는 모든 나여 / 나를 모르는 모든 나여 / 나를, 지금 이 순간의 나를 영원히 잊지 말아주게.

—전태일 유서, 1970년 11월 13일, 분신.

시대의 악령들을 애도하며

유서란 죽은 자가 펜을 내려놓았을 때 완성되는 게 아니다.

유서는 산 자들이 그것을 음미할 때 비로소 완성된다. 타자가 죽은 자의 의지 속에서 유산의 향방을 해석하려 골몰할 때, 그제야 유서는 단순한 문자의 나열을 넘어선다. 누구나 그렇듯, 죽은 자도 홀로 존재할 수 없다. 열사들은 산 자들의 응답을 통해, 그 응답에 따라 사후의 삶을 꾸려간다.

그러나 유서를 읽는다는 건 어느 장소에서나, 어느 때에나 가능한 게 아니다. 새로운 이미지들로 매 순간 채워지는 일상에서 벗어날 수 없다면, 시대의 유혹에 매 순간 휩쓸려 갈 수밖에 없다면, 과거는 결코 산 자들에게 대화의 장을 열어주지 않는다. 유서와의 마주침은 산 자들이 죽은 자의 흔적이 새겨진 과거 앞에 멈출 수 있을 때 비로소 가능해진다.

어쩌면 모든 애도는 일종의 '멈춤'의 과정을 포함하고 있는지도 모르겠다. 상실에 대한 고통을 극복하고 계속 삶이 흘러가도록 하기 위해서라도, 산 자들은 우선 그 앞에서 멈춰 서야 한다. 아무런 멈춤의 과정 없이 되찾은 일상이란 결코 애도의 결과물이 아니다. 살아서 기억될 자격이 없기에 죽어서 망각될 자격도 없는 변방의 존재들이 좀처럼 애도되지 않는 것은, 이 사회가 그들 앞에서 멈출 필요를 전혀 느끼지 못하기 때문일 것이다.

변방의 열사들이 산 자들에게 자신의 죽음 앞에서, 자신의 유서 앞에서 멈출 것을 촉구하는 것도 이 때문이다. 심지어 열사는 여기서 만족하지 않는다. 그는 자신이 보통의(?) 방식으로 애도될 것을 거부한다. 열사는 산 자들에게 더 많은 것들을 요구하기 시작한다. 즉 열사는 산 자들이 이대로 일상으로 복귀해서는 안 된

유언을 만난 세계

다고 경고해온다. 세계는, 역사는 더 이상 이대로 흘러가서는 안된다. 산 자들은 열사 앞에서 멈춤과 동시에, 이 야만의 시대 자체를 멈출 것을 재촉받는다.

"날 죽인 것은 '저들'이다. 날 닮은 당신들을 죽이는 것은 '저들'이다. 내가 이 시대에 다시 태어난다면, 나는 같은 방식으로 죽게 될 것이다. 내가 산 시대는 지나갔지만, 그 시대는 아직 끝나지 않았다. 애도가 가련함에 대한 공감일 뿐이라면, 애도의 목적이 일상으로의 복귀일 뿐이라면, 날 애도하지 말라. 애도가 나와 함께 이 시대를 멈출 것을 결의하는 것이라면, 날 애도하라."

그러나 오늘날 산 자들, 특히 젊은 활동가들에게 열사들과 더불어 역사를 멈출 것을 결의한다는 건 사실 매우 낯선 일일 수 있다. 열사 추모제조차 이제는 더 이상 멈춤의 장소로 기능하지 않는다. 그 공간의 존재 의의는 시효를 다한 것처럼 보이기도 한다. 그도 그럴 것이 오늘날에는 열사의 불꽃보다 더 뜨거운, 수많은 현재의 의제들이 매 순간 새 얼굴로 나타나 모든 감각을 장악해버린다. 그 어떤 의제도 깊이 숙고되기 전에 신문 지면에서 휘발되고 마는 시대에, 먼 과거 변방의 죽음에 길게 멈춰 선다는 것은 여간 쉬운 일이 아니다.

그럼에도 열사들을 섣불리 보낼 수는 없는 탓일까? 열사의 존재는 정기적으로 그 이름만이 마지못해 다시 호명된다. 그러나 실상 오늘날의 추모 공간에서는 이들의 이름마저 별다른 의미가 없다. 직책으로 채워진 몇 줄의 약력은 개성을 드러내지 못한다. 그들은 그저 '열사'라는 단 하나의 영웅적 이미지 아래서 모두가 똑같은 존재마냥 박제되어버렸다.

"열사여! 편히 쉬십시오"라는 습관적 인사는 이제 정말로 사실이 되어버렸는지도 모른다. "열사정신 계승하여, 장애해방 이룩하자!"란 구호는 그렇잖아도 낯선 '열사의 문법'만을 진부하게 반복할 뿐, 그 구호 사이사이에 박힌 행간을 산 자들에게 전하지 못한다.

그렇게 열사는 산 자들과 함께 거리에 서기를 거부당한다. 그들은 죽었다는 이유로 '지금'의 의제에 참여할 권리를 박탈당한다. '동지'가 아닌, '동지-너머'의 존재가 되어.

그러나 발언권을 가진 이 하나가 사라질수록, '우리'의 세상은 좁아진다. 함께 논쟁할 동지 하나가 사라질수록, '우리' 목소리가 가진 깊이는 얕아진다. 그리고 그만큼 싸움의 가능성은 축소된다. 하물며 '우리'를 죽이고 있는 자들의 이름을 온몸으로 새겨두고 있는 이들이라면? 우리들 사이에서 무엇을 멈춰야 하는지, 무엇과 맞서 싸워야 하는지, 무엇을 돌봐야 하는지를 음성을 잃어서도 여전히 외치고 있는 이들이라면?

유령들과 함께 이 세상을 잘 살아가기 위해서라도, 정말로 '이야기'가 필요하다. '열사의 문법'을 반복하지 않은 채로, 유령들이 이 시대에 말을 걸어오는 그대로 기록하는 작업이 필요하다. 죽은 자가 머물 안정된 거처, '이야기' 없이는 그들 앞에서의 멈춤도 불가능하다. 그것 없이는 산 자와 죽은 자의 연대 전선도 요원한 일일 뿐이다. 그리고 그렇게 싸움이 '세련된' 얼굴로만 치장되는 동안, 변혁의 꿈은 현실과의 타협 속에서 점차 방향을 상실해

유언을 만난 세계

갈 것이다.

산 자들은 죽은 자들의 이 시대에 대한 응답을 통해, 그 응답에 따라서만 새로운 시대를 준비할 수 있다. 과거의 진실에 가닿을 때, 지금 싸움의 진실에도 가닿을 수 있다. 우리의 대오 곁에서, 진지 안에서, 영정들이 언제나 산 자들과 세상을 함께 겪어내며, 함께 세상을 바꿔온 것처럼.

이 책의 이야기들은 분명 과거의 이야기지만, 이런 차원에서 보면 동시에 먼 과거에 죽은 이들이 지금-여기에 자신의 음성을 새겨가는 정치적 실천이기도 하다. 그 존재 자체로 이 시대의 정당성을 훼손하는 유령들이 '지금', 즉 야만의 계보를 이어가는 '오늘'을 사는 후손들에게 걸어오는 대화의 시도이기도 하다.

이제 살아남은 자들은 결단해야 한다. 이 유령들을 이 시대에 공포를 안기는 악령들로 살아가게 할 것인가, 아니면 유서 없이 남겨진 유산, 한낱 박제로 남겨둘 것인가.

전태일 51주기, 죽은 자들과 산 자들이 함께 쌓아온
투쟁의 물리적 근거지, '대항로'에서

정창조
전국장애인차별철폐연대

1984년 서울, '불구자'의 유서*

	김순석 열사
	1952~1984. 9. 19
	정창조 글

✿ 김순석 열사에 대한 자료는 거의 남아 있지 않다. 이 글을 쓰며 김순석 열사에 대한 자료를 찾으려 노력했으나, 대부분 수포로 돌아갔다. 그나마 남아 있는 파편적인 자료들을 바탕으로 1980년대부터 지금까지 한국사회에서 장애인들이 겪어온 일상적인 경험을 반영하여 글을 썼다.

음독

꾹꾹 눌러 쓴 다섯 장 유서가 다시 눈에 밟힌다. 나름 시장님께 보내는 편지다. 이게 잘하는 짓일까? 일면식도 없는 사람에게 내 마지막 말을. 됐다, 마. 고마해라. 이래라도 안 카믄 내 언제 높은 분들께 관심 한번 받아보긋노. 유서를 고이 접어 품에 넣고선 가슴을 툭툭 두들겨본다. 마음이 한결 든든하다. 내도 이제 떠날 수 있겠구마. 병을 쭉 들이켠다. 목이, 식도가, 위장이 차례로 뜨거워진다.

지난날들이 스쳐간다. 내게도 아름다운 시절이 있었다. 그래, 이제 곧잘 나갈 것만 같은 날들도 있었는데. 그럼 뭐하노. 다 헛꿈이었데이. 이러나저러나 결국엔 억수로 지랄맞은 인생이었제. 이런 세상에서 나 같은 다리 빙신은 살아 있어도 뒤진 기랑 진배읎다.

©비마이너

김순석 열사 기일을 하루 앞둔 2018년
9월 18일, 서울역에서 열린 김순석 열사
34주기 추모제. 과거 《조선일보》에 실린
김순석 열사 가족 사진으로 만들어진 흑백
영정 앞에 국화가 놓여 있다.

통증이 거세진다. 저도 몰래 눈물이 볼을 따라 흘러내린다. 맘 한켠으로는 빨리 편해졌음 좋겠는데, 다른 한켠에선 그러하질 못한다. 여보야랑 아 탓인 걸까. 쯧쯧, 이 미련한 것이.

몸이 차가워진다. 옅은 숨소리조차 더 이상 들리지 않는다. 그래도, 내 유서는 꼭 읽어줄 끼다. 아무리 높은 분이라 케도. 아니, 시장님은 아이라도 그 누군가는.

천둥소리가 울린다. 지하 셋방에도 거센 소낙비 소리가 스민다. 여름내 들어찬 거리의 열기도 점차 식어간다. 이제 가을도 본격적으로 시작되려나보다.

1984년 9월 19일 오전 10시경, 마천2동의 한 지하 셋방에서 김순석은 스스로 목숨을 끊었다. 그의 나이 서른셋. 경찰은 이 사건을 '음독자살'로 결론지었다.

염보현 당시 서울시장에게 그의 유서가 실제로 전해졌는지는 알 길이 없다. 그러나 김순석이 죽고 며칠 후인 9월 22일 그의 사연이 《조선일보》 11면에 실렸고, 염보현 시장은 다음 날 간부회의에서 이렇게 말했다.

"조간신문에 눈물겹도록 기막힌 얘기가 쓰여 있다. …… 교통, 건설, 보사국 등 관련 부서 간에 충분한 협의를 거쳐 횡단보도나 건축물에 장애자들의 편의를 도울 수 있는 시설을 단계적으로 갖추도록 대책을 세우라." "장애자들의 통행 편의가 증진될 수 있도록 항구적이고 면밀한 대책을 수립하라."

그러나 이는 엄밀히 말하자면 신문 기사에 대한 응답일 뿐, 순석의 유서에 대한 응답은 아니었다. 게다가 시장의 지시에도 장애인들의 접근권은 그다지 개선되지 않았다. 서울 시내 건물들 대다수는 여전히 휠체어가 접근 불가능한 상태로 남아 있었다. 우뚝 솟은 보도블록도, 높은 육교도 그대로였다. 장애인들은 그 후에도 십수 년간 버스와 지하철을 이용하지 못했다.

　김순석의 유서도 서서히 잊혀갔다. 그리고 37년이 지난 지금, 그의 삶과 말들은 이제 신문 기사에 실린 단 몇 문장의 파편들로만 전해지고 있다.

상경

　순석은 한국전쟁이 한창이던 1952년 부산에서 태어났다. 물론 부산은 폭격 한 번 안 당하고 전투 역시 벌어지지 않았지만, 어쨌거나 여기까지도 전란의 여파가 미쳤다. 피란민이 대거 몰려들어 도시 전체가 어수선했고, 언덕이란 언덕들에는 죄다 천막촌이 들어섰다. 골목마다 배고픈 사람들이 빼곡했고 곳곳에 불안이 흘러넘쳤다. 그러나 그 와중에도 잘사는 사람들은 여전히 잘살았다.

　순석은 어려서 소아마비를 겪었다. 그리고 그 후유증으로 다섯 살부터 한쪽 다리를 절기 시작한다. 인생이 겨우 기억나기 시작할 즈음부터 그는 장애인이었다. 주변엔 상이용사들도 종종 보였고, 저맹키로 소아마비를 겪은 친구들도 몇 있었지만, 순석은 어려서부터 자신이 평범한 이들과는 뭔가 다르다는 사실을 잘 알고 있었다.

청소년기를 부산서 보내고, 서울로 떠나기로 마음먹었다. 마침 서울로 일자리를 찾아 떠나던 이들이 곁에도 꽤 있었다. 경제개발의 광풍 속에서 부산으로 돈을 벌러 전국 각지에서 사람들이 몰리기도 했으나, 서울이 이 부산보담도 더 낫단 말도 적잖이 들려왔다. 부산도 참 잘나가는 도시라 카지만, 아무래도 수도만 하긋나. 옆 동네 아무개는 서울서 엄청 성공했다는 소문도 돌았다.

다리는 절었지만 손재주 하나만은 자신 있던 차였다. 또 내한 성실 하는 사람 아이가. 서울서 뭐라도 열심히만 하믄 내도 잘 먹고 잘살 수 있을 끼다. 뭐 아무리 못해도 최소한 입에 풀칠은 안 하긋나.

1970년, 열아홉 순석은 드디어 서울 땅을 밟는다. 화려했다. 부산도 한국서 두 번째로 큰 도시라지만, 이곳은 부산보다도 더 삐까뻔쩍했다. 건물들도, 사람들도 뭔가 더 세련되었다. 무엇보다 낯선 것은 말투였다. 서울 사람들의 말투는 뭔가 약아 보이면서도 교양 있어 보였다. 어째 깍쟁이들 사이에서 저만 촌놈 같았다. 설렘과 동시에 두려움이 찾아왔다.

그러나 화려한 것은 중심부뿐이었다. 도심을 조금 벗어나니 가난의 풍경이 펼쳐졌다. 언덕마다 들어선 빼곡한 달동네들. 익숙했다. 말이 서울이지 도심이랑은 딴판이었다. 하긴 돌이켜보면 부산도 그랬다. 중심부만 화려했지, 구석탱이는 참 초라했다.

순석이 들어간 액세서리 공장이 있던 동네도 그랬다. 공장은 강동구 거여동(현 송파구 거여동)에 있었는데, 이 지역은 재개발이 시작된 2008년까지도 서울서 '가장 낡은 마을'로 불릴 정도로 황량했다(강남 지구에서 가장 개발이 덜 된 지역인지라, 부동산 투기꾼들이 최근 몇 년 동안 큰 관심을 기울인 지역 중 하나다). 1970년엔 더했다. 깨진 연탄재로 지저분한 비포장도로 곁으로는 판자촌이 쭉 널려 있었고, 집들은 지붕조차 제대로 갖추지 못했다. 어설프게 지어진 비좁은 화장실을 여러 세대가 함께 썼다.

동네 사람들 말을 들어보니 이곳은 서울로 편입된 지도 얼마 안 되었단다. 하긴 허름하고 비좁은 마을 너머론 긴 논밭이 쭉 펼쳐져 있었다. 원래 이곳서 농사짓고 살던 사람들도 제법 있었지만, 이웃 대부분은 서울 도심재개발사업으로 인해 변두리로 쫓겨온 철거민들이었다. 이들 역시 이곳에 정착해 판잣집을 짓고 새 삶을 일구기 시작한 지 얼마 안 되었다. 그들 사이에서 순석은 외롭지 않았다. 저만 이방인이 아니었다.

월급이 아주 많진 않았지만 그래도 먹고살 만은 했다. 일도 점점 손에 익어갔다. 금은세공 기술도 많이 늘었다. 내 뭐라 켔나. 원래 나가 손재주 하나만은 있다 카지 않았나. 그렇게 9년을 성실히 일했다. 마침내 사장은 순석에게 공장장 자리를 제안한다. 기쁘게 그 자리를 받아들였다. 1년 전인 1977년엔 동갑내기 김동심 씨를 만나 결혼도 했던 터라, 이번 승진은 유난히 더 반가웠다. 제대로 가장 노릇을 하고 있는 것만 같았다.

1980년, 아들 경남도 태어났다. 경사가 겹쳤다. 엄청 성공하지는 못했지만, 그래도 삶에는 늘 작은 희망이 들어차 있었다. 지금까지 내 고생도 이제사 빛을 보는 기라. 순석은 틈만 나면 갓 태어난 아들을 품에 쏙 안고서 이 말 저 말 조용히 속삭였다. "갱남

유언을 만난 세계

아, 이 애비만 믿그라."

순석은 저가 좋은 남편, 좋은 아빠가 될 수 있을 줄만 알았다.

좌절, 그리고 재기

경남이 태어날 즈음, 나라는 뒤숭숭했다. 언제까지고 대통령일 줄 알았던 박정희가 죽고 새 대통령이 들어섰다 카드만, 곧 또 다른 군인이 쿠데타를 일으켰단다. 저 멀리 광주에서는 흉흉한 소문도 들려왔다. 그리고 다음 해 9월 그 군인은 새 대통령으로 취임했다. 그래도 뭐 내 먹고사는 데 지장이야 있긋나. 이대로만 살믄 내 인생은 탄탄대로다.

그러나 불운은 예고 없이 찾아왔다. 그해 10월, 기어코 일이 터지고 만다. 순석은 심한 교통사고를 당해버렸다. 이제 막 공장장이 되고 가족도 꾸려, 앞으로는 탄탄대로일 줄 알았더니만 이 무슨 일이고. 아팠다. 그저 아팠다. 정신이 오랫동안 몽롱했다 깨어보니 몸이 뭔가 이상하다. 통증도 통증이지만, 감각 자체가 달라졌다. 두 다리에는 철심이 박혔다. 이제 다리를 저는 것이 아니라 걸을 수가 없게 되었다. 정신이 아득해졌다. 원래 가지고 있던 장애와는 비교도 못할 만큼 심한 장애를 입었다.

그렇게 오랫동안 병실에 누워 있었다. 날짜를 보지 않은 지도 이제는 꽤 되었다. 아니, 볼 필요가 없었다. 이젠 일도 몬하는 데 뭣하러. 월화수목금토일, 요일이 사라졌다. 움직일 때라곤 그저 재활 치료를 받을 때뿐이었다.

몸의 고통도 고통이지만 본인이 몸져누운 터라 홀로 생계를 꾸려가고 있는 동심에게 그저 미안했다. 동심의 얼굴을 볼 면목이 없었다. 이제 갓 태어난 갱남이, 저 작은 것이 그저 안쓰러웠다.

그렇게 2년 반의 시간이 속절없이 흘러갔고, 또 봄은 찾아왔다. 경남도 이제는 꽤 자랐다. 그동안 아내 동심은 순석의 곁을 떠나지 않았다. 남들 얘기 들어보면 남편이 불구되어갖고 떠나는 사람도 많다드만. 허긴, 그기 뭐 나쁜 기가. 내 다 이해한데이. 그런데 동심은 왜…… 순석은 동심이 그저 고마웠다. 동심은 순석이 다시 세상에 나갈 수 있도록 묵묵히 곁에서 그를 격려하고 있었다.

이제는 휠체어도 제법 익숙해졌다. 그래도 내 아직 젊은데 이리 무너질 수야 없다. 더구나 난 한 집안 가장 아이가. 시간이 날 때면 아내, 아들과 함께 병실 바깥을 산책했다. 날 좋은 날엔 모처럼 가족사진도 한 장 박았다. 순석은 점차 제 삶이 돌아오고 있음을 체감했다.

벚꽃이 한창이던 1982년 4월, 순석은 퇴원을 서둘렀다. 공장으로 돌아가기는 어째 미안했다. 시도라도 한번 해보려다 금방 포기한다. 내 같은 장애자를 누가 돈 주고 데려가긋나. 그래도 여전히 손은 쓸 수 있어 다행이었다. 마천동 지하 셋방 건물 곁 추녀 밑에 세 평 남짓한 작업장을 꾸리고 다시 연장을 손에 쥐었다.

그리고 드디어, 순석의 재기를 알리는 쇳소리가 울렸다. 내 원래도 발로 먹고살지 않았다. 원래도 성치 않은 발이었다. 내 지금까정 손만 믿고 살아온 기라. 머리핀, 브로치, 반지, 목걸이가 하

　　　　　　　　　　　　　　유언을 만난 세계

나하나 작업대 곁에 쌓여갔다. 새로운 모델의 상품들도 만들어보았다. 녹슬지 않았구마. 허긴 내 잘난 재주가 고작 몇 년 논다고 어디 가긋나. 순석은 어깨를 으쓱였다. 조금씩 자신감이 붙었다.

언젠간 나같이 손기술 있는 장애자들과 함께 공장을 꾸려보면 어떨까. 내 같은 사람들이 또 있을 낀데. 우리 같은 사람들도 희망을 가져야 한데이. 열심히만 살믄 다 먹고살 수 있는 기라. 열심히만 살믄. 그 사실을 다른 장애자들에게도 알려주고 싶었다. 이부자리에 누워 그 꿈을 동심과 나누며 깔깔거려보기도 했다.

장애

정성 들여 만든 물건들을 들고 바깥에 나왔다. 휠체어 탄 몸으로 버스를 탈 수 없으니 택시를 잡아타려 손을 휘젓는다. 택시는 순석을 본둥만둥 그냥 지나간다. 다음 택시가 지나가길래 앞서보다 더 크게 손을 휘젓는다. 택시는 또 그냥 지나간다. 그렇게 몇 번을 반복했다. 그러나 택시는 잡히지 않는다. 벌써 시간은 많이 흘렀다. 그래도 별수 있나. 계속 택시를 향해 손을 휘젓는다. 결국 택시 한 대가 마지못해 곁에 섰다.

기사는 작게 혼잣말을 한다. "휠체어가 안 들어갈 것 같은데……" 혼잣말인데 어째 다 들린다. 순석은 끓는 속마음을 꾹 누르고 입을 열었다. "저 좀 태워주이소. 부탁합니데이. 택시를 몇 대나 보냈는지 몰라요. 남대문시장까정만 가면 됩니더." 기사는 영혼 없이 휠체어를 제 차에 구겨 넣고선 다시 운전석으로 돌아와 앉는다. 남대문시장으로 향하는 내내 기사의 표정이 좋지가 않다. 순석에게 말 한마디 걸지 않는다. 간헐적으로 울리는 신경질적인 한숨 소리만이 불편한 정적을 깬다.

남대문시장까정 도착하기만 하믄 되는 줄 알았더만, 인도가 이래 사람 다니기 힘든 길인지는 여태 몰랐다. '인도'란 말이 갑자기 우스워졌다. 내는 사람이 아이가? 멋을 낸다고 유난히 울퉁불퉁 깔아놓은 길바닥 돌무더기들이 얄미웠다. 휠체어로 억지로 밀고 지나갈 때마다 온몸이 쿵쿵 울렸다. 툭하면 바퀴가 돌 틈에 끼었다.

횡단보도를 만나 길을 건너려 했드만 혼자서는 도무지 건널 수가 없다. 횡단보도로 내려가려면 보도블록의 턱을 넘어야 했기 때문이다. 여 횡단보도를 건널 수 없으니, 다음 횡단보도가 나올 때까지 다시 휠체어를 밀고 간다. 그러나 거도 마찬가지다. 마침 파란 불이 켜졌다. 순석은 다음 횡단보도까지 갈 기력이 없어 하는 수 없이 곁에 있는 남자 둘에게 도움을 청했다. "선생님들, 죄송한데 저 좀 밑으로 내려주심 안 되겠능교?" 양복을 멀끔히 입은 두 남자는 손목에 걸린 시계를 흘깃 보더니 별수 없단 표정으로 순석의 휠체어를 잡는다. 도움을 받는데도 순석의 마음은 어째 좋지가 않다.

두 남자에게 인사를 전하기도 전에 그들은 휑하고 순석을 앞서간다. 횡단보도를 다 건너 이제는 또 인도로 올라가야 하는데, 거기에도 턱이 버티고 서 있다. 도와줄 사람은 이제 곁에 아무도

유언을 만난 세계

없다.

그래 10미터쯤 갔을까. 경적 소리가 울려댄다. 순석은 얼굴이 시뻘게졌다. 그래도 어쩌겠나. 미안합니데이. 내 이리 갈 수밖에 없습니더. 속으로 계속 그 말만 되뇌고 있는데 한 차가 끼익 하고 곁에 멈춘다. 창문이 열리고 굵은 음성이 순석을 힐난한다. "야 이 새끼야. 뒤질라고 환장했냐?"

어렵사리 시장에 들어왔어도 거래처를 구하는 건 쉬운 일이 아니었다. 상인들은 순석이 지나다니는 꼴만 봐도 신기한가보다. 멀 그리 열심히 봐쌌노. 좌판에 앉은 한 할머니는 가엾다는 듯 혀를 찬다. "쯔쯔 젊은 양반이……" 할머니는 괜시리 제가 팔던 사과 하나를 무릎 위에 얹어준다. 제 딴에는 좋은 맘으로 그러실 게다. 그런데도 뭔가 기분이 석연찮다. 할매요, 내 그리 불쌍한 놈 아입니더. 그러지 좀 마소. 쪽팔리긴 했지만 맘 한켠에선 고맙긴 고맙다. 상인들이 이 할머니만 같았다면 그나마 조금 나았을 텐데. 순석이 지날 때마다 성난 고함소리가 시장통을 울린다.

"아 좁아 죽겠는데, 여까지 휠체어를 끌고 들어와서 뭐 하는 거예요? 장사 방해되게."

"야. 이 병신아. 저리로 가라. 재수없게시리. 뭘 얻어먹으려고 여까지 와서."

좁은 길목을 가득 메운 리어카들과 좌판들에게 순석은 그저 불청객일 뿐이었다.

액세서리 상점들 역시 순석을 기꺼워하지 않았다. 순석이 제가 만든 물건들을 꺼내 보여주기도 전에 상인들은 거절 의사를 밝했다. "이봐요. 사지 멀쩡한 사람들 물건 받아도 모자를 판에, 불구자 물건을 받기가 좀 그래요. 영 불안해서 말이지요. 좀 이해해주세요. 제가 딸린 식구가 많아서." 순석은 항변한다. "내도 말입니더, 딸린 식구 있다 아잉교. 그라고 내가 이래 봬도 다치기 전까정 공장장까지 했던 사람입니더. 물건이라도 함 보고 평가해주이소." 그래 봐야 소용없다. "에이. 그러지 마시고 저희 사정도 좀 이해해주시지요. 자 가세요. 가."

겨우 물건을 봐준 가게가 있었지만, 사장은 별다른 이유도 없이 가격을 깎으려 한다. "제가 선생님 사정 다 이해합니다. 저희 먼 친척 중에도 장애자가 있어요. 어디 보자. 음 물건이 생각보다 나쁘지 않네요. 그럼 이렇게 합시다. 제가 물건을 받아드릴 테니까 한동안은 좀 싸게 받읍시다. 아무리 그래도 장애자가 만든 물건인데 정상인 것들보다야 좀 싸게 받아야 하지 않겠습니까?" 아니, 물건만 좋음 됐지, 그게 뭔 상관인교. 순석은 턱 밑까지 나오는 말을 꾸역꾸역 참아내고서 예의를 차려 묻는다. "그래 얼마나예?" "2할만 싸게 하십시다. 뭐 처음만 그러고 나중에 문제없으면 차차 가격을 올려드릴 테니까……"

어짜긋노. 결국 그리 계약을 하고선 그곳을 나선다. "저 병신새끼 오지 말라니까 또 왔네." 집에 돌아가려고 택시를 타러 가는데 아까 들었던 욕설들이 또다시 반복된다. 순석은 깨달았다. 저는 지금까지 손으로만 먹고살지 않았다. 발로도 먹고살고 있었다. 손기술이 있음 뭐하노. 발이 빙신이면 손도, 아이지, 내 몸이 몽땅 빙신이 되는 기라. 세상이 다 그른 기라.

유언을 만난 세계

그래도 말이다. 내 이리 질 수야 없다. 내 이제 니들한테 미안하지 않다. 어디 함 해보자 마. 순석의 얼굴에는 독기가 잔뜩 배였다.

분노

순석은 4~5일에 한 번꼴로 집 밖을 나섰다. 그때마다 비슷한 일들이 반복되었다. 순석의 마음에는 점점 굳은살이 배겨갔다. 그래도 비참한 건 비참한 거다. 비참함이란 쉬이 익숙해지지 않는다.

화장실에 가고 싶을 때는 유난히 더 그랬다. 순석 같은 이들이 들어갈 수 있는 화장실은 이 도시 어디에도 없었다. 내 참 오줌한번 쌀 곳이 없데이. 똥이라도 마려우면 정말로 큰일이다. 허기가 져 국밥이나 한 그릇 사먹으려 했드만 가게들은 죄다 턱이 있어 들어갈 수가 없다. "어째 좀 안 되겠능교? 저도 먹고살아야 할거 아입니까. 다 먹고살자 하는 짓인데." "우리 식당은 휠체어 못들어와요. 가세요 가. 다른 손님들한테 괜한 피해 주지 말고." 식당들마다 이래 순석을 내켜 하지 않으니 목이 말라도 물 한잔 얻어먹기 민망하다.

허긴 턱이 없었어도 내를 지 가게에 들여보내긋나. 빙신이 들어오면 그날은 재수 읎는 날이라 안 카나. 뭐 겨우 식당에 들어가밥을 먹어도 숟가락을 든 내내 주인장의 신경질을 참아내야 했다. 밥이 도무지 목구멍으로 넘어가질 않았다. 순석은 대강 밥을 입에

욱여넣고 그곳을 나왔다.

그래도 가끔은 반가운 일도 있었다. 을지로에 놓인 보도블록을 처음 만나는 순간이 그랬다. 거기에는 모처럼 턱이 없었다. 대신 경사로가 깔려 있었다. 휠체어가 내려갈 수 있는 길이라니! 남들이야 머이 그리 대단한 거라 하겠지만, 순석 같은 이에게는 참 안도스런 일이었다. 시장님, 다른 데도 이래 만들어주시면 안 되겠능교?

몇 달을 그래 보내고 나니 차도로 내려가는 길을 찾는 것도, 차도를 그냥 지나는 것도 이젠 익숙해졌다. 서울 시내 어데로 가면 차도로 내려갈 수 있는지도 대강 외웠다.

그러나 1984년 7월 어느 날, 이제 겨우 익힌 '불구자의 이동 방법'조차 법이라는 이름으로 가로막히고 만다. 성수동에 공구를 빌리러 간 순석이 열심히 휠체어를 밀고 도로를 건너는데 갑자기 호루라기 소리가 울린다. 경찰 제복을 입은 남자가 달려왔다.

"거기! 뭐 하는 겁니까! 그렇게 막 건너가면 안 돼요!"

순석은 억울했다. "슨상님. 내가 휠체어를 타고 있어서…… 길을 건너기가 너무 힘들어서 그랬……" "변명하지 마세요. 법은 법입니다. 이렇게 무단횡단을 하면 어떻게 합니까? 사람 다니는 길 차 다니는 길 따로 만들어놓은 데는 다 이유가 있어요." 순석은 제가 사람 다니는 길로는 다닐 수가 없다고 계속 항변해보았지만 소용이 없었다.

그날 밤, 순석은 유치장 신세를 졌다.

다음 날 아침, 파출소를 나와 다시 휠체어에 오르면서 순석은

유언을 만난 세계

잠시 허탈하게 웃었다. 하하. 여가 내가 살 수 있는 세상이 맞긴 한기가. 정말로 내 오기만 가지고서 버티낼 수 있긋나? 죽은 듯 산 듯 멍한 표정으로 집에 돌아왔다.

동심이 놀란 표정으로 순석을 맞는다. "여보 어딜 갔다가 이제사……" 순석은 대답도 않고 작업장으로 향했다. 혼자 있고 싶었다. 그만큼 마음이 초라했다. 작업대 앞에 앉으니 갑자기 울화가 치밀어 오른다. 눈물 탓에 시야가 점차 흐려졌다. 2년 내내 참아온 설움이 한꺼번에 폭발한 것일 게다. 내게 쏟아진 욕설들. 그 모멸 찬 시선들, 동정 어린 표정들. 내게만 엄정한 법을 행사하는 저 경찰놈의 새끼.

순석은 물건들을 마구 집어던지기 시작했다. 눈앞에서 사람들이 저를 비웃고 있는 것만 같았다. 공구가 곳곳에 나뒹굴었고, 순석이 애써 만든 물건들도 죄다 부서졌다. 순석을 둘러싼 모든 것들이 부서질 때까지 분노는 좀처럼 식을 줄 몰랐다.

느닷없는 소리에 동심이 작업장 근처로 뛰쳐온다. 문틈으로 순석의 분노를 본 동심의 눈가도 점점 촉촉해진다. 미친 사람 같았다. 말려볼까 하다 금방 포기한다. 생전 처음으로 남편이 무서웠다. 하긴 저래 미치지 않고서야 배길 세상이 아니다. 남편의 재기는 정말로 성공할 수 있을까? 예전처럼 나랑, 경남이랑 다시 행복하게 살아갈 수 있을까? 벌써 저리도 무서운 꼴을 봤는데. 나도 이제 희망을 접어야 하는 게 아닐까?

결심

제2차 세계대전 종전 후 모처럼 찾아온 자본주의의 안정기는 1960년대 말에 이르러 한계에 봉착한다. 베트남전쟁 도중 과잉공급 된 미국 달러로 인한 혼란, 과열된 국제적 생산 경쟁은 물론이고, 스태그플레이션이라는 당대에는 기이했던 현상까지 마주하게 되면서 세계경제는 내내 불안했다. 이런 상황 속에서 1979년 2차 오일쇼크가 터지고, 1980년 흉작까지 찾아오면서 한국경제도 심각하게 휘청인다. 불황은 1980년대 중반까지 이어졌다. 그러나 그 시기에조차 한국은 마이너스 성장을 기록한 1980년을 제외하고선 계속 6퍼센트 이상의 경제성장을 이뤘다. 심지어 1983년엔 두 자릿수 성장률을 기록하기도 했다. 1980년과 1981년엔 물가가 20퍼센트 이상 상승했지만 임금상승률이 꽤 높았다.

뉴스는 정부의 노력으로 국가 경제가 얼마나 나아졌다느니, 1983년엔 드디어 1인당 국민소득이 2000달러를 넘어섰다느니, 무역수지 적자가 얼마나 많이 줄어들고 있다느니 매일같이 떠들어댔다. 게다가 전두환 정권은 복지국가 구현을 목표로 한다고 공식적으로 선언하기까지 했다. 유엔이 정한 '세계장애인의 해'였던 1981년엔 장애자들의 복지 증진을 위한다는 명목으로 심신장애자복지법을 제정하기도 했다.

그러나 순석네 살림은 어째 하나도 나아지지 않았다. 시장통을 지나며 이래저래 주워들은 뉴스들은 다 남 일 같았다. 내는 이래 사는데, 그기랑 내랑 먼 상관이고. 열심히만 살믄, 기술만 있음

유언을 만난 세계

다 잘 먹고 잘살 수 있다매. 그란데 내 삶은 왜 이 모냥이고? 다 그 짓말이다. 이 세상은 다 그짓말인 기라.

순석의 기술이 좋은 건 아무래도 상관이 없었다. 남들에게 순석은 그저 불구자일 뿐이었다. 거래처들은 그걸 이용해 늘 장난질을 쳐왔다. 순석과 1~2할 싸게 계약을 한 것도 모자라, 대금 날짜가 되면 이 핑계 저 핑계를 대가며 계약한 돈을 제대로 주지 않았다. 상인들은 순석이 장애자인지라 다른 거래처를 뚫기가 어차피 힘들 거라는 걸 잘 알고 있었다. 그러니 언제라도 자신이 유리한 대로 순석을 싼값에 써먹을 수 있었다.

그동안 순석은 꾹 참아왔다. 아주 잠시나마 반발을 하기도 했고, 이래저래 친한 척도 해가며 달래보기도 했지만, 결국엔 거래처 사장들의 제안을 그대로 받아들였다. 그래, 어짜피 내는 을인 기라. 그놈들이 갑인제. 머 어쩌긋노. 이 경쟁 사회에서 별수 있긋나. 결국 더 잘난 놈이 쪼금이라도 더 많이 받아가는 세상 아이가. 내 같은 빙신은 쓸모없는 놈 취급만 안 당해도, 이래 일하는 것만 해도, 고것만 해도 다행이다. 어느 거래처가, 어느 공장이 내 같은 놈을 제값에 받아주긋노.

그런데 날이 갈수록 거래처의 장난질은 점점 더 심해졌다. 순석이 만든 물건들은, 그러므로 실은 순석의 노동은 점차 싼 가격에 팔려나갔다. "다음 계약은 좀 더 싸게 하십시다." 그리고 그다음 계약은 조금 더 싸게…… 정작 내 물건에는 하자 하나 없었다. 아니, 오히려 거래처에 놓인 다른 물건들보다 훨씬 나아 보였다.

1984년 8월 말, 거래처 사장놈이 다시 한번 속을 긁는다. 그렇잖아도 유치장에 다녀온 후로부턴 이 세상 모든 것에 슬슬 열이 받던 차였다.

"저희 가게니까 김 사장님 물건 받아드리는 거죠. 이것도 많이 쳐드리는 거예요. 맘에 안 드시면 다른 가게 알아보세요. 저흰 김 사장님이랑 일 같이 안 해도 상관없어요. 요새 사지 멀쩡한 사람들 기술이 얼마나 좋은데."

김 사장님이라 부르지 말고, 차라리 빙신이라 불러라. 이 새끼가 다리 못 쓴다고 계산도 제대로 몬하는 줄 아나. 순석은 화가 폭발한다.

"사장님 말 좀 바로 하입시더. 제 물건에 하자 있음 하자 있다고 하이소. 그런 굿도 아이믄 도대체 물건값 깎는 이유가 뭥교? 내가 빙신인 기랑 그기랑 뭔 상관인교? 내도 한 만큼 받을 자격 있습니더. 그리 말씀 좀 그만하이소."

그래도 거래처 사장은 완고하다. 맘 같아선 멱살이라도 잡아채고 싶지만, 몸이 따라주질 않는다. 대신 신경질적으로 좌판을 쾅 하고 내리쳤다. 깔끔하게 진열된 물건들이 흐트러졌다. 물건 몇 개는 바닥을 나뒹굴었다. 사장놈은 그래도 눈 하나 꿈쩍 안 한다.

"어허. 이렇게 나오시면 안 돼요. 지금까지 물건 받아드린 분이라 정도 있고 해서 좋게 넘어가려 했는데, 자꾸 이런 식으로 영업 방해하면 신고할 겁니다?"

순석도 더는 참을 수 없다.

"뭐라꼬? 영업 방해? 신고오? 하. 사람이 지 혼자 해처먹어도 적당히 해야지. 정말로 인간이 되가 그러는 거 아입니다. 마. 됐습니다. 그만하입시다. 자꾸 이런 식으로 나오믄 지도 사장님네 납품 못해예. 다 때려치입시다."

순석은 뒤도 돌아보지 않고 휠체어를 굴렸다. 거래처 사장놈, 그래도 한 번은 잡을 줄 알았드만 안 잡는다. 됐다 마. 내도 니랑은 더 일 몬한다. 그런데 이 와중에도 어째 마음 한켠이 불안허다. 이제 곧 추석인데, 해필 이맘때 일이 끊겨버리다니. 이번 추석도 공쳤네, 공쳤어. 동심과 갱남에게 명절을 맞아 맛난 거 한번 사줄라 했드만. 남들맹키로 멋진 모습으로 고향 땅 한번 다녀오고 싶었구마.

그날 이후 순석은 방에 처박힌다. 아무것도 안 하고 그래 며칠을 보냈다. 허긴 그동안 내 너무 힘들었다. 보람이라도 있음 좀 나았을 텐데. 2년간 뛰어봐야 결국 손에 남은 건 아무것도 없었다. 명절도 아무 날 아닌 양 훅 보내버렸다. 이 방을 나가서 도시의 화려한 꼴을 보기가 싫었다. 순석이 갇힌 지하 한 칸 방은 그저 습하고 어두웠다. 내 삶은 딱 이기라. 내는 딱 이런 게 어울리는 기라.

그렇게 보름이 흘렀다. 순석은 침울한 경남과 동심 얼굴을 보고 있기가 힘들었다. 더 이상 세상에 나가고 싶지 않았지만, 그 꼴에 맘이 괴로와 다시 한번 힘을 짜내본다. 그래, 새 거래처나 함 뚫어보자. 순석은 결혼 예물이었던 금목걸이를 손에 들고선 다시 바깥에 나왔다. 금목걸이를 전당포에 맡기니 10만 원을 준다.

그걸 들고서 이래저래 휠체어를 밀고 다녔다. 그러나 고작 보름 새 세상은 하나도 안 바뀌었다. 순석은 여전히 사람 취급을 받지 못했다. 저 높은 거리의 턱도, 차별적 시선들도, 장애자를 대하는 거래처의 농간들도 그대로다.

그렇게 돌아다니길 3일, 성과는 전혀 없었다. 하하 이젠 더 이상 할 끼 읎네. 순간, 순석은 결심을 한다. 할 끼 읎는데 더 살아 뭐하긋노. 순석은 펜 하나와 편지지를 사들고선 지하 셋방에 돌아왔다. 펜과 편지지 옆으론 병 하나가 함께 놓여 있다. 순석은 편지지를 바닥에 두고선 펜을 꾹꾹 눌러 제 삶을 종이에 옮겨 적었다.

시장님, 왜 저희는 골목골목마다 박힌 식당 문턱에서 허기를 참고 돌아서야 합니까. 왜 저희는 목을 축여줄 한 모금의 물을 마시려고 그놈의 문턱과 싸워야 합니까. 또 우리는 왜 횡단보도를 건널 때마다 지나는 행인의 허리춤을 붙잡고 도움을 호소해야만 합니까.

……

스스로 부딪쳐보지 못하고 피부로 못 느껴본 사람은 절대로 이해할 수 없을 것입니다.

……

택시를 잡으려고 온종일을 발버둥치다 눈물을 흘린 적이 한두 번이 아니었읍니다. 휠체어만 눈에 들어오면 그냥 지나치고 마는 빈 택시들과 마주칠 때마다 가슴이 저렸읍니다.

……

그까짓 신경질과 욕설이야 차라리 살아보려는 저의 의지를 다시 한번 다져보게 해주었읍니다. 하지만 도대체 움직일 수 있는 공간을 만들어주지 않는 서울의 거리는 저의 마지막 발

유언을 만난 세계

버둥조차 꺾어놓았읍니다. 시장님, 을지로의 보도블록은 턱을 없애고 경사지게 만들어주셔서 고맙습니다. 하지만 이 밖에는 시내 어느 곳을 다녀도 그놈의 턱과 부딪혀 씨름을 해야 합니다. 또 저 같은 사람들이 드나들 수 있는 화장실은 어디 한 군데라도 마련해주셨읍니까.

……

장애자들은 사람 대우를 받지 못합니다. 대우를 받아도 끝내는 이용당합니다. 조그마한 꿈이라도 이뤄보려고 애써봤지만 시간이 흐를수록 사회는 저를 약해지게만 만듭니다.

—《조선일보》(1984. 9. 22)에 실린 김순석의 유서 중에서

이기 내가 세상에 전하는 마지막 외침인 기라. 이기 내 할 수 있는 마지막 의무인 기라. 이래가 장애자들의 삶이 조금이라도 세상에 알려진다면. 그래서 세상이 조금이라도 바뀐다면. 갱남이가 컸을 때라도 세상이 조금이나마 더 나아진다면.

장례는 하루 동안 치러졌다. 이 소식을 듣고 찾아온 기자에게 동심은 말했다. "누가 장애자들에게 사람 대우를 해주었습니까." 동심의 눈가엔 이내 눈물이 맺혔다. 사람들은 독극물이 순석을 죽였다 하는데, 어째 동심은 이 사회가 더 원망스러웠다.

다음 날 오후, 순석의 몸은 불길에 휩싸인다. 동심이 여전히 그 곁을 지키고 서 있다. 그의 손에는 순석의 유서가 구겨진 채 쥐어져 있다. 동심의 손이 희미하게 떨렸다.

아빠가 어떻게 된 건지 정확히 모르던 다섯 살 경남도 심각한

분위기를 감지했다. 아빠를 더 이상 볼 수가 없다니 그게 무슨 말일까? 그래도 일단 엄마를 달래본다. 그러나 실은 경남의 얼굴도 잔뜩 젖어 있다.

그날 이후, 휠체어로 남대문시장을 활보하던 독기 어린 표정의 한 남자는 더 이상 누구에게도 목격되지 않았다.

장례

순석이 생을 마감한 지 얼마 되지 않은 1984년 10월 6일, 장애인 복지시설 정립회관 운동장에서는 제8회 전국지체부자유 학생체전 개회식이 열렸다. 이 자리에는 훗날 보건사회부(이하 '보사부') 장관이 된 문교부 장관 권이혁과 국회의원 두 명, 서울시 교육감 등도 내빈으로 참석했다. 당시 보사부 장관이었던 김정례도 참석하기로 되어 있으나 급작스러운 일로 오지 못해 보사부 사회국장이 대신 자리했다.

그러나 이 행사에 '잡음'을 일으키는 사건이 있었다. 행사장 바깥 한구석에 순석의 모조관이 들어섰던 것이다. 곁에 세워진 제단에는 향불이 피어올랐다. 제단 곁에 선 10여 명의 장애인들이 지나는 이들에게 순석의 사정이 적힌 유인물을 나누어주었다. 그들은 장애자를 위하는 척 이런 겉치레용 행사만 열지 말고, 장애자들의 삶을 실질적으로 개선할 것을 촉구했다. 그들은 이렇게 외치기도 했다.

유언을 만난 세계

"체육대회를 해봤자 아픈 다리만 더욱 아플 뿐 우리의 상황이 나아질 건 없다!"

장애자 복지가 제대로 마련되어 있었다면, 장애자들이 맘 놓고 도시 곳곳을 누비고 다닐 수 있었다면, 장애자들이 제가 일한 만큼 받아 갈 수 있는 사회였다면, 순석의 죽음도 없었을 것이다.

이 위령제를 주도한 건 대학정립단 소속 회원들이었다. 이 단체는 중고등학교 체육시간에 비장애인들과 통합수업에 참여하는 대신 정립회관 내 수영 등의 체육프로그램에 참가했던 장애 학생들(주로 소아마비장애인)이 타교생들과 친목을 도모하기 위해 만든 단체였다. 이들은 그동안 각자의 차별 경험들을 모임에서 나누기도 했고, 종종 한국사회를 살아가는 장애자들 전반의 처지에 관심을 기울여오기도 했지만, 딱히 운동성을 가진 단체는 아니었다. 그러나 순석의 죽음은 이들을 행동으로 이끌었다. 작긴 했지만 장애자들이 함께 모여 자신들의 삶의 개선을 요구하고 나선 최초의 조직화된 움직임이었다.

전국지체부자유 학생체전 개회식의 마지막 행사는 동국대부고 장애 학생들과 서울고 장애 학생들의 축구 시범경기였다. 휘슬이 울리고 얼마 후, 대학정립단의 한 학생이 돌연 내빈석으로 향했다. 그는 권이혁 장관에게 외쳤다.

"분향을 해주십시오!"

권 장관은 아무 대답도 하지 않았지만, 그의 표정에는 당황한 기색이 역력했다. 주최 측 직원들이 황급히 뛰어왔고, 학생은 이내 바깥으로 끌려나갔다. 그 짧은 순간이 지나자 확실히 이전과는 분위기가 달라졌다. 장관은 국회의원들과 끊임없이 무언가를 속삭였고, 행사장 곳곳이 술렁거렸다.

이내 장관은 주최 측 간부를 불러 조용히 뭔가를 지시했다. 간부는 곧바로 사회자에게 다급하게 뛰어가 말했다.

"그쳐, 그쳐!"

돌연 축구 경기가 중단되었다. 15분으로 예정되어 있던 경기가 단 10분 만에 끝났고, 선수들은 영문도 모른 채 멍하니 경기장에 서 있었다.

내빈들은 서둘러 자리를 떴다. 그들 중 아무도 순석에게 향을 올리지 않았다.

이내, 순석의 모조관에 불길이 솟았다. 그 불길은 망자를 저세상으로 떠나보내기 위한 것이었건만, 어째 산 자들의 마음에는 순석의 존재가 더 강렬하게 새겨진 것만 같았다.

순석의 유령은 이후에도 여러 번 다시 출몰한다. 1989년 5월, '울림터'* 산하 문화부 마당패가 이화여대와 단국대에서 그의 삶을 연극으로 상연했다. 그가 남긴 다섯 장 유서에서 영감을 받은 〈5장 인생〉이라는 제목이 붙은 연극이었다. 당시 극장에서는 오늘날에도 익숙한 외침과 감상이 울려 퍼졌다. "그의 죽음은 억눌리고 짓밟히기만 했던 장애인들의 자기해방의 몸부림이었다." "불평등한 삶과 시각을 만들어놓은 사회인들, 서울시장, 보사부

---

* '울림터'는 1980년대 후반 변혁적인 청년 장애인운동을 지향하며 결성되었다. 이후 결성된 진보적 장애인운동 단체들의 활동가들 중 적지 않은 이들이 울림터 출신이며, 2001년 생을 마감한 최옥란 열사 역시 울림터 출신이다.

　　　　　　　　　　　　　　　유언을 만난 세계

장관이 범인이다."**

지금도 매년 9월 19일을 즈음하여, 그의 이름이 곳곳에서 호명된다. 거리의 턱에 삶이 가로막힌 사람들, 애초에 '노동할 수 없는 자'로 규정되어 착취당할 자격조차 갖추지 못한 사람들, 온갖 차별과 제도 덕에 매 순간 생명을 위협받아야 하는 사람들은 이날, 또 다른 순석이 되지 않기 위하여 잠시 순석이 된다.

** 《장애인문제연구회 울림터 활동기록집 1986~1992년》, 1993, 61쪽.

시대의 복수가 된
유언

	최정환 열사
	1958. 6. 30 ~ 1995. 3. 21
	강혜민 글

시작이 된 죽음

1995년 3월 25일, 성난 군중 사이로 커다란 부활도에 새겨진 한 사내가 주먹을 치켜들고 있었다. 휠체어에 앉아 있는 사내는 오른쪽 무릎 아래가 없다. 카키색 남방에 고동색 바지를 입은 사내는 평범한 민중의 얼굴을 하고 있었다. 그의 그림 왼쪽으로는 행상하는 여성이, 오른쪽으로는 수레에 짐을 싣는 사내들의 모습이 새겨져 있다. 그를 불태웠던 빨갛고 노란 불빛이 그의 몸을 감싸고 있었다.

부활도 곁으로 하나의 유언이 싸움터를 배회한다. "복수해달라, 400만 장애인을 위해서라면 죽어도 좋다." 최정환 열사는 그날 이후 계속 이 유언으로 존재했다. 분신으로 얼굴 3도 화상에 기도를 절개한 상태에서 말을 한다는 것은 불가능할지도 모르기에, 실제로 최정환이 이 말을 남겼는지에 대해서는 여전히 의견이

1995년 3월 11일 서초구청 앞.
최정환 열사가 생전 사용하던 카세트 테이프 좌판이 불에 타고 있다.

분분하다. 그러나 김흥현은 분명히 그 말을 들었다.

> 병원에 정보과 애들이 계속 접근해 들어오니까 당시 유희 여
> 성위원장이 최정환 열사 병실을 통제했어요. 그리고 유희가
> 들어가 녹취했다고. "복수해달라, 400만 장애인을 위해서라
> 면 죽어도 좋다." 나는 녹취한 것을 들었기 때문에 기억을 해
> 요. 띄엄띄엄 떨리면서, 통증에 시달리면서 하는 그런 얘기들
> 있잖아요. 그 얘기를 분명히 해요. "복수해달라." 신음하면서.
> (김흥현)

유언을 만난 세계

원래 계획대로라면 오전 9시 연세대학교 노천극장에서 영결식을 하고, 서울시청과 서초구청에서 노제를 한 후에 용인에 위치한 천주교 공원묘역으로 향해야 했다. 하지만 시신이 경찰에 탈취당하면서 계획은 어그러진다. 시신 없이 영결식을 치러야 했다. 시신이 경찰 손에 넘어갔다는 소식에 연대 노천극장은 술렁였다. 문제제기할 가족도 없는 장애인 노점상의 죽음은 땅에 묻어버리면 끝이었다. 단 한마디의 사과도 없이 이러한 죽음을 은폐하는 것은 권력의 오래된 전통이었다. 문민정부의 이름표를 달고 군부 세력과의 단절을 시도했으나, 삼당야합으로 탄생한 김영삼 정부의 혈통은 숨길 수 없었다.

　　영결식을 마친 이들은 가두 진출을 시도한다. 교문 밖으로 터져 나오는 목소리들을 경찰은 곤봉으로 내리쳤다. 500개의 화염병이 하늘을 뒤덮은 매캐한 최루탄을 뚫고서 경찰을 향해 날아갔다. 여기저기 불꽃이 지뢰밭처럼 터졌다. 이것은 복수를 실행하려는 이들과 막아서려는 정부 사이에 벌어진 전투였다. "김영삼 정부는 물러가라!" "최정환을 살려내라!" 연대 앞, 서울시청 삼거리, 강남시립병원 앞에서 사람들은 외쳤다. 오후 6시경에는 한강대교 강북 방향 4차선 도로를 자동차와 휠체어로 1시간 30분가량 점거하기도 했다.

　　복수해달라, 이게 누구 때려죽여달라는 얘기겠어? 다신 나 같은 사람 안 나오도록 해달라, 이런 얘기겠지. (김흥현)

1995년 3월 25일 장애인 노점상 최정환
열사 빈민장이 연세대학교에서 열렸다.
트럭에 이를 알리는 자보가 붙어 있다.

유언을 만난 세계

유언은 죽음의 문턱을 넘기 직전 뱉어낸 천둥 같은 말이다. 생生이라는 거대한 거미줄에 걸린 이 낯선 문자를 해독하기 위해선 생의 씨줄과 날줄까지 읽어내야 한다. 유언의 속성은 지시성에 있다. '복수해달라.' 그러므로 유언은 홀로 존재하지 않는다. '듣는 자'가 있을 때에야 세상에 '존재하는 말'로 남는다. 최정환의 유언을 읽어낸 사람들은 필사적이었다. 이 죽음은 박홍수, 정태수, 김홍현, 유희, 조덕휘를 조직했다.

그때 난생처음 분신한 사람의 모습을 본 유희는 한동안 밤새 악몽에 시달렸다. 6년 차 전국노점상연합회(이하 '전노련') 활동가였던 유희는 "내가 무서워서 이런 벽 하나를 못 넘는구나" 싶어 거듭 마음을 다잡고 중환자실에 들어가 최정환에게 계속 말을 걸며 '이 벽을 넘자'고 다짐했다. 경찰이 접근할 수 없게 병실을 통제하고, 영안실에서 쌀을 씻어 장례투쟁에 온 수백 명의 끼니를 챙기며 최정환 열사 노제 사회를 봤다.* 감당할 수 없을 것 같던 죽음의 무게를 정면으로 마주하며 분노로 돌파했다. 그래서 시신 탈취로 싸움이 마무리됐을 때 배신감과 허탈감, 좌절감에 잠시 사라지기를 택했던 그였다.

최정환 열사 투쟁은 3월 8일 분신을 시작으로 25일 연대 투쟁까지 17일간 이어졌다. 그러나 '3월 25일의 싸움이 어떻게 끝났는지' 물었을 때, 사람들은 그날의 투쟁이 어떻게 끝났는지 기억

---

* 현재 유희는 장기 농성장, 투쟁 현장 등에 찾아가 밥으로 연대하는 '십시일반 밥묵차' 활동을 하고 있다. 그는 "최정환 열사 투쟁이 밥묵차 활동의 시초"라고 말한다.

1995년 3월 25일 연세대학교에서 최정환 열사 영결식 후 가두 진출을 시도하는
사람들과 이를 무력진압하는 경찰이 대치하고 있다.

하지 못했다. 대한성인장애인복지협의회(이하 성장협)에 관련된 이
들을 제외하고 취재를 위해 만난 사람들 모두 최정환이 어디에 묻
혔는지조차 알지 못했다고 한다. 당시 장례투쟁 논의를 할 때부터
최정환의 시신을 용인 천주교 공원묘역에 안장하기로 결정이 나
있었고, 25일 장례투쟁을 전하는 언론 보도에도 시신이 경찰에 탈
취당한 후 용인의 해당 묘역에 안장되었다는 보도가 나온다. 그런
데 왜 사람들은 한결같이 '알지 못했다'고 답하는 걸까. 최인기는
시신을 탈취당한 후 "아무도 기억하고 싶지 않은 사건"이 되어버
린 것 같다고 말한다. 유희도 "진저리쳐져서" 신경 쓰지 않았다.

시신 탈취당하고 다른 단체에 뺏겨서 장례 치렀는데 우리가
이걸 1주기라고 해야 하나, 이런 서로의 개인적 의견도 있었
어요. 거기(성장협)서 하겠지. (유희)

최정환 시신이 경찰 손에 넘어갔던 배경에는 당시 장례투쟁
에 함께했던 일부 장애인단체의 '배신'이 있었다. 연대 투쟁 전날
밤, 장례위는 홍남호의 생선 판매 트럭에 시신을 실어 연대로 옮
기려다가 경찰에게 트럭째 빼앗긴다. 홍남호는 '연대로 가지 않
겠다'는 각서를 쓰고서야 풀려날 수 있었다. 성장협 부회장이자
당시 장례위 호상護喪으로 장례 내내 상주 노릇을 했던 홍남호는
1995년 3월 25일을 이렇게 기억한다.

이 친구는 진짜 멋있게 갔어요. 캐딜락 앞에 오도바이 사이클
일곱 개 서 있고, 각 방송 기자들 붙어 있고. 그 뒤에 경찰들
차 열다섯 대 서 있고. 장애인 차들 200여 대가 쭉 서 있으니,
서울에서 용인까정 개미 새끼 하나 못 들어오게 붙어 있었어
요. (홍남호)

그날 최정환의 시신은 까만색 캐딜락에 실려 경기도 용인시
처인구에 있는 천주교 공원묘역으로 향한다. 그의 혼이 도심 곳곳
에서 불타오를 때, 그의 육신은 땅에 묻혔다. 사람들이 그이의 혼
을 기억하면서도 잊어버린 이유다.
홍남호에게는 그것이 그를 "멋있게 보내는 길"이었으나, 운

동의 측면에서 보자면 싸움을 종결시키는 선택이었다. 그도 그것을 알고 있지만 크게 개의치 않는 듯했다. '각서 쓴 것에 대해 후회하지 않느냐'는 물음에 홍남호는 "나는 편안히 빨리 보내야 할 의무가 있으니까"라고 답했다. '홍남호가 돈을 받고 합의했다'는 소문에 대한 진의를 묻자, 홍남호는 "개인적으로 그 돈은 만져보지도 못했"다면서도 성장협에 대해서는 "돈 따먹기 기술자"라며 자신이 경찰서에서 나왔을 때는 이미 "윗분들이랑 다 합의가 돼 있었던 것 같다"고 말했다.

17일간 싸움은 숨 고를 틈도 없이 긴박하고 치열하게 이어졌지만, '열사의 시신이 일부 장애인의 거래에 의해 탈취당했다'는 사실은 그만큼 깊은 상흔을 남겼다. 이는 장례투쟁 이후 곧바로 이어진 전국장애인한가족협회(이하 '전장협')와 전노련의 투쟁평가서에도 고스란히 드러난다.

전장협은 "투쟁 과정에서 장애인단체들의 개량성 및 단체 이기주의적 사업 작풍이 여실히 드러났을 뿐 장애문제를 장애민중의 생존권 문제로 전환, 설득하는 것에는 실패"했으며, "민민운동 진영은 김영삼을 중심으로 침체되었던 투쟁 대오를 정비하는 데는 일정 정도 성과를 거두었으나, 일회적이고 즉자적인 대응"에 지나지 않았다는 뼈아픈 평가를 남긴다. 그러나 다른 한편으로 전장협은 장애인운동 중심세력으로 전장협을 알려내는 데 어느 정도 성공했고, 특히 전노련과는 앞으로의 연대를 고민할 정도로 성과를 남겼다고 자평한다.

그렇게 최정환 열사 투쟁으로 장애인운동은 빈곤·노점운동

유언을 만난 세계

과 만나면서 "진보적으로, 계급적으로 각성"(김홍현)한다. 장애민중이 처한 문제를 전체 사회구조 속에서 사유하며 이를 운동적으로 풀어가기 위한 방법을 모색하게 된 것이다. 열사의 죽음은 새로운 시작을 만들어냈다.

운명을 타고 다닌 사내

최정환이 어떤 삶을 살아왔는지에 대해서는 알려진 게 거의 없다. 기껏해야 1958년 6월 30일 대전에서 태어났고, 곧 부모에게 버림받아 고아원에서 자랐다는 것 정도다. 그는 자신의 본래 이름을 잃어버린 채 '유병찬'으로 불리며 살았다. 그가 원래의 이름을 되찾은 것은 한참이 지난 스물일곱 살이 되어서였다. 1985년, 그는 아버지를 찾기 위해 신문광고를 냈고, 아버지와의 재회는 그에게 '최정환'이라는 본명을 건넨다. 그러나 가족을 되찾을 순 없었다. 아버지는 '최정환'이라는 이름만을 남긴 채, 다시 종적을 감췄다.

> 장애인을 내 자식이라고, 그때 당시만 해도 저 사람이 내 아들이다, 이런 내놓을 만한 마음들이 없었어요. (김원휴)

> 최정환하고 나하고 같이 살고 있는데 누군가 찾아왔어요. 그런데 모습이 그렇고 되어부니까 아버지가 다시 안 와불더라

최정환 열사의 생전 모습.

고. 몸이 너무 부서졌잖아. 몸이. 함 찾아오고 그 뒤로 안 만
나주더라고. 자꾸 물어볼 수는 없잖아. 안 오면 안 오는갑다.
내 몸이 너무 많이 이래서 내 부모 형제도 버린갑다, 두 번 버
린갑다. 그런 이야기는 들었어요. (홍남호)

본래 비장애인이었던 그는 성인이 되어 고아원을 나온 후, 스
물한 살(1979년) 때 당한 교통사고로 하반신마비를 입고 오른쪽 다
리를 절단했다. 1981년 심신장애자복지법이 제정되긴 했으나, 당
시 장애인들은 존재 자체로 가족들에게 큰 부담이었다. 그렇다고
지역사회에서 스스로 벌어 먹고살 수 있는 조건이 마련되어 있지

유언을 만난 세계

도 않았다. 당시 가족과 사회로부터 버림받고, 갈 곳 잃은 장애인들이 독지가나 종교단체가 만든 공동체에서 삶을 이어가곤 했던 것도 이 때문이었다.

최정환 역시 서울 둔촌동에 있던 '애덕의 집'에 들어갔다. 1981년 고故 김근영(안토니오)이 설립한 애덕의 집에는 행려병자와 장애인 15~20명이 함께 모여 살고 있었다. 애덕의 집에서는 선생님을 모셔와 나무에 글씨 파는 서각 기술을 배워 작품을 만들어 팔고 가끔 전시회도 했는데, 그곳에서 최정환과 함께 생활한 김원휴는 그가 서각도 잘하고, 특히 붓으로 대나무를 잘 그렸다고 기억한다.

(최정환이) 글 쓰고 읽는 능력은 좋았어요. 한문도 잘 알고, 서예도 되고. 대나무 그린 걸 후원자들에게 액자로 해서 주기도 하고. 나무에 새겨서 판매도 하고. (김원휴)

그러나 시설 생활은 오래가지 않았다. 최정환은 애덕의 집에서 1~2년가량 살다가 다시 지역사회로 나왔다. 당시 그와 함께 애덕의 집을 나온 김원휴는 "자립을 위해서" 그곳을 나왔다고 말한다.

시설에 있을 때는 참 좋습니다. 사람들이 와서 격려도 해주고 먹을 것도 풍부하니까요. 그러나 자립은 있을 수가 없죠. 원생으로서만 생활할 수 있어요. 나는 내 삶을 살고 싶은데……

좋은 음식 주는 시설보다는 힘들더라도 자립하겠다는 열망이 크니까 나온 거예요. (김원휴)

그러나 장애인에게 자립은 쉽지 않았다. 당시엔 더욱더 그랬다. 그나마 생활에 보탬을 줄 수 있는 생활보호법*조차 그를 교묘히 피해갔다. 최정환은 연락도 닿지 않는 아버지(부양의무자)가 법적으로 존재한다는 이유로 생활보호대상자가 될 수 없었다. 생활보호법에 따르면 정부는 근로 능력이 없는 사람에게 생계비를 지원해 국민의 최저생계를 보장해야 했다. 생활보호대상자가 받을 수 있는 생활보조금은 7만 8000원으로 최저생계비 18만 8000원의 40퍼센트를 겨우 넘는 수준이었다(1995년 기준). 생활보호대상자 중 중증·중복장애인에게는 생계보조수당 3만 원이 추가로 지급되었으니, 당시 최정환이 생활보호대상자였다면 아마 월 10만 8000원 정도를 받을 수 있었을 것이다.

그렇다고 어딘가에 취직해 일을 할 수 있는 상황도 아니었다. 목발만 짚어도 중증장애인으로 취급되던 시절, 최정환처럼 휠체

---

* 근로 능력이 없는 노인, 장애인 등 가난한 이들의 생계 보호를 목적으로 1961년 제정됐다. 그러나 이 법은 65세 이상, 18세 미만, 중증장애인으로 '보호대상자'를 한정하여 IMF 이후 발생한 대량 실직자를 구제할 수 있는 포괄적인 사회보장제도로 기능하지 못했다. 이러한 문제의식이 반영되어 생활보호법은 2000년 10월 1일 국민기초생활보장법이 시행되면서 폐지됐다. 국민기초생활보장법은 근로 능력이나 나이, 장애 유무와 관계없이 전 국민을 대상으로 수급 신청을 할 수 있도록 하여 권리로서의 복지를 보장한다는 점에서 진일보했다는 평가를 받는다.

　　　　　　　　　　　유언을 만난 세계

어 탄 이들을 써줄 만한 곳은 없었다. 1980년대에는 장애인 의무 고용제도도 없었고, 1990년에 장애인고용촉진법이 제정되어 300인 이상 사업체와 국가 및 지방자치단체는 장애인을 2퍼센트 이상 고용해야 할 의무가 생겼지만, 이 역시 기술이 있는 경증장애인에게나 해당되는 이야기였다. 시설에 있었을 때 후원자들에게 인정받았던 서각과 서예 기술도 시설 밖에서는 별 볼 일 없는 실력이었다.

제과제빵 기술자였던 김원휴는 시설에서 나온 후 다시 제과점에 들어가 일했지만, 별다른 기술이 없던 최정환은 다방을 돌며 껌을 팔거나 시장 바닥에서 수세미를 팔기 시작했다. 어찌 보면 '평범한' 선택이었다. 당시 거리로 나온 장애인들은 양말, 라이터, 휴지 등 기본적으로 손이 많이 가지 않는 간단한 공산품을 주로 팔았다. 특히 껌, 수세미는 장애인들이 '동정에 편승해서' 많이 팔던 품목 중 하나였다. 어느 정도 상권이 형성되어 있는 지역만 찾으면, 큰 밑천 없이 노점을 시작할 수 있었고, 노점으로 대단한 돈벌이는 하지 못해도 하루 먹고살 만큼의 수입은 거둘 수 있었다.

다만 한 시장에 껌팔이가 여럿 있으면 벌이가 시원찮으니, 눈치 있게 자리를 보면서 들어가야 했다. 두 다리를 고무 튜브에 끼운 채, 종일 걸어 다니는 사람들 무릎 아래에 납작 엎드려 기어 다니는 일은 만만찮은 노동이었다. 장애인이 들어갈 수 있는 화장실과 식당이 없어 목을 축이기 위한 물 한잔도 마음껏 마실 수 없었다.

온몸이 먼지와 땀 범벅이 되어 하루치 노동 값을 손에 쥐고서야 마천동 재개발 지역 셋방(강남 세곡동 비닐하우스에 살았다는 설도 있다)으로 돌아오면 앵벌이, 노점을 하는 장애인들이 삼삼오오 모여 있었다. 최정환은 홍남호가 마련한 그 집에서 그들과 함께 살았다. 밥만으로는 피로를 풀 수 없어 저녁 내내 함께 화투를 치고 술을 들이켰다. 얼마 되지 않은 수입은 그날 바로 다 써버리기 일쑤였다. 그러니 부지런히 일해야 했으나, 정작 지속해나가기 어려운 것이 노점이었다. 한여름에는 땅에서 올라오는 열에 엉덩이가 익어서, 한겨울에는 손이 곱고 땅의 냉기에 마비된 몸을 추스르기가 어려워서 장사를 나갈 수 없었다. 비나 눈이 내리는 날에도 쉬어야 했다.

그럼에도 "그냥 손 벌리는 게 아니라, 상품을 판다는 자부심"* 덕택에 스스로를 당당한 사회구성원으로 여길 수 있었다. 당시엔 구걸이나 행상을 하는 장애인의 조직인 성장협이 결성되어 있을 정도였고, 최정환 역시 성장협 회원이었다.

어쩌면 더는 잃을 것이 없기에 거침없이 살 수 있었던 걸까. 이런 비루한 삶에도 그는 자신을 몰아세웠던 삶의 무게에 짓눌리기보다는 그 운명을 오토바이처럼 타고 다니는 "과감하고 배

---

* 과거 시장 바닥에서 앵벌이를 하다가 '장애인 사랑'이라는 상표가 붙은 화장지 행상을 했던 김백령은 "그전에는 전철을 타고 시장을 돌아다니며 속칭 앵벌이로서 구걸을 했다. 그때에 비하면 지금은 힘은 더 들지만 그냥 손을 벌리는 게 아니라 적어도 상품을 판다는 자부심이 있어 보람을 느끼고 있다"고 밝혔다. 이태곤, 〈"얼굴에 철판 깔고 용기를 내는 데는 일가견이 있죠": 화장지 행상장애우 김백령〉, 《함께걸음》, 1994년 8월.

유언을 만난 세계

짱 있는" 사내였다. 실제 그는 친구들 사이에서도 큰 오토바이만
을 타기로 알려져 있었다. 김원휴는 "하체가 자유롭지 않은" 최정
환이 커다란 오토바이를 타고 도로를 질주하던 모습을 떠올리며
"장군 근성"을 지닌 사내였다고 추억했다.

바깥의 삶

최정환은 타고난 장사 수완으로 자신에게 들이닥친 가난을
매끄럽게 잘 빠져나갔다. '부처님 오신 날'에는 동료 장애인들과
함께 조계사 앞에 가서 초를 팔곤 했는데, 그런 날엔 사람들이 잔
돈을 잘 받지 않았다. 그러다보니 장사가 끝날 때쯤엔 "동전이 너
무 무거워서" 들 수 없을 정도로 쏠쏠한 재미를 볼 수 있었다.

수세미에서 카세트 노점으로 종목을 바꾼 것은 탁월한 선택
이었다. 1990년대 초 '워크맨'과 같은 휴대용 카세트가 보편화되
면서 음반시장에 활기가 돌았고, 불법 테이프 시장은 점점 커졌
다. 최정환은 성내역(현 잠실나루역)에서 카세트 노점을 하다가 이
자리를 다른 장애인에게 넘겨주고 양재역으로 갔다. 당시 서초·강
남은 서울에서 가장 큰 상권이 새롭게 형성된 지역으로, 노점이
늘어 다른 곳보다 단속이 심했다. 최정환이 나름대로 안정된 자리
였던 성내역을 다른 이에게 넘기고 굳이 위험을 감수하면서까지
왜 '신규'로 서초 지역에 들어갔는지는 알 수 없다. 다만 그의 성격
으로 추측해보건대, 카세트 노점 자리가 필요한 누군가에게 양보

하고서 자신은 좀 더 넓은 지역으로 나가보자고 다짐했을 수 있다. 이러한 선택은 그에게 제법 흥미로운 도전이었던 것 같다.

양재역으로 자리를 옮기면서 최정환은 홍남호에게 부탁해 테이프 좌판을 새로 크게 짜고, 고물 티코를 개조해 오토바이도 만들었다. 홍남호에겐 그런 손재주가 있었다. 최정환은 성량 좋은 스피커를 구비해 한창 유행하는 노래만 테이프 앞뒷면에 녹음해서 그 노래만 주구장창 틀며 지나가는 사람들의 이목을 사로잡았다. 최신 노래가 흘러나오는 최정환의 카세트 좌판은 돈이 쏠쏠하게 잘 벌렸다. 호시절이었다.

일찍이 굶주림을 알아 다른 이의 배고픔을 모른 척하기 어려웠던 그는 "동네에 불쌍한 사람이 있으면 따로 만나서 봉투라도 챙겨"주고, 술을 잘하는 편도 아니었건만 남들 술 사주는 것을 제법 잘했다. 홍남호는 "사람 다루는 것이 우리와 달랐다"고 기억했다.

이제야 제 몸 하나 건사하고 남들에게 조금씩 베풀 수 있을 정도로 삶이 나아졌건만, 일상의 위태로움은 좀처럼 사라지지 않았다. 도로를 무단 점유하는 노점은 불법이기에 늘상 구청의 단속 대상이 되었다. 단속반이 경고만 주고 돌아가는 날은 그래도 운이 좋았다. 용역을 동원하여 나온 날엔 물건과 가판대를 빼앗고 리어카를 부수었다. 반협박에 못 이겨 '다신 노점을 하지 않겠다'는 각서를 쓰기도 했다. 거리에서는 생계의 유일한 수단을 빼앗으려는 자들과 빼앗기지 않으려는 자 사이의 격렬한 몸싸움이 꾸준히 일었다. 가까스로 장사 밑천을 빼앗기지 않더라도, 몸싸움하는 사이

유언을 만난 세계

에 정성스레 떼온 물건이 사방팔방으로 날리고 부서져서 하루 장사를 공치기도 했다. 언제 다시 단속반이 쳐들어올지 모른다는 불안과 긴장이 일상을 잠식해갔다. 그것은 그 자체로 커다란 압박이었다.

> 당시 저작권 문제가 나오기 시작하면서 불법 테이프라고 단속이 심했어요. 그때만 해도 테이프 장사가 먹고살 만했거든요. 그래서 장사하신 것 같은데 단속이 많이 심하고, 제가 봤을 때는 벌금도 많이 물고, 당시 그랬어요. 이틀에 한 번 단속받고. 그러다보니 분신까지 한 거라고. 살인적인 단속을 한 거죠. 게다가 서초구청은 '우리는 노점상이 없는 구'라고 선언했으니 견디지 못한 상황까지 만들어간 거죠. (조덕휘)

최정환과 또래인 조덕휘는 삶의 궤적이 그와 일부 겹친다. 조덕휘는 1980년대 초중반부터 명동에서 노점을 하다가 계속되는 단속에 전노련에 가입했다. 가방, 액세서리, 먹거리 등 안 해본 장사가 없고 최정환처럼 테이프를 팔기도 했다. 그래서 최정환이 얼마나 심한 단속을 당하고 좌절했을지, 그 분노를 알 것 같았다.

당시 정부의 탄압을 견디지 못해 목숨을 끊은 노점상의 이야기는 신문 지면에 심심치 않게 등장한다. 1991년 3월에는 서울 용산구 용문동에 사는 41세의 장춘식이 노점상의 일제단속에 떠밀려 자살했다. 그는 큰돈을 들여 포장마차를 시작했으나 용산구청의 철거반원들에게 손수레를 빼앗기고, 그 후 풀빵 장사로 생계를 이어갔다. 하지만 수입이 변변치 못해 집 보증금마저 까먹게 되었다. 이후 다시 포장마차 장사를 준비하던 중 장사하려고 봐둔 자리에서 노점들이 폭력적으로 철거당하는 모습을 보고 실의에 빠져 그날 저녁 목을 매 자살한다. 1992년 2월에는 경기도 성남시 중원구 성남동에서 이용재(34)가 노점상에 대한 실질적인 생계 대책 마련을 요구하며 자살을 시도했고, 5월 인천 연안부두에서는 인천시 중구청의 포장마차 강제철거에 노점상 김창용(35)이 분신했다. 7월에는 서울 강동구 암사동에 살던 지체장애인 박승학(56)이 생활고를 비관하며 자살했다. 뻥튀기 장사를 했던 그의 유서에는 "내 힘으로 노상에서 장사라도 해 먹고살려고 했는데 단속이 심해 살아갈 수가 없다"고 쓰여 있었다.

1993년 문민정부가 들어서도 노점상에 대한 탄압은 크게 달라지지 않았다. 한 연구에 따르면 '5공, 6공 시절과 다를 게 없다'거나 '노점상을 대하는 태도는 많이 부드러워졌지만 단속은 여전하다'고 응답한 경우가 66.06퍼센트(144명)에 달했으며, 오히려 '단속이 심해졌다'고 응답한 경우도 19.27퍼센트(42명)에 이른다.*

최정환도 그랬다. 1994년 여름 크게 단속을 당해 왼쪽 다리가 부러지고 만다. 이후 거리에서 돈을 벌며 보냈어야 할 3개월 동안 병원 신세를 졌다. 과거 교통사고로 하반신마비에 오른쪽 다리를 절단한 그는, 이 사고로 그나마 있던 왼쪽 다리마저 마음대

---

*   이 조사는 조사 기간 내에 수집되지 못한 동대문과 강동 지역을 제외한 서울 시내 전역에 존재하는 노점상 218곳을 대상으로 한다. 김지민, 〈노점상 문제의 현황과 운동의 방향〉, 《도시와 빈곤》, 1994년 2월.

로 쓸 수 없게 된다. 그가 서초구청에 피해보상을 요구하자 구청은 '고소하지 않으면 앞으로 편하게 장사하게 해주겠다'며 합의를 종용했다. 굴욕적이었지만 생계가 걸려 있는 일이니 더 이상 문제 제기하지 못했다. 결국 피해보상을 요구하지도, 고소하지도 못하고 자신의 돈으로 병원비를 부담했다. 그리고 그해 가을, 3개월 만에 병원비로 수중에 있는 돈이 다 떨어져 다시 장사에 나선다. 그러나 서초구청은 그와의 약속을 지키지 않았다. 언제 그랬냐는 듯 단속을 계속하는 구청 단속반에 최정환은 끝내 병원 진단서를 들고 가 신고했지만, 경찰은 움직이지 않았다.

그해 겨울은 너무 추워 노점을 거의 나가지 못했다. 골방에 누워 동료들의 도움으로 겨우 겨울을 살아낼 수 있었다. 냉기가 식어가는 3월, 다리 깁스도 풀지 못했건만 그는 가난을 모면하려 다시 거리에 섰다. 굶주림은 몸의 회복을 기다려주지 않았다.

재가 된 목소리

1995년 3월 8일 밤, 전노련 사무실로 한 통의 전화가 걸려온다. '장애인 노점상이 분신했다'는 소식이었다. 회의 중 연락을 받은 김홍현은 곧장 병원으로 달려갔다. 최정환 사진을 본 김홍현은 바로 알아차렸다. '나는 이 사내를 본 적이 있다.' 당시 전노련 부의장이었던 김홍현은 의장의 구속으로 직무대행을 하고 있었다. 노동운동을 하다가 수배되어 '김이현'이라는 이름으로 활동했던 그는 1989년부터 1994년까지 전노련 송파 지역 회장을 하다가 1995년에 중앙 활동을 시작했는데, 송파 회장 시절 성내역에서 테이프 노점을 하던 최정환을 본 적이 있었다.

최정환 열사가 원래 장사하던 곳이 성내역이에요. 현재 잠실 나루역. 아주 안정적으로 장사할 수 있는 곳이라고, 거기가. 오래전부터 자리를 잡은 곳이어서. 거기서 장사를 하고 있었는데 어느 날 사람이 바뀌었더라구. 테이프 장사를 하고 있었거든요. 사람만 바뀌고 손수레는 그대로 있더라구. 솔직히 장애인분들하고 소통도 잘 하지 않았고 말도 한마디 하지 않았어요. 굉장히 비협조적이었으니까.
말은 한마디도 건네보지 않았는데 면식은 있어요. 그래서 나중에 사진을 보고 '이 친구 성내역에서 하던 친군데?' 했죠. 아마 성장협에 자기보다 어려운 장애인 친구한테 자리 주고 본인이 서초로 간 것 같아. 굉장히 어려운 결정이거든요, 노점상한텐 자리가 생명선인데. 신규가 발생하면 분명 자기는 단속을 심하게 받는다는 걸 알고서 간 거예요. 특히 강남, 서초, 송파 이쪽이 돈도 있고 하니까 용역 투입해서 계속 단속하고. (김흥현)

최정환과의 재회는 처참했다. 살아생전 알던 얼굴이, 내 또래의 사내가 숯덩이가 되어 누워 있었다. 김흥현은 도망칠 수 없는 싸움이 되리라는 것을 직감했다.

유언을 만난 세계

구청 가서 뺏긴 물건을 달라고 했는데 그 공무원이 '병신 새끼'라고 했다고 그러더라구요. ...... "복수해달라, 400만 장애인을 위해서라면 죽어도 좋다"...... 이게 그냥 할 수 있는 이야기가 아니거든. 그전에 분신할까 말까, 고민하던 그 시간이 얼마나 다른 시간들로 다가왔겠어...... (김흥현)

3월 8일 저녁, 최정환은 또다시 단속을 당했다. 자신의 장사 밑천인 스피커와 배터리를 단속반원들에게 모조리 빼앗기고 만 것이다. 그것들 없이 카세트 노점을 할 순 없는 노릇이었다. 그렇다고 다시 살 수도 없었다. 무엇보다도 분했다. 나와의 약속은 어디다 팽개치고. 내가 먹고살아보겠다고 카세트 테이프 좀 팔겠다는데, 그게 뭘 그리 잘못한 일이란 말인가?

그날 밤, 그는 스피커와 배터리를 되찾으러 곧바로 서초구청을 찾아간다. 당직실 공무원은 휠체어를 굴리며 찾아온 그를 모멸 어린 시선으로 쏘아보며 귀찮다는 듯 몇 마디 말로 그를 쑤셔댔다. 분에 차 소리를 고래고래 질러봤지만 소용없었다. 최정환은 아무것도 얻어내지 못한 채 구청 앞마당으로 내쫓기듯 나왔다.

그리고 저녁 9시 30분, 서초구청 앞마당에 돌연 불길이 치솟았다. 준비해온 시너 1리터를 제 몸에 쏟아부은 최정환이 그 스스로 자신의 몸에 불을 댕긴 것이다. 바라보는 자 없는, 동지도 적도 직접 목격하지 못한 분신은 초라하고 고요했다.

숯덩이가 된 그의 몸은 뒤늦게서야 발견되었다. 당직실 직원이 순찰을 돌다가 그의 몸 위로 피어나오는 열기를 목격한 것이다. 이내 119가 달려왔지만, 그의 온몸은 이미 검게 그을려 있었다.

응급실에 갔을 때 처참했어요. 완전히 새카맣게 타가지고. 하나의…… 참, 말할 수가 없죠. 그 속에 사람이 들어 있는 거요. 사람이 들어 있어, 말을 하죠. 숯덩이 속에서 사람 목소리가 나온다는 겁니다. (김원휴)

병원 응급실에서 난생처음 분신한 사람을 본 거지. 다 까져 있는 상태에서 조금 의식만 있고. 호러 영화에 나올 법한 모습을 눈앞에서 보는데, 나도 젊었을 때였으니…… 그날 밤새 최정환 열사 화상 입은 모습이 꿈에 화악 왔다가, 화악 왔다가, 밤새 시달렸지. (유희)

어떠한 외침이 그 불길을 감싸고 있었는지, 그가 어떠한 눈빛으로 라이터에 불을 당겼는지 알 도리는 없다. 인과관계를 선명히 하기 위해 그 시간만을 소환하곤 하지만, 한두 번의 단속으로 분신이라는 극단적 선택을 했으리라 생각하긴 어렵다. 오히려 사람들은 되물었다. "그날 한 번 그랬다고 그랬겠어요?" 궁금해서 하는 질문이 아닌, 이미 답을 알고 있는 질문이었다. 장애와 가난에 대한 모멸, 노점에 대한 지속적인 탄압, 그의 삶의 행간을 통해 감히 추측해볼 수 있을 상실감과 누적된 패배감. 그날의 사건은 방아쇠가 되었다. 그의 분노는 그 자신을 겨누며 타올랐다. "복수해달라"는 짙은 유언을 남기며.

상당히 오랜 기간 싸움했던 모양이더라구, 나중에 분신한 뒤에 알아보니까. (김흥현)

유언을 만난 세계

"세계화 논리 속에 400만 장애인 다 죽는다. 장애인 생존권 보장하라!"

장애인과 가난한 자들의 복수는 그가 죽자마자 시작되었다. 3월 11일 토요일 오전 11시 서초구청 앞에서 300여 명의 장애인, 노점상들이 외쳤다. 대열의 맨 앞에 선 장애인들은 목에 밧줄을 걸고 서로를 묶었다. 휠체어 탄 사람들이 올라갈 수 없는 구청 계단 위에는 방패를 들고 헬멧을 쓴 채 완전무장한 경찰들이 그들을 내려다보고 있었다. 최정환이 분신한 다음 날인 9일 성장협, 전노련, 전장협 중심으로 꾸려진 '장애인 노점상 최정환 분신 사건에 관한 진상규명 및 관련자 처벌을 위한 비상대책위원회'(이하 비대위)가 항의 방문에 나선 것이다. 이들은 최정환이 입원한 강남시립병원 노조 사무실을 임시로 빌려 쓰며 투쟁 계획을 세워나갔다. 서초구청은 '환자 치료를 위해 최선을 다하겠다'고 했지만 며칠이 지나도 변하는 것은 없었다.

군사정권이 끝나고 처음 들어선 문민정부는 '세계화世界化'에

© 경향신문

1995년 3월 11일 최정환 열사 분신에
대해 장애인과 노점상들이 서초구청
앞에서 규탄대회를 열었다. 휠체어를 탄
장애인들이 목에 밧줄을 묶고 저항하고
있으며, 계단 위에는 완전무장한 경찰들이
방패를 들고 서 있다.

유언을 만난 세계

대해 자주 이야기했다. 이제 우리나라도 세계화 추세에 발맞춰 선진국으로 도약해야 한다며 OECD에 가입한다고 했다. 세계화라는 단어는 너무나 추상적이었지만, 그들이 말하는 세계화에 장애인과 빈민, 노점상이 포함되지 않는다는 것만큼은 정확히 알 수 있었다. 그들의 세계와 나의 세계는 달랐고, 그들이 되려는化 세계世界는 내가 원하는 세계화世界化와도 달랐다. 나의 세계는 3월 초 칼바람에 두툼한 겨울 외투를 입고 장갑을 끼고 목에 밧줄을 맨 1995년 3월 11일 토요일 오전 11시의 서초구청이었다. 나의 세계는 최정환의 세계였다. 최정환의 세계에서 치솟은 불길은 이날 최정환의 삼륜 오토바이와 카세트 테이프, 좌판까지도 새카맣게 태웠다.

내가 라이타를 댔어, 그 오토바이에. 어떡할 거냐고 하길래 내가 만든 사람이니까. 최정환이도 없는 세상에 그 오토바이를 내가 타고 다니겠냐. 깨끗이, 많은 대중 속에 불 질러서 없애자. 테이프까장 내가 태웠어요. 내가 이걸 안 만들었으면 내가 안 만들었으면, 후회스럽죠. 그 친구가 안 죽었을 낀데. (침묵) 죄의식이 지금도, 죄의식을 갖고 살아요, 제가. (홍남호)

소방관들이 달려와 소화기를 뿌려댔다. 매캐한 회색 연기가 치솟았다. 사람들은 서초구청과의 면담을 요구하며 청사 내 진입을 시도했지만 경찰에 의해 가로막혔다. 분노한 사람들은 서초구청 현판에 불을 지르고, 보도블록을 던져 구청 1층 유리창을 깼다. 이날 대형 유리창 열한 개가 깨졌다. 구청 밖으로 밀려난 사람들은 서초구청 앞 사거리를 한 시간 동안 점거하고서 시민들에게 최정환의 죽음을 알렸다.

그 시각, 김영삼 대통령은 덴마크 코펜하겐에서 열리는 유엔 사회개발정상회담에 참석해 "개도국에 대한 공적개발원조와 인적개발 지원을 대폭 확대"한다고 밝히며 장애인 복지예산 617억 원의 10배가 넘는 8000억 원의 예산을 개발도상국에 지원하겠다고 약속했다. 그러나 정작 본국에서 일어나고 있는 일에는 침묵했다.

분신하고 나서 장애인들이랑 전국 노점상이 다 모여서 정말 매~일, 구청이랑 강남 사거리를 허구한 날 막고. 그렇게 길거리를 장악한 적이 경찰 얘기로도 여지껏 없었대. 경찰이 지겨워 죽겠다고 할 정도였다고. 도로 다 막고 차 다 막고. 구청 쳐들어가서 불내고. 정말 잘 싸웠어요. (유희)

그때 장애인 동지들이 차량이 많았어요.* 차가 유일한 이동수단이니. 아침 출근 시간에 맞춰서 차로 아주 천천히 느린 속도로 서울 시내를 마비시키는 투쟁을 했어요. 1팀, 2팀, 4팀까지 짰나…… 특별한 방송 시스템도 없으니 차에다가 대자보 같은 피켓 붙여서 했던 것 같아요. (조덕휘)

유언을 만난 세계

전노련, 성장협, 전장협 사람들은 병원에서 먹고 자며 최정환의 상태를 예의주시했다. 이들이 떠나지 않으니 경찰도 떠나지 않았다. 아니, 어쩌면 그 반대인지 모른다. 사태가 장기화되자, 환자들의 항의는 거세졌고, 너그럽게 사무실을 내주던 노조도 차츰 불편한 기색을 내비쳤다. 그럼에도 투쟁 거점인 강남시립병원을 포기할 순 없었다.

16일 오전 11시에는 전노련 주최로 '살인단속 분쇄 및 장애인 노점상 최정환 사건 규탄대회'가 종묘에서 열렸다. 1800여 명의 노점상들이 참가해 김영삼 정권의 노점상 대책을 규탄하며 살인적인 폭력 단속 중단을 촉구했다. 참가자들은 전경의 저지를 뚫고, 종각에서 을지로 2가, 명동성당까지 최정환 사진이 담긴 피켓과 플래카드를 들고 행진했다.

이날 비대위 대표단은 내무부와 면담을 했다. 비대위의 요구에 내무부는 "단속반은 해체할 수 없고 폭력 근절의 지침은 하달하겠다"고 했으며 장애인 노점상의 생계 대책에 대해선 "복지부

✿ 성장협 부회장이었던 홍남호는 당시 곰두리 차량봉사대에서도 활동하고 있었다. 곰두리 차량봉사대는 88장애자올림픽 당시 장애자올림픽에 참가하는 선수와 관계자들을 실어나르기 위해 승용차를 가진 장애인들을 중심으로 꾸려졌다. 올림픽이 끝난 후에는 대중교통을 이용하기 어려운 장애인들을 대상으로 차량 봉사활동을 했다. 홍남호가 보유하고 있던 조직망은 곰두리와 성장협에 속한 장애인들을 빠르게 조직하는 데 영향을 미쳤다. 따라서 이때 당시 '장애인들이 차량을 많이 갖고 있었다'는 발언은 장애인의 차량 보유율이 높았다는 뜻이 아니라, 곰두리 차량봉사대 회원들이 최정환 투쟁에 결합하면서 활용할 수 있는 차량이 많아졌다는 뜻이다.

에 적극 건의하여 가판대 점유 및 택시 운전 자격을 주는 것 등의 방안을 마련하겠다"고 밝혔다. 또한 전국 노점상에 대한 과태료, 부당이득금 징수 고지서 등의 해제에 관해서는 "가게 또는 노상 적치물은 앞으로도 계속 단속할 것이나, 노점상은 생존권 차원이므로 동일하게 단속하지는 않겠다"고 약속하고, 최정환 분신 사건에 관해서는 "서울시에 지시하여 진상규명하고 책임자를 처벌하도록 노력하겠다"고 답했다.

그러나 '노력하겠다'는 말은 당장의 분노를 달래기 위한 말일 뿐, 결국 아무것도 하지 않겠다는 뜻임을 사람들은 알고 있었다. 20일부터 상태가 악화된 최정환은 21일 새벽 1시 50분경 끝내 사망한다. 그의 죽음은 "복수해달라, 400만 장애인을 위해서라면 죽어도 좋다"라는 유언을 남겼다. 극심한 화상 속에서 그가 실제 이러한 말을 했는지 진의 여부는 확인하기 어렵다. 그러나 '죽음에 이르러 남긴 말'이라는 유언遺言의 사전적 정의를 상기할 때 '노점 단속에 분노해 구청에 가서 항의하며 분신했다'는 행위의 기의는 우리가 알고 있는 그의 유언과 닮아 있다.

얘기를 할 수도 있습디. 우리가 싸움에 쓸 수도 있습니다. 그래서 내가 본부에서 녹음기를 가지고 들어갔을 거야. 내가 좀 독해요. …… 녹음기 준비해서 들어갔는데 그 얘기를 한 거지. 내가 지금 밖에서…… (긴 침묵. 눈물을 보인다.) …… 동지들이 그렇게 많이 기다리고 있다. 원하던 집회를 계속하고 있다. 그러니까 당신은 살아야 한다. "살 거죠? 살 거죠?" 그

유언을 만난 세계

랬더니 어, 어, 어, 하면서 손을 조금 들더라구. 눈을 껌뻑하면서 살겠다고. …… 내가 유언을 들었다, 그게 정확하지가 않아요. 내가 "잘 싸울 수 있지, 동지? 반드시 일어나서……" 하면 "머머머……" 하는 정도야. 그러고 나갔다가 다음 면회시간에 들어갔는데 동공이 열려 있고, 사람을 못 알아보고. 발이 서서히, 흉이 있는 와중에도 모든 게 죽은 듯한…… 그게 마지막이었죠. 오늘 못 넘길 것 같다, 준비해야 하지 않겠느냐 했는데 그 밤에 돌아가신 거죠. (유희)

죽을 수 없는 시체

투쟁은 이틀간 밤낮없이 이어졌다. 24일 낮, 성균관대학교에서 오른 싸움의 서막은 그날 밤 시신 탈취 투쟁으로 이어지고 다음 날인 25일에는 도심 곳곳에 치솟는 불길이 된다.

3월 24일 오후 1시, 성대 앞 도로는 최루탄으로 뒤덮였다. 성대 금잔디광장에서는 노점상, 철거민, 대학생 등 1500여 명이 참석한 투쟁 결의대회가 열렸다. 이들은 장애인 노점상 최정환 열사를 비롯해 지난 16일 성동구 행당동 재개발지구에서 강제철거 중단을 요구하며 분신한 박균백 열사의 진상규명과 관련자 처벌을 촉구했다. 시위는 경찰이 결의대회 후 가두 진출에 나서는 이들을 막아서면서 격화됐다. 완전무장한 채 방패와 곤봉을 휘두르며 진압하러 들어오는 경찰들을 향해 대학생들은 화염병을 내던졌다.

성대 투쟁은 최정환 사망 후 비대위가 '장애인 노점상 최정환 열사 빈민장례위원회'(이하 '장례위')로 조직을 전환하고 벌인 첫 사건이었다. 장례위에는 도시빈민(전노련, 전국철거민연합), 장애인(성장협, 전장협, 한국DPI)뿐만 아니라 노동(민주노총 준비위원회), 교육(전국교직원노동조합), 농민(전국농민회총연맹), 사회운동(전국연합, 국민회의 등), 통일(민족회의), 학계(민주평등사회를 위한 전국 교수연구자협의회 등), 종교, 법조, 보건의료, 청년·학생 등 다양한 이들이 함께했다. 동구 사회주의가 붕괴하고 문민정부가 들어선 후 주춤했던 운동권의 최대 규모의 결합이었다. 최소한의 애도조차 허락하지 않는 국가의 태도가 이들을 불러일으켰다.

사망 당일부터 국가는 최정환의 시신을 탈취해가려고 시도했다. 시체는 단지 물리적으로 '죽은 신체'가 아니었다. 주검은 싸움의 근거였고 시작점이었기에 빼앗겨서도, 훼손되어서도 안 됐다. 시체를 둘러싼 팽팽한 긴장이 이어졌다.

새벽에 젊은 사람들 중심으로만 몇 사람 남아 있었는데, 시신을 탈취당했어요. 경찰서 바리케이드 뚫고 넘어 시신을 돌려받은 기억이 또렷하게 남아 있어요. 적들 손에 시신 날라갔으니 물불 안 가린 거죠. 사람들이 목숨 걸고 싸우고 돌파해서 경찰서 가서 시신 돌려받은 순간 '승리했다'는 생각도 들고. 그때 당시에 만족감도 있었는데, 아무래도 시신 찾았으니 안도했죠. (조덕휘)

　　　　　　　　　　　　유언을 만난 세계

경찰들이 도사리는 병원 영안실은 결코 안전한 곳이 아니었다. 당시 전노련 소속 젊은 활동가들은 25일로 예정된 연대 투쟁을 위해 장례식 내내 시신을 안전한 곳으로 옮기고자 몇 차례에 걸쳐 시도하지만 모두 실패한다.

장례위는 25일 연세대에서 열릴 영결식에 참여하기 위해 전날 밤 시신을 옮길 궁리를 하다 홍남호의 생선 판매 트럭에 싣기로 한다. 그의 생선 트럭은 크기도 적당했고, 무엇보다 시신이 부패하지 않도록 할 얼음도 충분했다. 그러나 병원 문을 나서자마자 경찰에게 트럭을 통째로 빼앗기고 만다.

강남시립병원을 딱 나서니까 경찰들이 나 운전도 못하게 운전대도 뺏어불고, 한 몇천 명이 그 차를 밀고 가버리더라고. 강남경찰서까장. 나는 강남서 안에 잡혀 있는데 경찰이 각서를 써야 내보내줄 수 있다. 박○○(서울지체장애인협회 회장)이라고, 경찰이 전화 연결해줬어요. 어떻게 하면 좋겠냐니까 쓰고 나와라, 해서 쓰고 나오게 된 것 같아요. (홍남호)

강남시립병원에서 찻길 하나만 건너면 500미터 거리에 강남경찰서가 있었다. 시신 탈취 소식에 사람들은 경찰서로 몰려가 밤새 항의 농성을 했고 다음 날 25일 아침 7시, '연대로 가지 않는다'는 조건으로 시신을 돌려받을 수 있었다. 물러설 수 없는 사람들은 아침 9시 다시 한 번 연대로 시신을 옮길 것을 시도하나, 끝내실패한다. 시신은 까만색 캐딜락에 실려 병원을 유유히 빠져나갔다. 유희는 그날의 모습이 여전히 눈에 선하다.

사람이 죽었으니까 마지막에 해야 하는 게 협상이거든. 협상하면서 우리는 이 싸움을 어떻게 장애인들의 생존권투쟁으로 몰아갈 것이냐, 논의하는데 성장협은 어떻게 빨리 합의 봐서 이 돈을 우리 장애인단체로 가져갈 것인가, 그런 이야길했어. (장례위에 참여하는) 단체별 분담금도 있지만 그걸로 병원비 안 돼요. 며칠만 있어도 몇 천만 원이 나오는데. 열사투쟁할 때 유족에 대한 손해배상, 병원비 다 합의 봐요. 병원비해결 안 되면 병원에서 시신 절대 안 내줘요. 그런데 지네가무슨 돈이 있어서 몇 천만 원을 내고 장례를 치러? 그게 말이돼? 하물며 까만 캐딜락이 나왔어. 내가 막았지, 엉엉거리며.그러고는 사람이 없어졌어. 성장협이고 다 없어졌어. 영안실가니까 사람 한 명도 없고. 전노련 사람만 몇 명 있고. (유희)

당시 전노련과 전장협에서 활동했던 사람들은 하나같이 '막판에 성장협이 뒤통수를 쳤다'고 말한다. 시신 탈취에 분노한 사람들은 병원 앞 초소에 폐건축물 등을 쌓고 불을 질렀다. 캐딜락에 최정환 시신을 싣고 떠난 후 경찰은 병원 정문과 후문을 커다란 쓰레기차로 막아버렸다. 비어 있는 곳에는 완전무장한 경찰이촘촘히 서 있어 그 누구도 빠져나갈 수 없었다. 그날 김병태도 강남시립병원 앞에 있었다. 김병태는 자신의 차량을 선도 차량으로 이용해 뚫으려고 하다가 보도블록을 넘어 엎어지는 바람에 차

유언을 만난 세계

는 크게 부서지고 함께 차에 타고 있던 사람들과 연행됐다. 24일 성대에서 일어난 결의대회와 25일 장례투쟁으로 이틀간 186명이 연행되고 고려대학교 학생 두 명이 구속됐다.

유언 그 이후

병원에서 긴급하게 가관을 만들어서 연대로 이동했어요. 김영삼 정권 들어서고 송파도 그렇고, 노점 탄압이 굉장히 심했거든요. 김영삼이니까 낫겠지, 기대했는데. 우리는 가두 진출하자, 해서 그렇게 했는데 사실 그때 다른 단위들 중엔 문민정부 때 가두 진출해선 안 된다, 역풍 맞는다, 이런 입장도 있어서 팽팽했어요. (김흥현)

김흥현은 이 투쟁으로 "빈민 판에 확실히 자리를 박게" 됐다. 감옥 갈 생각으로 25일 연대 투쟁의 가두 진출을 결정했던 것이 "이제까지 잘한 결정 중 하나"라고 말했다. 김흥현은 의장 직무대행으로 책임자의 위치에 있으면서 부채의식을 갖게 되었다. 그로부터 25년의 시간이 지났지만 수많은 열사의 얼굴을 떠올릴 때면 "빚진 기분"을 떨쳐낼 수가 없다. 최정환도 그 얼굴 중 하나다. "이제 그만들 죽어야지", 인터뷰 중 그가 낮게 읊조렸다.

최정환 열사 투쟁 이후, 전장협은 1995년 5월에 노점 분과(1998년 자립사업부로 개편)를 만들고 전노련과 '장애인자립추진위원회'(이하 '장자추')를 구성한다. 장애인 자립을 위한 일자리에 대한 고민으로 노점을 택한 것이다. 장자추 활동의 목표는 "전국 노점장애인의 이해와 요구를 대변하고 장애인의 완전한 사회 참여와 평등 실현", 그리고 "전장협 조직의 강화"이다. 1990년대에 들어 운동단체로서 이렇다 할 활동이 없었던 전장협은 장자추 활동을 통해 본격적으로 장애민중을 만나는 활동에 나선다. 청계천과 인천 아암도에서 벌인 노점은 활동가로서 자신의 생계를 다소 해결하면서 대중을 조직하기 위한 전략적 선택이었다. 그러던 중 같은 해 11월 28일, 아암도의 장애인 노점상 이덕인이 망루에서 투쟁하던 중 의문사하는 일이 발생한다. 이덕인의 장례투쟁은 이듬해 봄까지 이어져 4월 24일에야 장례가 치러지지만 진상규명이 이뤄진 것은 아니었다. 그 혼돈의 시국 속에서 최정환의 1주기는 잊혔다. 1주기가 잊히니 그다음도 잊혔다.

잊혀진 기억의 더미 속에서 최정환이라는 이름과 그 사건을 다시 떠올린 것은 2010년 3월 26일, '장애해방열사_단'이 출범한 이후다. 최옥란 열사 기일인 3월 26일 출범한 이 단체는 장애해방열사 합동추모제를 올리고 진보적 장애인운동이 계승할 열사 정신을 기리는 활동을 시작한다. 그 과정에서 최정환 열사 묘역을 아무도 알지 못한다는 사실을 발견했다. 수소문 끝에 용인 천주교 공원묘역에 안장되었다는 것을 알게 되면서 2012년에야 처음 찾아가 제를 올릴 수 있었다. 묘지는 20년이 지나면 이장해 봉안당에 모셔야 했다. 2016년 3월, 묘지를 산 사람(김원휴, 홍남호)들과 열사 정신을 계승하려는 진보적 장애인운동 활동가들이 20년 만에

유언을 만난 세계

마주했다. 2017년부터는 용인 천주교 공원묘역 내 이장한 봉안당에서 추모제를 올리고 있다. 장애인과 노점상과 빈민은 매년 이 추모제에서 20년이 넘는 세월을 뛰어넘어 새롭게 만난다. 이젠 흐릿해진 죽음의 기억을 역동하는 현실이 채우면서, 장애인과 가난한 사람들이 함께해야 할 수많은 이유가 열사의 영정 앞에서 꿈틀댄다.

한 장애인 노점상 청년의
삶과 죽음

이덕인 열사

1967. 12. 14 ~ 1995. 11. 28

최예륜 글

아암도로 향하는 길

아암도 가주세요.

거기 아무것도 없는데……
송도는 원래 없는 데였어요.
갯벌이고 바다였지.
부모님이 조개 캐던 데였는데,
한 25~26년 전인가
대기업들이 다 사들여서 개발한다고.
50평 보상받았는데,
4000만 원 준다고 해서 얼른 팔아버렸지.
안 팔고 갖고 있던 사람들도 있어요.
그 사람들은 아파트 60평짜리 분양받았잖아.

8억쯤 할 거야.

상가 개발도 이제서야 한다는데 20년 만에.

남동공단만 해도 88올림픽 때는 없었어요.

연안부두? 연안부두야 더 오래전에 생겼죠.

인천 여기는 없었던 땅이 많이들 생겼지.

택시는 연안부두를 오가는 화물차들이 쌩쌩 달리는 대로변
에 멈춰 섰다. 대로변에 접해 그 형태만 남아 있는 아암도에는 정
말로 아무것도 없었다. 차도에 접한 바위가 군데군데 시멘트를
바른 인공돌로 메워져 있는 아암도는 황량했다. 물 빠진 갯벌에
는 무수한 숨구멍이 송송 뚫려 있었다. 해초들이 자라나 작은 게
와 벌레들이 들락거렸다. 바다가 육지가 되고 삶터가 갈아엎어진
창해상전滄海桑田의 역사에서 용케도 살아남은 갯벌과 뭇 생명들은
어쩌면 그날의 목격자일지 몰랐다. 하지만 그날의 일을 물을 길은
없었다.

장애인자립추진위원회

1995년 3월 8일 서초구청 앞에서 한 사람이 자신의 몸을 불
살랐다. 그의 이름은 최정환. 양재역 부근에서 노점상을 하던 그
는 국가가 공인한 1급 지체장애인이었다. 친자임을 부정하나 호
적상 아버지가 있다는 이유로 10년 전 생활보호 신청을 거부당했

던 그는 노점상이 되었다. 1994년 여름 구청의 단속으로 심각한 다리 골절을 입은 그는 이듬해 3월 다시 노점 장사에 나섰다가 또 다시 단속을 당했다. 단속 과정에서 압수당한 노점 물품을 찾으러 구청에 갔다 박대를 당하고 모멸감에 치를 떨었던 그는, "복수해 달라, 400만 장애인을 위해서라면 죽어도 좋다"는 말을 남긴 채 제 몸을 향해 불을 당겼고, 3월 21일 세상을 떠났다. 최정환의 죽음을 계기로 장애인운동과 노점상운동은 장애인자립추진위원회(이하 '장자추')를 구성했다. 장자추는 전국장애인한가족협회(이하 '전장협')와 전국노점상연합회(이하 '전노련')가 "돈 없고 힘없는 이 땅의 장애인이 스스로 살아갈 수 있는 생계 대책을 마련"하자는 취지에서 장애인과 도시빈민의 노점 활동을 지원하기 위해 만든 조직이었다.

당시 장애인의 권리 보장을 명시한 법률은 장애인복지법과 장애인고용촉진법이었다. 장애인복지법은 1989년 심신장애자복지법을 개정하면서 장애인 등록제도를 도입했으며, 1990년에 제정된 장애인고용촉진법은 장애인 의무고용률 2퍼센트를 법으로 규정하고 있었다. 하지만 '세계화'의 기치를 강조하는 정부 여당은 기업 활동 규제 완화를 명목으로 내세워 의무고용률을 1퍼센트로 하향 조정하려고 했다. 이에 장애계는 거세게 저항했다. 전장협은 1995년 4월 20일 '장애인의 날'에 민주노총 준비위원회, 산재노동자협회와 함께 '장애인 고용촉진을 위한 결의대회'를 개최했고, 이듬해인 1996년에는 장애인의 노동권 확보를 위한 '장애인 고용촉진 걷기대회'를 여는 등 장애인 노동권 실현을 위한 활동을 전개했다.

개정된 장애인복지법 또한 장애인에 대한 소득지원을 보장
하지 않았으며, 생활보호법이 규정하는 생활보호대상자가 되는
것만이 유일한 복지 수급의 길이었다. 최정환의 사례처럼 가족이
있다는 이유로 생활보호대상자로 인정받지 못하는 경우도 많았
다. 장애인의 이동권·교육권·노동권 개념이 미약하던 당시에 장
애인은 곧 빈민이나 마찬가지였다. 차별과 멸시가 만연한 사회에
서 장애인은 먹고살기 위해 안간힘을 써야만 했다. 가난한 장애인
들이 접근할 수 있는 생계노동 중 하나는 노점이었다. 장자추는
서울 청계천, 강남, 그리고 인천 아암도 등지에서 노점 조직사업
을 시작했다. 사람들이 오가고 머무는 곳, 변화하고 새롭게 만들
어지는 도시의 틈바구니를 비집고 들어갔던 것이다. 스물여덟의
이덕인은 아암도에서 장자추와 함께 삶을 꾸려나가기 시작했다.

그날의 아암도

1995년 7월 장자추의 인천 지역 아암도지부가 발족해 아암
도에서 노점을 시작하자, 인천시와 연수구는 강제철거 계획을 실
행한다. 그해 2월 김영삼 정부 내무부에서 각 지방자치단체로 보
낸 '1995년 노점·노상적치물 정비 종합추진지침'이 시행된 이후
추진된 일이다. 연수구청은 9월 인천시의회 2억 2000만 원의 예
산 결의를 바탕으로 용역회사 '무창'을 철거업체로 선정했다. 깡

유언을 만난 세계

패, 조직폭력배를 동원한 도시재개발지역 철거 작업에 관여했던 무창은 폭력철거, 철거민을 상대로 한 사기, 유령 인부 명단을 통한 용역비 횡령 등으로 악명 높은 업체였다. 연수구청은 인천광역시, 연수구, 남부경찰서, 103여단, 남동공단소방서 등과 대책회의를 개최했다. 용역반의 철거 과정에서 인권침해 행위가 발생할 수 있다는 의견이 제기되었으나 별다른 대책을 마련하지 않았다.

1995년 11월 24일 아침 7시 아암도에서 수천의 군경, 소방, 용역이 동원된 강제철거가 기습적으로 시작되었다. 의문사진상규명위원회에 따르면, 이날 연수구청 357명, 무창 200명, 경찰관 96명, 기동대 약 600명 등 총 1253명이 동원되었다. 노점상들은 주변 교통을 통제하고 진입을 원천봉쇄한 경찰과 포클레인을 동원해 포장마차 노점을 철거하는 용역반원들을 피해 망루에 올랐다. 장자추 아암도지부 회원들이었다. 포장마차와 노점 물품들은 정오경에 모두 부서졌다. 지붕도 외벽도 없이 이른바 '아시바' 철골로 지어 합판을 올린 망루 위 30여 명의 노점상들은 망루 지지대를 찍어대는 포클레인의 충격과 경찰 및 용역반원의 위협, 수차례 거듭된 소방 살수를 맞으며 버텼다. 망루에 오른 노점상들은 화염병과 인분 등을 던지며 저항했지만 이는 금세 소진되었다. 경찰과 용역은 식품은 물론 지병을 앓는 환자의 의약품 반입마저 통제했고, 경찰은 망루 농성자들을 향해 '모두 구속한다'는 경고를 계속했다. 생필품과 의약품을 전달하고자 경찰의 봉쇄망을 뚫고 진입하려 했던 노점상과 장애인은 대거 연행되었다.

추위와 공포 속에서 하루가 지났다. 다음 날인 25일 저녁 농

1995년 11월 24일 당시의 아암도 망루.
오전 7시 아암도에서 수천의 군경, 소방, 용역이
동원된 강제철거가 기습적으로 시작되었다.

유언을 만난 세계

성자 11명이 망루 아래로 내려가 연행되었다. 8시경 이덕인은 망루 아래로 내려갔다. 망루 위 동료는 이덕인이 해변의 축대를 따라 500미터가량 걸어가면 나오는 어통소(경운기 통로)를 통해 탈출할 수 있을 것이라 말했다고 증언했다. 그 시각 바닷물의 수위는 139밀리미터 이상이었으나, 방파제의 해발고도를 고려하면 수위는 더 낮았을 것으로 추정된다. 이덕인이 망루 2층에서 뛰어내렸을 때 물은 가슴께 높이였다. 이덕인은 걸어서 앞으로 나아가기 시작했다. 뒤따라가던 동료는 아암도 입구 쪽에서 전경이 다가오는 것을 보고 발각되었다고 생각해 탈출을 포기했다. 이덕인은 동료를 향해 먼저 가겠다는 손짓을 하고 어둠 속으로 사라졌다. 그리고 사흘 뒤인 28일 오전, 그는 주검으로 발견되었다. 발견 당시 이덕인은 상의와 신발이 벗겨진 채 두 손목이 밧줄에 묶여 있었고, 얼굴과 뒷머리, 어깨와 팔 등에는 상처와 피멍이 있었다. 처음에 인천 세광병원으로 옮겨졌던 이덕인의 시신은 이후 다시 길병원으로 옮겨졌다. 29일 새벽 4시 45분경, 경찰 1500여 명이 길병원 영안실 콘크리트 벽과 유리창을 뚫고 난입했다. 이덕인의 시신을 탈취한 경찰은 그의 형을 납치해 강제 입회시킨 가운데 부검을 실시했다. 이후 경찰은 서둘러 사인을 익사로 발표했다.

폭력의 증언

경찰의 시신 탈취 과정에서 노점상 회원과 인천 지역 대학생

등 20여 명이 연행되고 수많은 사람들이 심각한 부상을 입었다. 이덕인의 죽음을 둘러싼 진상은 끝내 의문으로 남게 되었다. 이것이 엄연한 문민정부 시절에 일어난 일이다. 경찰은 같은 해 3월에도 최정환의 시신을 탈취한 사실이 있었다. 24일 장례를 위해 강남시립병원에서 연세대학교로 옮겨지던 최정환의 시신을 탈취한 경찰은 노점상, 장애인이 철야 농성을 벌이자 다음 날 오전 시신을 돌려주었으나, 장례식으로 가는 길을 끝까지 막아섰다.

이덕인의 시신 탈취는 1991년 벌어진 한진중공업 노조위원장 박창수의 시신 탈취 사건과 똑같은 수법으로 자행되었다. 박창수는 전국노동자협의회 탈퇴를 종용하는 안기부(현 국가정보원)의 고문 조사를 받고 감옥에 수감되어 있던 중 부상으로 병원에 입원한 뒤 의문의 죽음을 맞았다. 백골단(사복체포조)은 영안실 벽을 뚫고 난입해 시신을 탈취했고, 그 후 강제부검을 실시했다. 경찰이 발표한 사인은 단순자살이었다. 2009년 망루 농성 당시 사망한 용산참사 철거민에 대한 강제부검, 2014년 삼성전자서비스노조 활동 도중 사망한 염호석의 시신 탈취, 2015년 경찰 물대포를 맞고 이듬해 사망한 백남기 농민 시신 탈취 시도 등 국가폭력 피해자의 죽음의 진상을 가리고 투쟁을 잠재우려는 시도는 정권의 특성을 막론하고 계속되어왔다.

세광병원에서 길병원으로 이전을 하려는데 경찰들이 우르르 몰려들어왔지. 백골단이. 앰뷸런스 차에서 시신을 내리려고 하는데 뺏으려고 하는 거야. 시신을 안고 뛰었대니까. 이덕인

유언을 만난 세계

열사 시신을 안고 뛰어 들어간 거지. 안치하니까 고립을 시키고. 비대위 딱 꾸리고 나니까 침탈 소식 들려오고. 그러니까 쭉 빠져나가고 인하대 학생들 한 80명 정도 하고 가족들하고. 뭐 없더라고. 근데 뭐 사방에서 뚫고 들어오고, 전쟁이지 뭐. 피 퍽퍽 날아댕기고. 저쪽에서 벽 뚫고 있고. 안에서는 계속 뭐 던지고, 한 시간 넘게 싸웠을 거야. 전경 애들이 앞에서 쓰러지면 애네들을 막 밀어. 전경 애 하나가 자빠져서 들어오는데 피가 선지처럼 흘렀어.

……

시신을 탈취해갔어. 형까지 두들겨 패서 시체에다 엎어놓고 갔어. 국과수에 가서 하루 만에 와서 새벽에 내던졌어. 내던졌는데 멍 자국들을 다 찢어놨어요. 조직검사 할 데는 다 쪼개놓은 거야. 내장도 다 꺼냈어. 껍데기만 던져놓은 거야. 그 새끼들 정말 인간 아니었어. 그게 무슨 문민정부야, 그게. 말도 안 되는 거지. 이런 정말 악랄한…… (조덕휘)

얼마나 무섭게 들어오는지. 벽을 뚫고 저 높은 데서 유리가 깨지면 저기서 사다리 타고 들어오고. 경찰들이. 그리고 들어오면서 막 피가 팍팍 튀겨가지고, 그때 실명된 학생도 있는데 아직까지 연락을 못하고 못 찾아. 피가 막 이렇게 좌아악 솟구치고 쏟아지는데 막 응급실에 데려가고. 영안실의 상주들이 바지에다 막 오줌을 싸고 막…… 근데 거기서 집행부 찾는다고 사람들 확 잡아서 얼굴 확인하고. 얼마나 무서웠으면,

남부경찰서인가, 거기 항의하러 가서 거기를 가서 다 누워가
지고 시신 내놔라, 이덕인 내놔라. 이러고 누웠는데 사람들이
아무도 없고 누워 있는 사람이 다섯 명인 거야. 다 도망가고.
(유희)

1995년 망루가 세워졌던 아암도는 주변 교통이 모두 통제된
가운데, 경찰과 용역이 철저히 감시하고 있었다. 이 과정에서 물
품 전달과 연대를 위해 진입을 시도하다 연행되었던 사람들은 조
사 과정에서 폭력에 노출되기도 했다.

용역들하고도 계속 다툼이 있었지만 우리를 연행한 건 경찰
이었어요. 한 20명 정도가 연행됐는데, 복도에 좍 앉혀놓고
한 명씩 한 명씩 불러들여서 조서를 쓰는 거죠. 다른 사람이
이야기했던 것을 가지고 강압수사를 한 거지. 저 사람이 그러
는데 그 말 맞아? 주동자가 누구야? 그러면서. 난 말 못해, 변
호사 올 때까지 말 못해. 난 묵비권을 행사하겠다, 그러니까.
머리채를 잡고 바닥에다 넘어뜨렸어. 소리를 질러도 소리가
안 나오는 상태로 진짜 옴팡 두들겨 맞고 어마무시하게 발로
밟고. 내가 못 보게 머리채를 잡고 집단폭행을 하더라고. 그
러고 나서 애네들이 하는 말이, 야 이 새끼야 니가 나라 구하
는 독립투사야? 말 하나 안 하나 보자 그러면서 막 밟더라고.
진짜 악 소리가 안 나와. 아무리 소리를 질러도. 나는 말을 안
하고. 실컷 두들겨 맞고 나서 그때부터 진짜 입을 닫아버렸어

유언을 만난 세계

요. 물도 안 마시고 밥도 안 먹고 그냥 모든 것을 다 거부. 그러니까 바로 유치장 들어갔는데, 나는 진짜 공권력이 이런 식으로 사람 죽일 수도 있겠다······ (조성남)

죽음을 둘러싼 투쟁과 기억

사건 발생 당일, 장애인·빈민운동과 시민사회단체들은 '장애인 노점상 고故 이덕인 열사 사인 진상규명과 책임자 처벌 및 빈민생존권 쟁취를 위한 비상대책위원회'(이하 '비대위')를 구성하여 싸움을 시작했다. 5개월 남짓 지속된 싸움 끝에 이듬해인 1996년 4월 24일에야 장례가 치러졌다. 기나긴 싸움의 시간 동안 이덕인의 부모는 투사가 되었다. 그러나 정부는 물론 인천시, 경찰 관계자 등은 이덕인의 죽음에 대해 공식적인 입장 표명조차 하지 않았다. 같은 해 치러진 4월 총선은 139석을 차지한 신한국당의 승리로 끝이 났다. 폭력적인 개발정책을 밀어붙였던 최기선 인천시장은 1998년 지방선거를 통해 재선되었다.

2002년 의문사진상규명위원회는 이덕인이 "민주화운동과 관련하여 공권력의 위법한 행사로 사망하였다고 인정"*했으나, 이후 정권이 바뀌면서 민주화운동 관련자 명예회복, 배·보상심의 신청은 모두 기각되었다. 기각의 사유는 "노점상 행위를 단속한

---

* 대통령소속 의문사진상규명위원회 결정(진정 제23호), 2002. 8. 30.

이덕인 열사의 죽음 직후 장애인·빈민운동과 시민사회단체들은 이덕인 의문사
진상규명을 위해 비대위를 구성해 5개월간 장례투쟁을 벌였다.

지방자치단체의 고유 사무에 대한 일반적 법 집행" 과정에서 발
생한 일이므로 "민주화운동과 관련하여 사망한 것으로 인정하지
아니"*한다는 것이었다. 이후 2009년 진실화해를위한과거사정리
위원회는 "위법한 공권력으로 인한 사망인지에 대한 조사는 일부
미진하므로 이 부분에 대한 추가 조사가 필요"하다며 조사 개시
결정을 내린 바 있다.** 그러나 지지부진한 운영으로 조사는 이루
어지지 않았다. 11년의 세월이 흘러 2020년 2기 진실화해를위한

---

* 민주화운동관련자명예회복및보상심의위원회 재심의 결정(보상심의위 제
  9381호), 2009. 7. 20.
** 진실화해를위한과거사정리위원회 결정(사-2380), 2009. 10. 14.

과거사정리위원회가 조직되었다. 이에 대응하기 위해 장애인·반빈곤운동 단체들은 '이덕인 열사 의문사 진실규명 및 명예회복을 위한 공동대책위원회'(이하 '이덕인열사공대위')를 결성했다. 2021년 3월 10일 유가족과 이덕인열사공대위는 진실화해위원회에 이덕인 사건에 대한 조사신청서를 제출했으나 아직까지 조사 개시 결정조차 이루어지지 않고 있는 상황이다.*** 아들의 진상규명과 명예회복을 위해 싸워온 이덕인의 부모는 속이 타들어간다.

> 오죽하면은 이소선 어머니가 나보고 그래. 진짜로 평생 싸운 사람보다 더 용감하게 싸웠다는 사람이야 내가. 그런디, 가만히 보니까, 용감하게 싸우든, 용감하게 안 싸우든, 백날 해봤자 정치권들한테는 못해보겠더라고. 아하, 세상이 이러구나. 정치허는 놈들은 어느 누구도 못해보겠구나, 우리 서민들은. 느그들은 해라, 백날 해봤자 소용없다 그러는 거고. 으이씨. 어떤 놈들이 대통령 되면 뭣 허냐. 이런 생각이 들어버려 이제는. 정권이 다섯 번이나 바뀌었는데 어떤 놈들이 되면 뭣 허냐고. 그렇게 내가 싸움을 하고 댕겼어도 이 모냥인데. 그래서 아, 인자 이것이 자꾸 물 넘어가는구나, 그런 생각이 들어요. 그래도 물 넘어가는 것 같애도 일단은 싸움은 하고 댕겨봐야죠. 그래서 아버지가 싸움을 하고 댕기는데, 나는 인자

*** 하민지, 〈이덕인·장준하 등 의문사 18건, 과거사위 진상규명 접수〉,《비마이너》, 2021. 3. 10

장애인·반빈곤운동 및 시민사회단체들로 구성된 이덕인열사공대위는
이덕인의 가족과 함께 지난 3월 10일 진실화해를위한과거사정리위원회에
이덕인 열사 의문사 사건 조사신청서를 제출했다.

지쳐버렸어요. 지쳐버렸어. 자기 일, 자기 집안일 아니기 때
문에 느그는 해라, 나는 모른다. 정치권들도 이런 식으로 하
기 때문에 오늘날까지 이렇게 세월을 삐대고 왔어요. 주위에
서도 아무리 노력을 하고 몸부림을 쳐도, 지금 그런 것을, 국
민들을 억울한 사람들을 조금이나마 쳐다본다면 이렇게까지
는 안 왔을 거여. (어머니 김정자)

이번 정부 들어와서도, 우리 초청해가지고 우리 집사람이 갔
지. 내가 안 가고. 거기서 우리 집사람이 전부 얘기를 다 했
대. 그래가지고는, 그것을 해결을 해준다고까지 말을 듣고 나

왔어. 그랬는데 지금까지 이렇게 되어버린 거야. 시계도 하나
씩 쥐서, 나 시계 차고 다니는 게 그거여. 초청해가지고 시계
까지 다 줬는데 답이 없어. 근디 그 시계를 끌러서 놔뒀더니
시계가 안 돌아가, 밥을 줘도. (아버지 이기주)

이덕인의 어머니와 아버지는 늙고 지쳤다. 그들에게 아들은
24년 전 죽은 모습 그대로 남아 있다. 민주화운동 관련자에 대한
명예회복과 보상심의가 이루어져야 한다고 판단한 의문사진상규
명위원회의 결정은 여전히 유효하지만, 1995년 장애인 노점상의
삶과 저항을 어떻게 바라볼 것인가에 대한 판단은 지금껏 유보되
고 기각되어왔다. 그 시절 추진 중이던 '민주화'와 '개발'은 지금도
진행 중이다. 새롭게 생겨나는 땅과 도시는 진보를 약속하지만 거
기서 밀려나는 사람, 그 틈을 비집고 함께 살아보고자 기를 쓰는
가난한 사람들의 미래는 보장하지 않는다. 어떤 사람의 삶과 죽음
은 '불법'으로 규정되거나 아예 존재하지 않은 듯 다뤄지지 않는
다. 장애인 노점상 이덕인의 가난한 부모가 할 수 있는 일이라곤
거리를 헤매며 싸우는 것뿐이었다. 우리에게 이덕인의 죽음은 무
엇이었나. 우리는 이덕인을 어떻게 기억하고 있는가.

내가 그러고라도 싸워서 우리 아들, 그나마 그렇게 훌륭하게
출상했응게, 어떤 땐 그래, 둘둘 몰아서 나간 것보다 그래도
내가 여기저기 댕기면서 싸워서 이 정도라도 나갈 수 있게 한
게 훌륭하다고 생각한다 나는. 근디 오죽해서 해결하다 하다

못하면 이렇게 지쳐갖고. 지쳐갖고, 인자는 모르겠다, 이런 생각을 하겠냐고. 내가 그놈 잊어보려고 얼마나 한이 맺힌 사람인데…… 지금도 이렇게 가만히 있어도 내가, 마석을 가봐야 되는디 지금 못 가고 명절 쇠고나 갈 거나 어쩔 거냐 그러고 있는디. 너무너무 보고 싶고 너무너무 이쁘게 생긴 내 아들을 갖다가 그렇게…… 두드려 맞아갖고 얼굴이 그렇게 생겨가지고…… 내가 내가 진짜…… 내가 죽어야 잊어뿔지. 가슴에 묻고 가지. 안 그러면 묻고 가질 못해. (김정자)

그는 오랫동안 시신으로 기억되었다. 상의가 벗겨진 채 양손에 포승줄이 묶여 있는 상태로 바닷가에 떠오른 모습이 의문사의 결정적인 증거였으므로, 그의 시신 사진은 비대위의 온갖 선전물에 도배되었다. 그가 시신으로 발견된 다음 날 새벽, 경찰은 영안실 벽을 뚫고 시신을 탈취해 강제부검했다. 몇 시간 후 그는 내장이 꺼내지고 살갗이 꿰매진 텅 빈 몸뚱이로 되돌려졌다. 시신 탈취와 강제부검 역시 의문사의 결정적 증거였기에 그의 부검 전후 시신은 사진에 담겨 여기저기 뿌려졌다. 그는 무엇으로 기억되고 남겨졌으며, 산 자들, 즉 세상과 어떤 관계를 맺고 살았는가. 어쩌면 그는 여전히 오직 폭력과 억압이라는 과거사의 비극적 소재로서만 남겨져 있는 것은 아닐까. 죽음의 비극성이 담긴 시신 사진은 한 사람의 삶과 죽음 사이의 극적인 단절을 드러내며 그가 겪었을 고통을 상상하게 하지만, 비극적 과거사에 대한 '재현적 증거'로서 외려 현재와의 연결성을 닫아버리는 듯도 하다. 열사라는

유언을 만난 세계

호명이 이덕인을 '장애' '빈민' '열사'라는 단어로 소환하는 제도의 언어와 달리 이덕인과 산 자인 우리들을 연결지을 수 있을까. 새로운 땅에 비집고 들어가 살고자 한 노점상과 그의 가족은 어떤 일을 겪어야 했으며, 그 사건이 오늘날의 도시빈민 혹은 노점상의 삶과 생존 방식에 미치는 영향은 무엇인가. 그의 의문의 죽음과 관련한 법적인 책임은 왜 추궁되지 않았으며, 인천시의회와 철거 용역업체 '무창'은 어떻게 연관되어 있는가. 검찰의 부검 지휘서와 경찰의 시신 탈취는 당시의 문민정부와 어떤 관련이 있나. 이 모든 물음들은 아직 충분히 답해지지 않았다.

우리가 마주한 이덕인의 참혹한 죽음은 지금 우리가 살고 있는 이 장소에서 벌어진 사건이다. 이덕인의 죽음은 단지 행정기관의 단속 및 철거 과정에서 벌어진 우발적인 사건이 아니다. 그의 삶과 죽음은, 인천 그리고 아암도라는 공간이 겪어온 폭력적인 개발의 역사와 무관하지 않다.

가난했던 한 가족과 인천이라는 욕망의 땅

혁명, 혁명하라.
새는 알에서 나오려고 싸운다.
알은 새의 세계다.
태어나려고 하는 자는
그 세계를 파괴하지 않으면 안 된다.

과거 없는 오늘이 있을 수 없고

오늘이 없는 과거가 있을 수 없다.

—이덕인의 일기

그의 가족은 1983년에 인천으로 왔다. 이덕인이 고등학교 1학년 때였다. 이덕인은 전남 신안군 지도읍에서 다섯 남매 중 가운데로 태어났고, 어릴적 소아마비에 걸렸다. 1990년대 초반 그의 가족은 연안부두 부근에 음식점을 연다. 출발은 노점이었다. 연안부두 앞 포장마차를 운영하던 노점상들이 단속에 격렬하게 저항하자 인천시는 점용 허가를 내주고 풍물거리를 조성해 영업을 허용했다. 연안부두 여객·화물 이용객과 관광객들의 방문으로 풍물거리는 하나의 명소가 되었고, 이덕인의 가족은 인천시의 일원으로 분주히 노동하며 먹고살았다. 이덕인의 어머니는 칠순을 훌쩍 넘긴 아픈 몸으로 지금도 가게에 나와 손님을 기다린다. 이덕인의 두 동생도 함께 일한다. 미장일을 했던 아버지는 이덕인의 죽음 이후 일을 접고 아들의 죽음에 대한 진상규명과 명예회복을 위해 거리 곳곳을 헤맸다. 가난을 벗어나고자 인천 땅을 밟은 그의 가족은 조그마한 삶터를 얻기 위해 기를 쓰며 살아왔다. 가족을 잃은 고통은 쉬이 가시지 않았다.

거기(신안)서 사는 것이 너무 힘들어가지고, 우리가 여기가 이렇게 있다가는 굶어죽겠다, 우리 어디로 가야 되겠다 하고는, 이제 정처 없이 인천으로 올라온 거예요. 그때만 해도 내

유언을 만난 세계

가 좀 젊으니까. 허다 못해 쪼끄만하게 국수장사만 해도, 먹고살 수 있는 생활이 되었어. 내가 그때는 건강함께 새끼들은 안 굶어죽이겠구나, 그래갖고 무조건 올라왔지. 올라와서도 돈이 없어가지고 굉장히 어려움을 당했어요. 아버지는 일 댕기고 나는 파출로 식당 같은 데 가서 일해주고. 울기도 많이 울었어요. 너무 힘들어가지고. (김정자)

곳곳에서 새로운 땅들이 속속 생겨났다. 사람들은 새로 만들어지는 땅 어디쯤 비집고 들어가 살 만한 땅 한 뙈기 정도는 허락될 거라 믿었다. '민주화' 이후 정치권들은 저마다 모두를 위한 개발과 진보를 약속했다. 1995년은 전국적으로 지방자치제도가 실시되어 민선 지자체장이 선출된 해였다. 지역마다 앞다퉈 개발사업이 이뤄졌다. 1994년 성수대교 붕괴, 1995년 삼풍백화점 붕괴 등 대형 재난참사가 이어졌지만 개발의 신화는 사그라들지 않았다. 인천의 부지도 바다와 갯벌을 메우며 확장되었다. 1995년 3월 직할시에서 광역시가 된 인천은 "세계화에 부응하고 미래를 향한 광역시의 부푼 꿈"을 이룬다는 명목하에 구시가지는 상업, 업무, 행정, 문화의 중심권으로, 강화군은 통일 거점의 관광지로, 검단면은 최첨단 무공해 공단과 전원도시로, 영종도는 공항 부지로, 옹진군은 해양 등 천혜의 자원을 이용하는 관광도시로, 송도 신도시는 국제무역, 금융, 정보통신서비스가 중심이 되는 최첨단도시로 조성하는 개발계획을 추진하기 시작했다. 중소 규모의 간척사업이 줄을 이었고, 영종, 청라, 송도 등 상상하기 어려운 규모의 신대륙이 만들어졌다.

　인천광역시의 초대 민선시장으로 선출되어 8년간 재임한 최기선 전 인천시장이 주력한 송도신도시 건설사업은 오늘날까지 계속되고 있다. 1994년 시작된 이래로 2003년 경제자유구역 지정을 거쳐 국제도시 조성이 한창인 송도 공유수면 매립 공사는 53.45제곱킬로미터의 육지를 만드는 거대한 개발계획을 여전히 추진 중이다. 송도는 본래 없던 섬이었다. 일본인들이 자국의 명승지 송도松島(마츠시마)라는 이름을 붙인 해안가에 유원지가 조성되어 불리던 이름이었다. 1970년대까지 아암도는 바닷물이 빠지면 송도유원지에서 건너갈 수 있는 작은 바위섬이었다. 1980년과 1981년 인천위생공사와 주식회사 한독은 송도 갯벌을 매립했다. 송도유원지와 아암도 사이의 갯벌이 매립되면서 아암도는 형태만 남아 육지에 접하게 되었다. 이후 관광지 조성을 위해 주식회사 대우자판 등이 토지를 매입했지만, 관광지 목적보다 수익성 높은 투자 가능성을 재며 대부분을 나대지로 남겨두고 있다. 아암도兒岩島는 전체 면적이 605제곱미터(1832평)로 아주 작은 섬이지만, 한때는 인천 시민들에게 '바다로 통하는 유일한 출구'로 인식되곤 했다. 1960~1970년대에 아암도는 인천의 유명 관광지 중 하나로 꼽혔다. 아암도를 둘러싼 개발 논의가 불거진 것은 1990년대에 들어서였다. 1994년 아암도 갯벌 바로 앞까지 송도 3공구 매립공사가 완료되면서 아암도와 연결된 해안도로가 뚫리고 군사 철책선이 제거되었고, 아암도는 탁 트인 바다의 석양과 갯벌을 체험할 수 있는 관광명소가 되었다. 이듬해인 1995년 3월 인천시는 아암도 일대에 인공백사장을 설치해 '와이키키 해변'처럼 만들겠다며 섬 주변에 모래 수십 톤을 쏟아부었으나, 대부분이 조류에 휩쓸려 갔다.

송도 공유수면 매립을 통해 대규모 토지가 조성되면서 그 일 대에 있던 작은 섬들은 사라졌다. 그중 유일하게 형태가 남아 있 는 섬이 아암도이다. 1995년 3월 이 부근에 설치된 군사 철책선 이 부분적으로 제거되며 관광객이 몰려들었고, 노점상들도 포장 마차를 열기 시작했다. 그 가운데 장자추 회원들과 이덕인이 있었 다. 노점상의 저항과 이덕인의 죽음 이후 아암도에는 다시 철책선 이 쳐졌다. 이후 관광지 개발 소문만 무성한 가운데 아암도는 폐 쇄와 개방을 거듭했다.

송도가 세워지기 전 아암도에서부터 갯벌에서 생업을 이어 오던 사람들이 있었다. 송도갯벌은 전형적인 모래갯벌로 동죽조 개가 가장 많이 나던 곳이었다. 갯벌을 삶의 수단으로 살았던 맨 손어민들은 공유수면 매립사업에 따른 어업보상을 받았지만 이 들 대부분은 정착하지 못하고 뿔뿔이 흩어졌다. 인천시는 갯벌에 서 조개를 채취하던 옥련동의 한진, 동춘동의 동막·척전, 고잔동 의 고잔 등 총 네 군데의 어촌계 소속 어민 1246명을 대상으로 가 구당 50평씩 토지보상을 실시했다. 송도 신도시 내 1공구 준주거 용지를 어민생활대책용지로 공급한 것이다. 그러나 이들 대다수 는 정착하지 못했다. 일명 '조개딱지'로 불리는 이 용지는 수억대 의 프리미엄이 붙어 팔렸고, 가난한 어민들은 생계를 잃고 떠나 야 했다. 드넓은 갯벌이 훼손되고 갯벌에서 생계를 유지해오던 맨

손어민들이 내몰리는 일은 비단 송도국제도시 조성 과정뿐 아니라 "톱니의 이빨을 짜맞추듯 계속된 매립으로 직선형 인공해안도시"*가 된 인천 연안 곳곳에서 벌어졌다.

한편 아암도 앞 갯벌은 인천시의 대대적인 개발로 산란지를 옮겨야 했던 철새와 텃새들이 먹이 활동을 하는 곳이자 수많은 바다-갯벌 생명의 삶터이기도 하다. 전 세계적으로 1만여 마리밖에 남지 않은 멸종위기 상태의 검은머리갈매기도 이곳을 찾는다. 바다를 메워 육지를 만드는 개발은 계속되고 있지만, 모순적이게도 인천시는 이를 해양 친수도시를 조성하는 사업으로 홍보한다. '인천판 4대강'이라고 불리는 송도 워터프론트 개발사업이 대표적이다. 인천 앞바다와 송도를 연결하는 'ㅁ' 자 모양의 수로를 건설한다는 이 계획에 따르면 아암도 앞 갯벌은 아암호수로 재개발될 예정이다. 송도 인근의 바다를 매립해 건설 중인 신항 물류단지에는 '아암물류단지'라는 이름이 붙었다. 대대적인 개발에 가진 것 없는 자들의 몫은 없었다.

차별과 탄압의 현실에 맞선 장애인 노점상

나는 어려서부터 배우지 못했다.

---

* 김용하, 《인천의 간척과 도시개발: 2018 인천광역시 민속조사 보고서 주제별 조사보고서 1》, 인천광역시·국립민속박물관, 2018, 183쪽.

부모님의 가난과 장애인이라는 편견은
나의 어린 시절을 수줍음이 많고 내성적인 아이로 성장하게
했다.
하지만 성인이 된 지금 이 사회에서 당당하게 버텨 나가기 위
해서는
이제부터 강해져야 한다.
세상이 비록 우리를 어렵고 힘들게 할지라도,
고생하시는 우리 어머니를 위해서라도,
그리고 미래의 내 자신을 위해서라도 약한 모습을 보여줘서
는 안 된다.
공부를 잘하고 싶다.
지금 이 어려움을 극복하기 위해서는 열심히 공부해야만 한다.
지식이 많은 사람은 세상이 함부로 대하지 못하니까……

—이덕인의 일기

이덕인은 사망 전까지 공무원시험을 준비하고 있었던 것으로 알려져 있다. 고등학교 졸업 이후 귀금속 세공, 전화 음성사서함서비스 영업 등 다양한 직종에 종사하고, 취업을 위해 광고디자인학원에 다니기도 했다는 그는 공부해서 출세하는 것이 가난과 장애로 인한 차별에서 벗어나는 길이라 여기면서도 생계 활동의 압박과 현실적인 고민에서 자유롭지 못했다. 무엇보다 아암도에 대한 단속과 탄압이 심해져 망루 농성을 준비하게 되면서 갈등과 고민이 더욱더 깊어졌을 것이다.

엄마, 엄마 고생 쪼끔만 하라고. 내가 공부해서 출세를 하면, 남들이 그래도, 옛날에는 막 대하고 했던 말도 엄마한테 그렇게 안 할 거라고. 분명히 내가 공부해서 출세해서 엄마 고생 덜 시킬 텐께 쪼끔만 더 고생하라고 맨날 그랬어요 걔가. (김정자)

눈이 맑잖아요. 또 그때 당시 서른이 안 됐을 때니까 피도 끓을 거고. 아마, 망루 쌓고 그런 상황에서 도서관에 있을 친구는 아니었을 거라고 생각해요. 정말로 이 친구는 오로지 살길이, 공무원이 되거나 하기 위해 공부를 하는 거라 생각했을 수 있어요. 근데 어쨌든 아암도 들어와서 보니, 가난한 사람들의 삶에 대해 고민하게 되지 않았을까. 덕인이는 눈이 되게 맑으면서 우수에 차 있었어요. 말수가 적고 고민을 많이 하는 성격. 그 시기가 덕인이한테 굉장히 힘든 시기였을 거예요. 저처럼 운동을 접했던 것도 아니고, 본인은 이제 처음 접하는데, 너무 탄압은 심하고. 그 시절에 장애인들이, 뭐, 학교 들어가서, 학내 서클 같은 것을 접하거나 그렇지 않으면, 사실 일반 장애인들이 운동을 접하기는 굉장히 힘든 때였지만, 활동 과정에서 많은 고민이 생겨났겠죠. (조성남)

이덕인은 장자추 아암도지부 총무 역할을 맡으며 노점상 생존권 싸움을 시작했다. 당시 노점상들에게는 단속과 탄압에 맞선 저항이 하나의 일상이었다. 이덕인은 노점 활동을 계기로 각종 연

유언을 만난 세계

대집회에 참여하며 장애인과 가난한 사람들이 처한 현실에 눈을 떴다. 그는 장자추 활동을 통해 굴업도 핵폐기장 반대투쟁, 8·15 범국민대회, 각종 노점상·장애인 권리보장 집회 등에 참여했다. 부모는 그를 공부를 열심히 하던 착한 아들로 기억하지만, 장애인에 대한 차별과 가난한 사람들의 위태로운 삶 앞에서 청년 이덕인은 많은 고민을 틔우고 있었다.

장애인이 이 땅에 살기 위하여

장애인들의 치열한 투쟁은 가난한 사람들의 권리를 위한 싸움과 직결되었다. 차별과 배제가 만연한 사회에서 장애인은 가난할 수밖에 없었기에, 권리 실현을 위해서는 빈곤과 불평등을 낳는 사회구조에 저항해야만 했다. 수많은 사람들이 헌신적으로 싸웠고, 그 과정에서 많은 이들이 죽었다. 1995년 이덕인의 죽음 또한 그 투쟁의 여정에서 발생한 사건이다. 장애인도 함께 살자는 목소리에 사회는 차가운 폭력으로 응답했다. 2000년대에 들어 국민기초생활보장법이 시행되면서 가난한 장애인들은 생활보호'대상자'에서 기초생활'수급자'가 되었지만 앞으로 나아갈 수도, 주저앉을 수도 없게 만드는 제도의 한계가 이들을 또다시 절망에 빠뜨렸다. 장애인 노점상 최옥란의 싸움과 죽음 또한 이러한 시대적 상황과 무관하지 않다. '장애인도 사회의 일원으로서 노동하며 살아갈 수 있어야 한다'는 주장은 오늘날 지극히 당연한 사실이 되었지만, 현실에는 여전히 수많은 편견과 장벽이 존재한다. 자립생활의 권리보다는 보호를 명분으로 한 시설 수용이 우선적이며, 복지급여는 최소한도여야 하며 그마저도 소득 활동을 하거나 법적 부양의무자가 있으면 깎거나 없애야 한다는 인식이 만연하다. 게다가 생산성의 잣대는 장애인의 (노동을 통한) 사회 참여와 소득 활동을 무가치한 것으로 만든다.

1995년 결성되어 곳곳에서 노점사업을 추진하던 장자추는 아암도 투쟁 이후 (청계천에서 장사하는 회원들을 제외하고는) 더 이상 적극적 활동을 이어가지 못했다. 노점상운동을 두고 벌어진 의견 충돌이 주원인이었다. 장자추는 자신들의 활동을 점검하고 평가할 기회조차 갖지 못했다. 이는 장애인운동의 변화 과정과 맞물려 있다. 1990년대 후반 전장협은 한국DPI와 통합을 추진하는데, 이 과정에서 장자추의 활동이나 1990년대 중반 장애인운동의 대중투쟁의 성과와 과제가 충분히 반영되지 못했다. 이 시기는 진보적 장애인운동의 '단절기'로 평가되기도 한다. 이후 2000년대에 들어 이동권·교육권투쟁, 장애인연금 도입과 기초생활보장제도 현실화 및 활동지원서비스 제도화, 탈시설 자립생활을 위한 투쟁 등 치열한 투쟁의 과정에서 전국장애인차별철폐연대(이하 '전장연')가 꾸려졌다. 이 사회를 장애인이 살아갈 수 있는 곳으로 만들려면 기존의 가치관을 바꿔야 한다. 지금의 사회구조에는 장애인과 가난한 사람이 비집고 들어갈 틈이 없기 때문이다. 장애인 노동권 보장이 노동에 대한 인식과 관행을 바꿔나가는 작업과 함께여야 한다는 문제의식 속에서 장애인일반노조를 출범한 몇몇 이들의

유언을 만난 세계

이덕인 열사의 생전 모습.
말수가 적었던 그는 항상
무언가를 기록하는 습관이
있었다고 한다.

노력이 그 사실을 선명히 보여준다.

전장연 활동을 하면서 장애인 노동의 문제를 전면적으로 제
기하기 어렵다는 점이 아쉬웠는데, 지금 중증장애인의 노동
문제가 이제 막 나오기 시작하는 거잖아요. 노동의 가치 문제
에 있어서, 자본의 입장에서 생각하지 못했던 사회적 가치,
이런 걸 가지고 싸울 때가 아닌가. 그때의 장자추 활동을 돌
아본다면, 장애인들이 결국은 노동현장을 경험하지 못하고,
어떻게 보면은, 노점으로 밀려나는 상황에 대한 철저한 평가
와 자기반성을 못했던 게 있는 거죠. 사회를 변화시켜야 되는

거지, 기존에 걔네들이 만들어놓은 사회구조, 틀에 맞추려고 보니까, 그런 대상도 없고, 한계가 있었던 거죠. (조성남)

그의 자리는 어디인가

정권이 다섯 번 바뀌는 동안 이덕인의 죽음에 대한 책임자로 지목되었던 많은 이들은 죽거나 시대의 뒤안길로 사라졌다. 세상은 변했다. 하지만 여전히 변하지 않은 것이 있다. 고인이 된 최기선 전 인천시장은 생전의 회고록에서 "가난은 잊거나 피한다고 없는 것이 되지 않는다"고 썼다. 하지만 정작 그가 주도한 도시개발사업은 가난한 사람을 외면했다. 그는 민주화운동 경력을 지닌 민선 1기 시장이었으나, 끝내 빈곤과 불평등을 외면했다.

이덕인의 죽음은 법정에서 단 한 번도 다뤄진 바 없다. 살수와 경찰과 용역이 협력한 강제철거는 모두 '합법'이라는 이름으로 실행되었으며, 망루로 내몰렸다 망루에서 탈출해 주검으로 돌아온 이덕인의 죽음에 일말의 책임을 진 이는 아무도 없었다. 2009년 1월 20일 용산의 망루에서 다섯 명의 철거민이 죽어서 내려왔을 때도 마찬가지였다. 법은 경찰관이 사망한 데 대한 책임을 물었을 뿐, 철거민들의 죽음의 책임이 누구에게 있는지는 일체 거론하지 않았다. 사회적 조건으로 인해 누군가의 삶이 비극에 휘말릴 때 그 책임을 되물을 길 없는 사회란 과연 누구를 위한 것일까.

2019년 10월 17일 '빈곤철폐의 날'을 맞아 장애인 빈민 열사

유언을 만난 세계

묘역 참배가 진행되었다. 스물여덟 '의문사'로 남겨진 죽음을 맞은 이덕인의 무덤가에서 그의 아버지가 식사 도중 했던 말이 문득 떠올랐다. "이해가 안 가. 예수님이 서른셋에 죽었는데 목수 일을 했대. 그러고 십자가에 못 박혀 죽었는데 사흘 만에 시신이 어디로 도망갔어. 시신이 어디로 갔어. 궁께 시신이. 신이 부활했지 육체는 부활할 수가 없어. 그래도, 우리는 먹고살아야 하니까, 가을 무를 심어야겠다." 그에게 아들의 죽음은 현재진행형의 부재이다. 대통령이 그에게 주었다는 시계는 어느새 멈춰 있었다. 멈춰진 시계처럼, 폭력적인 과거사의 청산은 한없이 더디기만 하다. 정권이 몇 번이나 바뀌고 사회정의와 민주화를 위해 투쟁한 소위 '86세대'가 '작은 흠결'에도 불구하고 '큰 정의'를 위해 나서는 개혁의 주체로 소환될 때, 그들과 동시대를 살다 간 가난한 장애인 청년은 개발과 발전, 진보의 역사 그 어디에도 자신의 자리를 마련하지 못했다.

이 사회 속 그의 자리가 어디인지 묻는 싸움은 지금도 계속되고 있다. 2021년 11월 25일 이덕인열사공대위는 26년 전 생전 마지막 모습이 목격된 그 시각 이후 과연 그에게 무슨 일이 있었는지, 누가 그를 죽음으로 내몰았는지 진실을 밝히기 위한 투쟁을 전개했다. 자기 몸 둘 자리 하나 얻지 못해 망루 위로, 바닷속으로 내몰린 이덕인은 죽어서도 자기 자리를 찾지 못했다.

자고 일어나면 새로운 땅이 생겨나 있는 시대에, 비집고 들어가 살 땅 한 뙈기 허락되지 않은 죽음을 돌아보며 새로운 땅을 일구는 상상을 해본다. 그 새로운 땅이란 아마도 바다와 갯벌을 메

장애인·빈민운동단체들은 매년 이덕인 열사의 기일에 추모제를 열어
장애인·빈민의 생존을 위해 싸운 그를 기리고 있다.
2011년 11월 25일 열린 이덕인 열사 16주기 추모제 현장.

우고 뭇 생명을 갈아엎어 만드는 그런 땅은 아닐 것이다. 장애인
운동은 지금껏 열사들의 죽음을 붙들고 치열하게 싸워왔다. 가난
한 이들의 땅을 일구고 열사에게 자리를 마련하려는 여정 속에서
우리는 비로소 이렇게 말할 수 있을 것이다.

"이덕인 열사의 명복을 빕니다."

유언을 만난 세계

변방에서, 혁명의
물리적 근거를 위하여

박흥수 열사

1958. 5. 15 ~ 2001. 7. 23

정창조 글

청계천8가, 비루한 혁명가들

1995년 4월, 장애인들이 한두 명씩 청계천8가로 모여들기 시작했다. 곁으론 온갖 물건들이 수북이 쌓여 있다. 값싸게 사고팔 수 있는 모든 것들이 죄다 그곳에 모인 듯했다.

삼일아파트 13동 앞 끝자락, 빼곡히 들어선 노점들 틈으로 빈자리가 하나 보인다. 한 장애남성이 그 자리를 파고들어 새 좌판을 깔았다. 장애인 혼자선 장사를 하기 힘드니 비장애인도 함께 붙어 2인 1조로 장사를 시작했다. 이미 노점 생활로 뼈가 굵은 이였다. 날이 지날수록 장애인들이 연 좌판 수는 점점 더 많아졌다. 몇 달이 지나자, 삼일아파트 20동 앞에 자리를 간 장애인 노점은 어느덧 스무 자리가 되었다. 청계천 거리의 풍경은 그렇게 날마다 사소하게 변해가고 있었다.

마침 한 사내가 조수석이 곁에 딸린 삼륜 오토바이를 몰고는

1994년, 재계가 2퍼센트였던 장애인 의무고용률을 1퍼센트로 하향 조정하려 하자 전국장애인한가족협회는 대규모 집회를 열어 강력히 반발한다. 당시 자신의 트레이드마크인 삼륜 오토바이를 타고 집회에 참석한 박흥수 열사(가운데)가 '결사반대'라는 문구가 적힌 머리띠를 하고 있다. 오른쪽은 정태수 열사.

새로 들어선 좌판 곳곳을 기웃거린다. 어딘가 거칠어 보였지만, 그래도 굵은 테의 잠자리 안경을 낀 얼굴이 퍽 넉살 좋게 생겼다. 그는 새로 자리를 편 누구에게나 스스럼없이 말을 건넨다. 때론 시덥잖은 농담도 오갔다. 부아앙 달려가는 그를 불러 세워놓고선 이런저런 상담을 청하는 이도 있었다. 오토바이를 모는 이의 이름은 박흥수, 당시 장애인자립추진위원회(이하 '장자추') 집행위원장이었다.

박흥수 열사는 직책을 떠나서, 뭐랄까요, 당시 청계천 장애인

유언을 만난 세계

노점상들 사이에서 뭔가 큰형 느낌이 난달까요? 막 권위 부리고 명령하고 그런 형 말고 어떤 말이건 다 따뜻하게 잘 품어주는 그런 형 있잖아요. 인상도 참 좋았고 뭔가 신뢰가 가는 그런 사람이었어요. (최인기)

박흥수는 본인도 청계천 노상에서 한동안 씨티폰 등을 팔았지만, 자기 장사보다도 다른 노점들을 확보하는 투쟁에 더 관심이 많은 듯 보였다. 어떤 이들은 그가 당시 이 투쟁에 제 모든 것을 건 것처럼 보였다고도 전한다.

그도 그럴 것이 당시 돈 없는 장애인들에게 노점이란 스스로 벌어 먹고살 수 있는 거의 유일한 수단이었다. 1991년부터 장애인고용촉진법이 시행되었지만 장애인들이 노동자가 된다는 건 여전히 쉬운 일이 아니었다. 그럼에도 재계는 2퍼센트였던 장애인 의무고용률을 1퍼센트로 하향 조정하려 했다. 저들이 장애인을 기준만큼 고용하지 않아 내야 했던 장애인고용부담금이 기업 경쟁력을 저하한다는 이유였다. 마침 세계화의 기치와 함께 본격적으로 도입되고 있던 신자유주의화의 흐름을 타고서 나온 말이었다. 이 요구안은 장애인운동계의 거센 저항 등에 직면해 금방 철회되긴 했지만, 이것만으론 장애인들의 생존권과 노동권을 지켜내기에 턱없이 부족했다.

1990년대 초중반 호황기에도 많은 장애인이 앵벌이로 생을 유지하고 있었다. 그렇지 않으면 이 세계의 생산 시스템과 괴리된 채 '기생적 소비'만을 이어가야 했다. 조건이 여의치 않아 기생적 소비조차 이어갈 수 없다면 그저 죽는 수밖에. 상황이 이러하니 노점은 장애인들이 자립하여 이 사회의 평등한 구성원으로 서기 위한 몇 안되는 선택지 중 하나였다.

박흥수는 장애인 노점 확보를 혁명의 한 과정으로 생각하기도 했다. 자본에 착취당할 자격조차 없는 이들이 저들의 시스템 안으로 어떻게든 침투해 들어간다는 것, 그 생존을 향한 몸부림이 가져올 변혁을 낙관해서였을까? 어쩌면 사실상 무임금으로 활동할 수밖에 없던 운동가들의 생계를 이어가는 데 노점 운영이 하나의 대안이 될 수 있었기 때문인지도 모른다.

> 흥수 형은 장애인 50명만 모여 한군데서 생계를 꾸려가고 고민을 나눠갈 수 있다면, 그게 장애인들을 혁명으로 이끈다고 했어요. 아무것도 가진 것 없는 이들이 앵벌이로 동정과 시혜에 기대어 살아가고 있는 마당에, 가난한 장애인들이 스스로의 힘으로 돈을 벌고 번 돈을 함께 나누기도 하면서 이 세상에 맞서 간다는 것. 그건 그 정도로 큰 의미가 있다는 거죠. (조성남)

그러나 이 비루한 자들의 혁명은 환영받지 못했다. 노점을 하리라 맘먹은 이들은 응당 싸움꾼이 되어야만 했다. 문민정부 5년 동안에만 3만 5039개의 노점상이 강제로 철거당하고, 5662개의 손수레가 파괴될 정도였으니 당연한 일이었는지도 모른다.* 실제로 청계천에 들어선 장애인 노점상들은 시작부터 온갖 적들과 마

유언을 만난 세계

주쳤다. 삼일아파트 1~2층에는 상가가 들어서 있었는데, 상점 주인들은 새로 들어선 노점이 자신의 장사를 방해한다며 역정을 냈다. 주말에만 노점을 폈던 '떴다방'(한자리에 머물지 않고 여러 장소를 이동하며 주말이나 장날 등 특정 시기에만 문을 여는 이동형 노점)들도 고운 시선을 보낼 리 없었다. 이내 상가 주인들의 민원으로 단속반까지 용역을 대동하고선 밀어닥쳤다. 당시 노점상들은 이들을 어렵게 표현할 것 없이 '깡패 새끼들'이라 불렀다.

'깡패 새끼들'이 나타나기만 하면 좌판 곳곳이 뒤집어졌다. 물건들이 거리에 불규칙하니 나뒹굴었고 여기저기서 욕설과 고성이 오갔다. 어떤 깡패는 잔뜩 취한 채 칼을 들고 나타나 이들을 협박했다. 어떤 이는 좌판 위에 드러누워 버렸지만 어떤 이는 맥없이 끌려나갔다. 어떤 이는 제 물건을 강제로 실어다놓은 단속반 트럭 밑으로 기어들어가 손에 붙잡히는 것이라면 아무거나 꽉 움켜쥐고선 필사적으로 버텼다. 어떤 이는 깡패의 멱살을 잡고서 흔들어도 보았지만 조롱거리만 되었다. 목발을 마구 휘둘러가며 저를 지키는 이들도 있었다. 어느 여름날 이들은 장시간 도로를 점거하기도 했고, 이 탓에 그렇잖아도 북적거리던 청계천 거리는 한동안 마비되었다. 그해에만 장자추 회원 여덟 명이 구속되었다.

박흥수는 언제나 이 싸움의 선봉에 서 있었다. 딱히 화려한 언변을 구사하는 선동가도 아니었고, 정제된 사상으로 무장된 이론가도 아니었지만, 그의 행동 하나하나는 곁에 선 동지들을 전선

❋ 《10·17 '빈곤철폐의 날' 열사추모제 자료집》, 2012, 42쪽.

박흥수 열사의 생전 모습.

으로 이끌기에 충분했다.

당시 선배는 싸움 때마다 '두려워하지 마! 우리가 앞장서겠다!'고 외치며 몇몇 장애인들과 돌진해가곤 했어요. 오토바이를 탔다가 목발을 짚었다 휠체어를 탔다가 하면서 매번 중요할 때마다 돌연 어디선가 나타나 쭉 앞서 나가는데, 그게 그렇게 힘이 많이 되었죠. 〈불나비〉란 노래 있잖아요? 그 모습을 보고 있자면 정말 그 노랫말 같더라고요. (익명)

해가 지고 잠시의 평화가 찾아와도 박흥수의 혁명은 끝나질

유언을 만난 세계

않았다. 간혹 홀로 남아 고독한 시간을 보내기도 했지만, 대부분의 밤은 동지들과의 술판으로 채워졌다. 그에게 술판이란 곧 조직의 장이었다. 그러니 모여 앉은 이들이 바뀌어도, 박흥수 특유의 썰렁한 '아재 개그'들이 대화의 틈새를 자연스레 비집고 들어오던 와중에도, 술자리 주제는 이 질문으로 되돌아오곤 했다. '장애인 빈민의 힘으로 어떻게 세상을 변혁할 것인가?' 후배들의 꿈에서부터 신세 한탄이나 가족, 애인 고민 등은 누구보다도 열심히 들어주고 격려도 잘해주던 그였건만, 투쟁 좀 적당히 하고 형 개인 생활도 좀 챙기라는 후배들의 말만큼은 귓등으로도 안 들었다.

'혁명이나 투쟁 같은 거야 뭐 배운 놈들이나 하는 거지, 우리 같이 무식한 놈들이야 먹고사느라 바쁜데 무슨……' 간혹 등장하던 이런 푸념도 그 앞에선 별 소용이 없었다. 물론 그런 말들도 자상히 잘 들어주었지만, 결국 그는 자신의 신념을 답답할 정도로 확고하게, 그러나 따스하게 전해왔다.

> 흥수 형이 이런 말을 했어요. 지식인들이 혁명을 시작할 수 있을지는 몰라도 혁명을 완성하는 것은 결국 민중이다. 즉 못 배운 당신들이 바로 혁명의 주체라는 거죠. (이상호)

민족해방이 가장 중요한 투쟁이라느니 이미 의식화되어 있는 조직된 노동자들만이 혁명을 선도할 수 있다느니 하는 말들만 어렵게 떠들어대며 빈민, 노점상을 단순히 룸펜 내지는 프티부르주아로 규정해 운동의 곁가지로 밀어다 놓은 '배운 놈들'은 그에게서 욕을 들어먹기 일쑤였다. 어둠이 짙어질수록 묘하게 거세지던 그의 고집은 술자리에 참여한 이들이 모두 제대로 몸을 가눌 수 없게 되어서야 잠시나마 잠잠해졌다.

생 내내 비루한 곳을 벗어나본 적이 없고, 벗어날 생각도 없었던 박홍수의 가슴은 날마다 뜨거웠다. 동지들은 그 열기가 절대 식지 않을 줄만 알았다고 한다. 차갑게 식은 듯 보이던 박홍수의 고독마저도 그가 누군가를 만나기만 하면 곧장 사라진 듯했기 때문이다.

그해 11월에 닥친 장자추 아암도지부 소속 이덕인의 죽음에 복수하는 긴 싸움의 여정이 열기를 잃기 전까지는.

상담치료, 약물치료, 물리치료

박홍수는 1958년 5월 15일 영등포에서 태어났다. 이듬해 소아마비 후유증으로 장애를 입었고 살아가는 내내 가난했다. 그는 어릴 적부터 진보적인 성향의 성당에 다녔는데, 훗날 그곳에서 억압받는 민중들에 대한 고민을 본격적으로 시작하게 되었다고 밝힌 바 있다. 성당 사람들과 각종 투쟁들에 연대하고 곳곳에서 주워들은 책도 집어와 읽으면서 저도 몰래 훗날 싸움의 토대를 닦아갔다.

그는 청년기에 뜨거운 사랑에 빠지기도 한다. 그러나 그 사랑은 결실을 맺지 못한 채 금방 무너져 내린다. 사랑하던 이의 집

유언을 만난 세계

안에서 그가 장애인이라는 이유로 반대를 하는 바람에 이별을 택할 수밖에 없었던 것이다. 전장에 뛰어든 이후 "운동가에게 연애나 사랑은 사치"(이상호)라는 생각을 늘상 마음 한구석에 가지고 있던 박흥수는 말년 즈음에 이르러서야, 자신이 당시 실연의 고통을 여태 간직하고 있음을 함께 살던 이에게 조심스레 털어놓았다. 여지껏 그 사람을 잊지 못하고 있다는 말까지 은연중에 덧붙였다. 운동에 대한 절망으로 맘이 한껏 약해진 상태에서야, 그것도 잔뜩 취해서야 겨우 튀어나온 말이었다.

> 90년대 중반에도 흥수 선배가 좋아하는 사람이 있었어. 그런데 자신감이 없더라고. 말도 잘 못 건네고 접근도 잘 못하는 거야. 참 답답해. 답답하지. 뭔가 자기랑 만나면 그 사람이 불행해질 거다…… 이런 투였어 맨날. (배복주)

박흥수가 싸움꾼으로 본격적으로 데뷔한 건 1988년. 1987년 6월항쟁과 7, 8, 9월 노동자투쟁의 열기가 아직도 살아남아 세상을 달구던 시기였다. 장애인운동 역시 이 시대에 열기를 더했다. 독립적인 장애인운동 이론조차 없어 마르크스주의 서적에 등장하는 '노동자'만 '장애인'으로 바꿔치기해 자신들의 주장을 정당화해야 했을 정도로 상황은 열악했지만, 그래도 울림터, 전국지체부자유대학생연합, 장애우권익문제연구소 등 진보적인 장애인단체들이 체계적으로 조직되고 있었다. 장애인 노동권 보장을 위해 필요했던 장애인고용촉진법 제정 논의와 함께, 의무조항이 없어 전혀 법의 기능을 수행하지 못했던 심신장애자복지법 개정 논의도 1987년 대선 국면부터 치열하게 이뤄지고 있었다.

이런 상황 속에서 장애인운동단체들은 1988년 10월에 열릴 장애자올림픽 거부투쟁에 나선다. 장애자올림픽은 실질적인 장애인 삶의 개선 의지도 없던 정부가 마치 자신들이 장애인을 위하는 체제인 것마냥 선전하기에 딱 좋은 '생색내기용' 행사였기 때문이다. 신도들이 낸 부활절 헌금을 장애자올림픽 지원금으로 기부하려던 송인학 등 목사들의 움직임에 대항하여 '보람의 집' 장애인 스무 명이 종로 연동교회를 점거하기도 했고, 이어 4월 16일 명동성당 앞에서는 한국 최초의 장애인 대중 집회인 '장애인 권익 촉진 범국민결의대회'가 열렸다. 울림터 회원 6인은 이날, 바닥에 흰 천을 깔아놓고선 손가락을 째서 나온 피로 '노동권리쟁취'라는 붉은 글자를 한 자씩 써내려갔다.

당시 박흥수는 정립회관 등에서 울림터 회원들과 이미 관계를 맺고 있었다. 몇몇 장애인 단체들 간의 친목을 다지기 위해 결성된 서울경인장애인연합회 등을 통해 곳곳에 소속된 소위 '학출 장애인들'을 골고루 만나기도 한다. 그리고 마침 자신이 졸업한 서울장애인복지관 직업훈련과정(목공예과 출신) 동문회 '싹틈' 부회장을 맡으면서, 자신의 이름이 새겨진 조직을 일굴 기반을 닦아간다. 그가 복지관으로 돌아온 동기는 애초부터 불순했다. 그의 목적은 하나, 후배들을 '빨갱이'로 조직하는 것이었다. 박흥수 나름의 '하방'이었다.

그는 후배들이 모인 자리면 빠지지 않고 참석했다. 그리고 그

　　　　　　　　　유언을 만난 세계

과정에서 교묘하게 후배들에게 '불온한' 사상을 심어주기 시작한다. 당시 그는 '껍질을 깨라'는 표현을 자주 사용한 것으로 보인다. 가진 자의 편에 서서 못 가진 자들을 억압하는 체제의 껍질을, 차별적 일상에 길들여진 장애인 자신들의 의식의 껍질을 깨야 한다는 것이었다. 이 의식화 작업은 소위 '상담치료'라 불렸다. '상담치료'는 줄곧 '약물치료'로 이어지곤 했는데, 이는 쉽게 말해 술을 먹으며 나누는 교양의 장이었다. 그는 여기서 더 나아가 후배들에게 각종 투쟁에 참석한다는 약속을 끈질기게 받아내기도 했다. 그럼에도 술이 깨고선 정신을 다잡고 약속을 지키지 않는 후배들도 있었는데, 박흥수는 이들을 강제로라도 어떻게든 다시 조직하려 했다. 당시 사람들은 이를 '물리치료'라 불렀다.

이 '3대 치료'를 거치면서 복지관엔 어느덧 그를 따르는 무리들이 생겨났다. 그중에서도 전산과의 소아마비장애인 정태수는 유난히 눈에 띄는 친구였다. 도대체 어디서 운동물을 먹은 건지는 잘 몰라도, 갓 고등학교를 졸업했다는 녀석이 이상하게 투쟁에 대한 열의가 단단했다. 그는 툭하면 〈의연한 산하〉를 돼지 멱따는 소리로 불러댔다. "가슴이 빠개지도록 사무치는 이 강산에, 머리끝에서 발끝까지 거부한다던, 복종을 달게 받지 않겠다던……" 한편 정태수와 전산과 동기이자 장애를 입기 전엔 대학을 다니기도 했다는 지체장애인 박경석은 어째 좀 석연찮았다. 그는 직업훈련을 받고 얼른 취직해서 엄마에게 첫 봉급을 드리는 게 꿈이라고 했다. 그런데 같이 투쟁을 안 할 거라 굳게 맘먹었으면서도 술자리에는 빠지지 않고 나와 맛있게 술을 마셔댔다.

흥수 형이랑 친해지면 인생 조지겠구나 싶었지. 빨갱이 테러리스트 될까봐. 근데 나도 장애 입고 집에만 있다 5년 만에 세상에 나와서 갈 데가 없었어. 그러니 형이 술 사주는 데를 열심히 나갈 수밖에. 그렇게 갈 데가 없어 흥수 형을 만나던 나와 달리 태수는 흥수 형과 참 잘 맞았어. 그러니 태수를 많이 귀여워했지. 흥수 형이 이러기도 했어. 넌 대학물도 먹었고 그러니 갈 데도 우리보단 많을 거라고. 언젠가 니는 운동판 밖서 혼자 잘 먹고 잘살 거라고. (박경석)

나름 지지 세력을 확보한 박흥수는 이내 복지관 내 싸움을 조직한다. 당시 서울장애인복지관에서는 학생들의 자활의지를 북돋고 심신 단련을 시킨다는 명목으로 점심시간마다 국민체조를 시켰다. 한편 학생들이 체조를 하는 동안 복지관 선생들은 먼저 밥을 먹고 나머지 점심시간을 여유롭게 즐겼다. 박흥수는 이에 저항해야 한다고 생각했고, 곧 정태수와 함께 '국민체조 거부투쟁'에 나선다. 대략 스무 명 정도가 이 저항에 동참하기로 약속했다.

그러나 반란은 조기에 진압당한다. 그렇잖아도 운동권이 되기 무서웠던 박경석이 결전의 날 직전에 이 사실을 평소 자신과 친했던 선생님에게 일러바쳤던 것이다. 그는 '국민체조 거부투쟁'을 빨갱이 장애인들이 복지관의 좋은 의도도 알아주지 못한 채 괜히 트집을 잡는 것으로 여겼다. 결국 국민체조 거부투쟁에 참여한 학생은 고작 정태수를 비롯한 두세 명뿐이었다. 다행히도 얼마 후 점심시간마다 이뤄지던 국민체조 의식은 중단되었지만, 박경석은 배신자 취급을 받아 한동안 그들과 어울려 놀 수 없었다.

이렇듯 후배에게 배신(?)을 당하기도 했지만, 박홍수는 개의치 않았다. 그는 이때부터 복지관 바깥에서 이뤄지는 각종 투쟁들에도 주도적으로 참여하기 시작했다. 1987년 말부터 1988년 5월까지 청량리1동에서 이루어진 신망애재활원 건립 추진 투쟁도 그중 하나였다. 신망애재활원은 원래 종교단체가 세운 미인가 시설로 홀로 생계를 꾸리기 힘든 장애인들이 모여 사는 공동체였다. 그들은 얼마 전까지 거리 곳곳에서 행상을 하며 먹고살았으나, 마침 그해 한 독지가의 도움으로 장애인 거주시설로 변모할 준비를 하고 있었다. 임대사업을 진행해 수입을 110여 명 거주 장애인들의 생계비로 쓸 계획을 세워놓기도 했다. 그러나 주민들은 땅값이 떨어진다느니, 자녀 교육에 좋지 않다느니 외쳐대며 이를 저지하려 했고, 이를 지역이기주의로 규정한 장애인들은 이내 주민들에 대항하는 싸움에 나선다. 한 기사는 공사가 주민들에 의해 저지되자 장애인들이 "봉고차와 오토바이 등을 타고 와 북 등을 두드리며 밤새 농성"*을 했다고 보도하기도 했다. 물론 지금의 진보적 장애인운동이 추진하는 '장애인 수용시설 폐쇄'의 기조에서 보면 분명 한계가 있는 투쟁이었지만, 당시엔 지금과 인식이 다를 수밖에 없었으리라.

1988년 7월 2일 '기만적 장애자올림픽 반대'를 외치며 올림픽

---

* 〈장애자 복지회관 '짓는다' '안된다': 장애자-주민 대치 6개월〉, 《중앙일보》, 1988. 5. 24.

조직위원회를 기습 점거한 청년들 사이에도 박흥수가 있었다. 곧 밀어닥친 경찰들과의 치열한 사투 끝에 그들은 다음 날 정부 담당자들과의 공청회 약속을 받아냈고, 이 공청회는 실제로 7월 27일에 개최된다. 이 공청회를 통해 실질적으로 얻어낸 것은 많지 않았지만, 이 투쟁은 박흥수에게 큰 울림을 주었던 것 같다. 그는 훗날에도 이 투쟁을 무용담으로 재구성해 술자리에서 자랑스레 이야기하곤 했다. 그가 술에 취해 당시 이야기를 털어놓을 때면 흡사 무협지 분위기가 풍겼다.

하긴 이 기습 점거는 박흥수가 향후 10여 년간 시도할 상담 치료, 약물치료, 물리치료를 위한 중요한 근거가 될 만했으니 뿌듯할 만도 했다. 하물며 다른 진보적 장애인운동 조직들은 대부분 대학생이거나 대학생 출신인 이들이 주도했지만, 이후 박흥수가 주도한 투쟁들에 함께 선 전사들은 대개가 대학물 한번 먹어볼 생각조차 못해본 이들로 채워지지 않았던가. '못 배운 기생적 소비계층'은 그렇게 박흥수의 1988년 실천들과 함께 저항하는 자로서 처음으로 자신들의 존재감을 이 세계에 새겨나갈 준비를 시작한다.

마침 외로움에 박흥수, 정태수 무리로 다시 되돌아온 박경석의 생각도 박흥수의 끈질긴 '약물치료'를 받으며 점차 변해가고 있었다.

유언을 만난 세계

투쟁 연습

1989년 봄 정립회관, 세 명의 장애인들이 비장한 표정으로 일렬로 자리해 있다. 조용하던 정립회관 운동장엔 이내 괴이한 소음이 진동한다.

"자! 따라 해! 장애인복지법 개정하라!"
"장애인복지법 개정하라!"
"자! 이번엔! 장애인고용촉진법 제정하라!"
"장애인고용촉진법 제정하라!"

어설프게 어깨 위로 들려진 그들의 팔뚝은 시간을 거듭할수록 투쟁에 익숙한 노동자와 대학생의 팔뚝마냥 절도가 배어갔다. 그런데 정작 싸움의 대상은 당장 그들 앞에 없었다. 이들은 곧 열릴 양대 법안(장애인복지법·장애인고용촉진법) 투쟁을 앞두고서 '투쟁 연습'을 하는 중이었던 것이다. 팔뚝질 연습과 구호 제창 연습은 한 시간이 넘게 이어졌다.

이 엉뚱해 보이는 행동의 주인공들은 박홍수, 정태수, 박경석으로, 당시 서울장애인복지관 직업훈련과정 동문회 '싹틈'의 집행부였다. 전년엔 부회장이었던 박홍수가 회장을 맡았고, 투쟁 꿈나무였던 정태수가 조직부장을, 한땐 배신자였으나 이제는 갱생(?)한 박경석이 싹틈 소식지의 편집을 맡았다. 마침 1989년엔 장애인고용촉진법 제정, 심신장애자복지법 개정이 1988년보다 더 구체적으로 논의되고 있었고, 곳곳에서 이와 관련된 투쟁이 연이어 열리고 있었다.

> 대중투쟁 나가기 전이었는데 대학생들이 데모를 멋지게 하니까 우리가 거기 가서 기죽으면 안 된다고 흥수 형이 그래 데모 연습을 시킨 거야. 그렇게 훈련받고 데모에 나갔는데, 흥수 형이 또 나보고 대학생들 앞에서 선동도 하라 하고 구호 선창도 시키고 하대. 이야, 거기 나온 아들 상당수가 사회복지학과 학생들이었는데, 걔네들이 전대협(전국대학생대표자협의회)이었거든. 프로들이지 프로. 전대협 학생들이 '으아아!' 함성 지르는데 나한텐 진짜 새로운 세계였어. 프로들 앞에서 초짜인 내보고 어쩌라고. 뭐 집회 내내 완전 쫄아 있었지. (박경석)

싹틈은 그렇게 차근차근 장애인운동판에 제 존재감을 알려 가기 시작한다. '장애인의 날'을 앞두고 국회 앞에서 벌어진 '기만적인 복지정책 규탄대회'는 물론이고, 10월 28일 출범한 '심신장애자복지법 개정 및 장애인고용촉진법 제정을 위한 공동대책위원회'에도 싹틈 회원들이 등장했다. 10월 30일부터 11월 9일, 야3당 당사를 차례로 방문해 양대 법안을 요구하다 결국 신민주공화당 당사를 점거, 단식투쟁에 나선 이들 사이에는 싹틈의 조직부장 정태수가 포함되어 있기도 했다.

어쩌면 싹틈의 이러한 활동이 가능했던 것은 그들 스스로

유언을 만난 세계

1년이 넘는 시간 동안 삶의 터전인 복지관 내에서부터 역량을 다져왔기 때문인지도 모른다. 그중에서도 1989년 봄 서울장애인복지관 점거 농성은 특히 결정적인 역할을 했다.

당시 복지관의 장애인 학생들은 아무리 열심히 공부해도 제대로 취업을 할 수 없었다. 성적은 아무래도 상관없었다. 당시 직업훈련과정 학생들, 특히 그곳에서도 몇 안되는 뇌병변장애인과 휠체어를 탄 장애인들은 좋은 성적이 기재된 서류를 이곳저곳 제출해도 면접할 기회조차 주어지지 않았다. 그나마 경증이었던 소아마비장애인들도 기껏 취업해봐야 안정된 직장에 들어가기란 하늘의 별 따기였다. 수공예과 출신 학생들이 영세 사업장에 들어가 숙식을 제공받으며 일하는 경우도 종종 있었지만, 대부분은 임금도 제대로 받지 못했다. 직업훈련과정에서 배운 것과 무관하게 취업을 하는 경우도 허다했고, 그마저도 저임금과 차별에 시달리다 금방 쫓겨나곤 했다.

그럼에도 서울시로부터 예산을 지원받아야 했던 복지관은 취업률을 뻥튀기해서 상부에 보고하곤 했다. 겨우 얻은 일자리를 잃고 돌아와 상담을 요청하는 학생들에게 복지관은 '장애인인데 어쩌겠냐' '어디 들어가서 일하건 가서 일한 것만 해도 감지덕지해야지'라는 말만 반복했다. 결국 싹틈 집행부는 자체적으로 취업률 실태조사를 다시 실시한다. 조사 결과는 예상대로 처참했다. 그리고 싹틈은 그 실상을 동문회 소식지에 실었다. 그러나 이는 "우리 나라가 자랑하는 대표적인 재활기관"(싹틈 소식지 4호) 서울장애인복지관 입장에서는 바깥에 알려져선 안 되는 사실이었다.

이내 복지관 직업부장은 아직 배포도 되지 않은 싹틈 소식지 뭉치를 몽땅 압수한다.

박흥수는 참을 수 없었다. 8월 7일, 그는 결국 학생 23명을 조직하여 복지관 로비를 점거한다. 그러고선 복지관에 공식적으로 사과할 것, 압수한 소식지를 돌려줄 것, 전시적인 통계 발표에서 그치지 말고 실질적인 장애인 고용 대책을 마련할 것, 시장이 나와 장애인의 열악한 고용 현실에 대해 직접 사과할 것 등을 요구했다. 정태수는 자신의 생애 첫 점거 농성이라며 삭발까지 하고 나타나 강경하게 대응했지만, 그때까지도 덜 운동권화된 박경석은 친한 선생님들과 협상해가며 현실적인 요구 조건만이라도 들어달라고 부탁하고 다녔다. 박경석은 장애인 고용 대책 마련이니, 서울시장 면담이니 하는 것들은 어차피 이 투쟁을 통해 얻어낼 수 없는 것이라 판단했다. 소식지만 돌려받고 이 싸움을 계기로 싹틈 사무실이나 제대로 마련해보자 생각했던 것이다.

강경파와 협상파 간의 기묘한 내부 갈등 속에서 농성은 5일간이나 지속되었고, 결국 복지관은 싹틈의 요구 조건을 수용한다. 복지관은 소식지를 빼앗아간 것에 대해 사과했으며, 일부 내용을 수정하는 조건으로 소식지 발행을 허가한다. 물론 싹틈 구성원들 스스로도 이 싸움을 '참 미흡한 게 많은 투쟁'이었다고 평가했지만, 그래도 이 초보 운동가들은 1년 전의 '국민체조 거부투쟁'에 이어 다시 한 번 작은 승리를 일궈냈다.

박흥수는 싹틈 소식지에 〈찰라〉라는 제목이 달린 글을 게재했다.

유언을 만난 세계

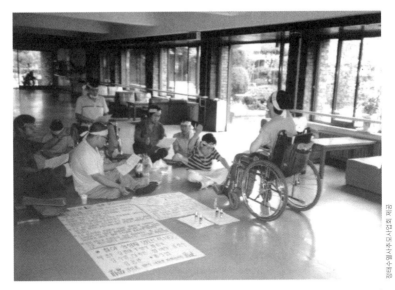

1989년, 서울장애인복지관이 동문회 '싹틈' 소식지 내용을 문제 삼아
소식지를 압수해가자 학생들이 복지관 로비를 점거하고 농성에 돌입했다.
맨 뒤에 하얀 머리띠를 하고 휠체어를 탄 사람이 박경석이고, 그를 기준으로
오른쪽에 앉아 주먹을 쥐고 있는 사람이 박흥수 열사다.
맨 앞에 머리를 빡빡 밀고 안경 쓴 사람은 정태수 열사다.

많은 번민과 갈등 속에서 치루어진 피할 수 없었던(?) 의식
을 치루었다. 운명적이라 할 수 있는 수순을 애써 바꾸어보려
는 안일함을 자책하며 농성은 시작되었다. 운동적 의식과 인
간적 연민 사이를 오가며 생체의 생기가 빠지는 것 같은 소모
와 열정 그리고, 소박함이 주위를 내내 에워싸고 있었다. 이
래야만 할까 하는 허망한 의식과 반드시 치루어야만 된다는
치열한 의식이 우리의 심신의 소모를 가중시키면서 스스로
역량의 미흡함에서 오는 자책감은 나의 영혼의 균열감을 각

인지었다. 어렵고 제약된 상황과 미약한 준비하에서 전개된 농성에서 보여준 투박하면서 목가적인 모습들. 결코, 나약하지 않은 모습들. 결코, 나약할 수 없는 이들. 치열하면서 다듬어지지 않은 의식에 온몸을 던져 말없이 묵묵히 앉아 있던 동문들. 뜨거운 가슴과 냉철한 의식을 열망하는 작은 사람들. 뭉클함이 내내 메마른 나의 빈가슴을 채워주었던 크나큰 사람들. 다시 원점에 섰을 때의 정연한 사물의 모습은 마치 한여름 밤의 꿈처럼 탈색된 상황에 몸서리치면서 다시금 우리의 세태를 느끼게 하였다. 허나, 더디지만 서서히 우리는 다져지고 강화될 것이다. 삶의 고달픔과 회의감 속에서도 우리의 역량은 서서히 자랄 것이다. 장애의 아픔과 시대의 아픔에 공감하면서 선진된 의식과 번민 없는 실천력을 지니게 될 것이다. 껍질을 깨는 아픔을 동반하면서.

─싹틈 소식지 5호

변방에서, 혁명의 물리적 근거지를 위하여

복지관 내외의 투쟁을 거치면서 박흥수, 정태수, 박경석은 점점 그 관계가 끈끈해져갔다. 그러나 이 싹틈 출신 3인방 운동가들의 실천은 잠시의 휴식기를 가져야만 했다. 전산과 2등 졸업생임에도 취업에 실패한 중증장애인 박경석은 엄마에게 첫 봉급을 드리겠다는 꿈을 당장 이루지 못한 채, 대학 입시 학원에 다니기 시작했다. 정태수 역시 '투쟁은 대학 가서 하면 된다'는 박경석의 꼬드김에 넘어가 함께 입시 학원을 다녔다. 물론 투쟁하기에도 바빴던 정태수는 금방 학원을 때려치우고 곧장 직업 활동가로 나섰지만, 생 내내 가난에 허덕이던 박흥수는 더 이상 생계를 외면할 수 없었다. 그는 별수 없이 1989년 언젠가부터(가을 언저리로 추정됨) 생활 전선에 뛰어든다. 그러고는 후배들에게 이런 말을 남겼다.

이제 나는 생활인으로 돈을 벌어야 한다. 나를 용서해라, 나를 이해해라. 너희들이 400만 장애인의 아픔을 대신해서 타협 없이 전진하라.[*]

—〈고故 박흥수 동지를 떠나보내며〉

이 말과 함께 그가 제 몸처럼 붙어 다니던 삼륜 오토바이를 후배들에게 내줬다는 설도 있으나 확실치는 않다. 어찌 되었건 그는 이후에도 투쟁 현장 곳곳에 삼륜 오토바이를 타고 나타났기 때문이다. 당시 그가 목공예 공장에 취업하여 일을 했다는 설, 그 취업이 '위장 취업'이었다는 설도 있으나, 이 역시 확실히 밝혀진 바는 없다.

다만 확실한 것은 얼마 후 박흥수가 경기도 하남에 위치한 허름한 슬래브 주택에 작은 구두공장을 차렸다는 사실이다. 장애인 노동권투쟁 과정에서 "기생적 소비자가 건설적인 생산자로 변신

---

[*] 정태수열사추모사업회 홈페이지(taesoo.or.kr).

하려는 열망"(싹틈 소식지 9호)의 중요성을 깨달은 박홍수는 이 허름한 공장을 통해 장애인들이 동정과 시혜에 기대지 않고 스스로 생계를 꾸려갈 수 있는 조건을 마련하고자 했다. 그러나 박홍수가 이 공장을 연 데는 또 다른 노림수가 있었다. 당시 그는 장애인운동이 단순히 먹고사는 문제의 한시적 해결을 요구하는 데 그쳐서는 안 되며, 권력을 전면적으로 바꿔내는 정치투쟁으로까지 나아가야 한다는 생각(싹틈 소식지 9호)을 품고 있었는데, 이 공장은 그러한 투쟁의 "물리적 토대를 마련하기 위한 진지"(이상호)였다.

> 돌이켜보면 이런 사람이 도대체 어디 있나 싶어요. 당연히 투쟁에 경중을 따져선 안 되겠지만, 사실 운동판 내에서도 부문 간 권력관계란 게 있잖아요. 뭐 돈도 있고, 중앙의 큰 투쟁을 이끌던 사람들은 이런 사업을 시도할 수도 있겠죠. 그런데 장애인운동 같은 변방 운동에 투신한 사람이, 그것도 돈도 별로 없는 사람이 이런 사업을 직접 실천한 거예요. (이상호)

박홍수는 당시에도 시간이 날 때면 서울서 열리는 투쟁들에 오토바이를 끌고 나타나 얼굴을 비췄다. 지금과 달리 도로가 잘 마련되어 있지 않아 서울로 가려면 몇 시간을 달려야 했음에도, 이미 몸 상태가 나빠져 피를 토해가며 노동을 하던 와중에도, 그는 끈질기게 싸움터에 나타났다. 박홍수는 한겨울에도 이 여정을 감행했는데, 그 덕에 서울에 다녀오고 나면 몇 시간 동안 몸이 굳어 있었다. 그렇잖아도 신체 특성상 저체온증이 찾아오는 경우가 많았던지라, 최소 두 시간 정도는 몸을 풀어야 겨우 원래대로 움직일 수 있었다.

박흥수가 나름 큰 포부를 안고 시작한 사업이었지만, 공장 운영은 생각만큼 잘되지 않았다. 거래처를 찾기도 힘들었고, 찾더라도 물건은 잘 팔리지 않았다. 결국 이 작은 구두공장은 1992년에 그 장대한 목표에 어울리지 않게 조용히 문을 닫는다. 그리고 박흥수는 다시 싸움의 최전선으로 복귀한다.

마침 당시엔 청년 장애인 활동가들을 중심으로 장애인운동청년연합회(이하 '장청')가 결성되어 있었다. 이들은 "변혁적 청년 장애인운동의 전국적 단일조직 건설이라는 목표"*를 지향하고 있었으며, 따라서 수도권 위주의 조직을 전국 단위로 확장하려 하고 있었다. 여수애양병원에서 치료를 받고 자립한 소아마비장애인들을 중심으로 1982년 친목 단체로 결성된 '밀알들' 역시 조금씩 운동성을 갖게 되면서 전국장애인한가족협회(이하 '장한협')라는 이름을 가진 조직으로 1991년 정식 발족했다. 그리고 박흥수가 이 길로 인도한 '투쟁 꿈나무' 정태수는 어느덧 장청의 조직부장 명함을 가진 직업 운동가로 변모해 있었다.

운동판에 복귀한 박흥수는 당시 장청, 장한협, 정립회관 노동자들이 1990년부터 주도해오던 '정립회관 황연대 관장 및 정은배 상임이사 비리 투쟁', 소위 '정립회관 민주화 투쟁'에 참여한다. 애초에 박흥수는 이 투쟁을 단순히 "장애인운동청년연합회와 정립

✱ 정태수열사추모사업회, 《한국사회 장애민중운동의 역사》, 2005, 46쪽.

회관의 대결이 아닌, 파행적 운영을 자행하는 복지시설 및 이러한 복지시설을 지원하고 감사조차 안 하는 보사부와 전 장애인의 대결"(싹틈 소식지 9호)로 보았지만, 사실 이 투쟁은 복지시설의 구조적 문제에 대한 투쟁으로 이어지지 못한 채, 단지 일부 지도층의 비리 문제에만 주목했을 뿐이다. 게다가 장청 역시 조직의 본 의도와 달리 대중들에게까지 제 역량을 확장하지 못하고 있었다. 오히려 당시 장청은 전설적인 운동권 지식인 한 명에게 휘둘리며 표류하기도 한다. 엎친 데 덮친 격으로 당시 운동권 전반을 휩쓴 활동가들의 다단계 판매 문제에도 장청 활동가들이 연루된 사실이 드러나면서 장청 조직은 큰 타격을 입는다.

> 장청이 선진 활동가들만으로 구성된 조직이었다면, 장한협은 장청보다 운동성은 약했지만 전국적인 세를 가진 대중 조직이었지. 흥수 형이 장청을 평가하면서 그런 말도 했어. 운동이란 건 대중이 없으면 망하더라. 운동단체는 선진 활동가 중심으로 조직되면 안 된다는 거지. (문상민)

결국 장청은 "시민운동 내지는 전문가 운동으로의 편입이 아니라 대중 공간과의 연계를 통한 재도약"*을 위해 장한협과 통합하는데, 두루두루 활동가들에게 신뢰를 얻고 있던 박흥수는 이 과정에서 중요한 역할을 한다. 마침내 1993년 8월 13부터 15일까

---

* 같은 책, 47쪽.

지 3일간 열린 장청과 장한협의 통합수련회에서 양 조직은 통합을 하게 되었고, 이로써 전국장애인한가족협회(장청과의 통합 전 전국장애인한가족협회는 '장한협'이라는 약칭으로 불렸지만, 통합 후에는 '전장협'으로 불리게 된다)가 새롭게 재출범한다. 그리고 이후 박흥수는 전장협 부회장과 서울지부장을 역임했다.

> 그런데 흥수 형은 당시부터 운동판에 대한 실망을 가지기 시작한 것 같아요. 자기가 혁명의 물리적 근거지를 만들어보겠다고 한 공장은 잘 안 되었지, 장애인운동 한다는 활동가들은 대중적이지 않고 그저 엘리트스럽기만 하지. 또 장애인운동을 넘어서 소련 붕괴되고 문민정부가 들어서면서 운동권들이 전반적으로 다 침체기에 들어섰으니 형은 그걸 참 우려했어요. 장애인운동 쪽서도 이제는 혁명투쟁이 아니라 개량 운동을 해야 한다거나 전문가 중심으로 가야 한다거나 하는 사람들도 많았고. 흥수 형은 그런 걸 별로 안 좋아했거든요. (이상호)

그러나 박흥수는 당시 장애인운동의 본류로 여겨질 만한 조직 출신도 아니었고, 이 때문에 단체의 중심에 서는 데 조금은 한계를 느꼈던 것 같다. 싹틈이 1980년대 후반부터 곳곳에 작게나마 제 존재감을 새겨오긴 했지만, 싹틈 출신 활동가들 대부분은 전장협의 다른 핵심 구성원들과 달리 대학을 나오지도 않았고 많이 배우지도 못했다. 박흥수는 이번에도 결국, 자신은 변방일 뿐이라 여겼다. 그리고 박흥수의 이 외로움은 장애인운동사에서 크다면 크다고도, 작다면 작다고도 할 수 있는 한 사건을 낳는 데 결정적인 역할을 한다.

돈도 없고, 내 휠체어가 들어갈 수 있는 술집도 별로 없으니, 흥수 형 태수랑은 대부분 소주를 사 들고 와선 복지관 운동장이나 우리 집 앞 정자서 술을 마셨지. 안주? 딸랑 오징어 한 마리지 뭐. 그날도 그래 술을 마시는데 흥수 형이 유난히 결의에 찬 말들을 막 쏟아내대. 장애인운동 조직들의 족보를 쫙 나열해가더니만 우린 변방이라는 거야. 그러곤 이랬어. '장애인들이 원하는 것이 무엇인지를 정확히 파악하고, 그것을 대중의 힘으로 쟁취할 수 있는 조직적 힘이 필요하다. 그 투쟁을 해나갈 장애인 활동가와 조직이 필요하다.' (박경석)

적당히 취기가 오른 셋은 앞으로 박흥수의 이 선언을 배신하지 않기로 결의한다. '장애인 대중 조직운동'을 배신하지 않겠다고. 그 노선과 다른 노선은 절대 선택하지 않을 것이라고. 그렇게 "죽을 때까지 동지가 되자"고. 이름하야 '정자결의'였다.

지금 와서 남들이 보면 사실 별것 아닐 수도 있는데, 당시엔 뭐 대단한 걸 한 느낌이었어. 혁명 결사조직 그런 거 된 느낌? 생각해보면 그 결의 덕에 지금의 나와 그간의 나의 운동이 있다고도 할 수 있겠지. (박경석)

유언을 만난 세계

장한협과 장청의 통합 이후, 박흥수는 1년여간 전장협을 안정시키는 활동에 집중한다. 그리고 전장협이 차차 자리를 잡아갈 무렵, 비보가 날아든다. 서초구 양재역 근처에서 노점을 하던 한 장애인이 노점 단속에 항의하며 제 몸에 시너를 끼얹고 불을 붙였다는 소식이었다. 그의 이름은 최정환. 박흥수에게도 그의 유언이 전해졌다.

"복수해달라, 400만 장애인을 위해서라면 죽어도 좋다." 1995년 3월 8일이었다.

죽음의 행렬, 그리고 가난한 자들의 복수

1995년 3월 24일, 성대 앞에 불길이 솟았다. 3월 25일에는 연대 앞에도 불길이 번졌다. 아직 겨울 기운을 머금어 차갑게 식어 있던 대학로와 신촌 근교 아스팔트 바닥 곳곳은 이내 뜨겁게 달궈졌다. 500여 개의 화염병이 차례로 하늘을 수놓는 동안, 경찰들이 쏘아 올린 최루탄 가스가 온 대기를 뿌옇게 메워갔다. 곧 불길은 서울 시내 곳곳을 향한다. 억센 손아귀들에 쥐어진 돌멩이들은 긴 포물선을 그리며 날아가 2400여 개의 방패 벽에 부딪히고는 그슬린 도시의 아스팔트 바닥을 마구잡이로 할퀴었다. 노점상, 장애인, 노동자, 대학생 등 3000여 명에게서 질서정연한 듯 질서정연하지 않은 함성이 울려 퍼졌다. 모처럼 "정권 타도" 구호가 등장했고 "정권과의 전면전"을 선포하는 이도 있었다.

그런데 우리 동지들은 그렇게 피 터지게 싸우는데, 마침 어떤 라디오 음악 프로그램에서 이런 말이 흘러나오데요? 지금까지도 너무 선명해서 도무지 잊을 수가 있어야지. '오늘 큰 시위가 열리고 있다는데요. 시위하는 사람은 시위하시고, 우리는 음악 하는 사람대로 음악을 즐깁시다.' 그렇잖아도 화가 나 있었는데 그 말 듣고 더 분이 차올랐어요. (익명)

전장 한가운데 우뚝 선 대형 캔버스 위 최정환의 얼굴은 이 냉소 어린 한마디에 그저 무표정으로 응대하고 있었다. 마치 그의 유령이 사회의 온갖 무관심과 냉대 속에서도 살아남은 이들을 묵묵히 전선으로 이끄는 듯했다. 3월 25일 연대 앞 시위에 참여했던 박경석은 당시를 이렇게 회고한다.

우리 쪽서 화염병을 던지니까 저쪽선 최루탄을 쏘는 거야. 최루탄 팍 터지고 우리 쪽이 도망가길래 나도 도망가려 했는데 하필 다리에 경련이 나버렸네. 이야. 휠체어 막 밀고 도망가야 하는 판에 그러질 못하니, 우리 편은 이미 다 없고 나만 경찰하고 시위대하고 딱 중간에 남은 거야. 도망을 못 간 통에 우리 편이 던지는 화염병하고 돌멩이하고 저 쪽서 날아오는 최루탄하고 막 옆에서 터져대는데, 정말 완전 전쟁통이었어. 정말 나 죽겠구나 싶었지. (박경석)

이것은 복수였다. 긴 군부 독재 끝에 찾아온 문민정부는 '민주화 정권'이라는 말이 무색할 정도로 민중진영을 지속적으로 탄압해왔다. 마냥 좋은 것처럼 선전해대던 세계화는 대중들의 삶을 차근차근 갉아먹었고, 덕분에 노점상과 장애인은 물론 노동자와 철거민, 농민들도 계속해서 죽어갔다. 그리고 결국 최정환의 분신을 기점으로 운동권은 대대적으로 폭발해버린다. 당시 대한성인장애인복지협의회(이하 '성장협')와 전국노점상연합회(이하 '전노련'), 민주노총 준비위원회, 민주주의민족통일전국연합, 전장협 등이 참여한 '장애인 노점상 최정환 열사 빈민장례위원회'는 21일 최정환이 숨을 거두자 '장애인 노점상 최정환 분신 사건에 관한 진상규명 및 관련자 처벌을 위한 비상대책위원회'로 이름을 바꾸고선 이렇게 선언한다.

죽음의 행렬이 이어지고 있다. 지난 2월 8일 한진중공업 영도 공장에서 수리 중이던 한진해운 콘테이너 운반선 기관실에 대형화재가 나 공업고등학교 졸업을 앞두고 일을 시작한 지 하루 만에 참변을 당한 18세의 노동자에서부터 장년의 자제를 둔 58세 노동자까지 목숨을 잃었다. …… 지난 3월 8일 장애인 노점상 최정환 동지가 살인단속에 항의하면서 분신 산화해 가셨다. 어디 그뿐인가? 3월 16일 새벽 5시 공권력을 앞세워 금호 1~6지구 재개발 지역에서 살인적인 강제철거에 맞서 박균백씨가 온몸에 시너를 붓고 16미터 철탑 아래로 투신하였다. …… 결국에는 죽음을 요구하는 자본과 권력의 욕심은 어디까지인가? …… '복수를 해다오!' 가신 이의 유언은 이제 투쟁하는 4000만 민중의 힘으로 전화하여 가진 자들만을 위한 '세계화'를 끝장낼 것이다.*

그러나 국가는 언제나처럼 이 절규에 귀 기울일 생각이 없었다. 아니, 자신들이 앗아간 비루한 생명들에 대한 최소한의 애도조차 허용하지 않았다. 오히려 그 죽음들의 한가운데 서 있던 최정환의 얼굴을 기다리고 있던 것은 지난 세월을 거쳐 이미 익숙해진 국가의 진압봉이었다. 서초구청과 서울시청은 최정환의 분신 다음 날부터 이어진 장애인들과 노점상들의 격렬한 저항으로 얻어낸 약속들조차 금방 파기해버렸고, 투쟁 확산을 우려한 경찰은 최정환의 시신 탈취를 시도하기도 한다. 3월 25일 오전 9시 연대에서 열릴 예정이던 영결식조차 경찰의 저지로 무산되고, 오후 2시 시청 앞과 4시 서초구청 앞에서 열리기로 되어 있던 노제도 가로막혔다.

박흥수는 당시 최정환 투쟁에 열정적으로 참여했다. 대책위나 노점상단체, 타 장애인단체와의 회의에 전장협 대표로 참석해서는 언제나 강경한 입장을 밝혔고, 연단에 올라서도 절대 자신의 주장을 굽히지 않았다. 사실 워낙 여러 단위들이 참여한 투쟁이었던 데다가, 당시 전장협은 전체 운동판에서 그다지 큰 영향력을 갖지 못했기 때문에 박흥수의 주장들은 별로 힘을 얻지 못했지

---

* 《중증장애인의 삶의 실태와 그 대책안》, 전국장애인한가족협회, 1995, 31쪽, 33쪽.

유언을 만난 세계

1996년 '장애인 고용촉신 걷기대회'에
참가한 정태수 열사(왼쪽)와
박흥수 열사(오른쪽). 박흥수 열사가 자신의
삼륜 오토바이를 운전하고 있다.

변방에서, 혁명의 물리적 근거를 위하여

만, 그래도 그는 어째 그와 뜻을 함께하는 이들에게서만큼은 전적인 신뢰를 얻고 있는 듯 보였다. 물리적인 전투가 벌어질 때도 그랬다. 장애인의 신체 특성상 전투에 적합하지 않은 순간마다 적절히 뒤로 빠져 있곤 했지만, 그 와중에도 박홍수를 비롯한 전장협 동지들은 계속 싸움에 앞장서고 있는 듯한 인상을 풍겼다고 전해진다.

혹자들은 한마디로 '개박살 났다' 평가하는 싸움이기도 하지만, 박홍수는 이 투쟁을 거치면서 장애인들이 새로운 싸움에 나설 필요가 있음을 깨닫는다. 최정환의 죽음은 언제나 장애인들의 생존권 문제와 활동가들의 생계 문제를 고심하던 그에게 '장애인 노점'이 갖는 의미를 일깨워주었다. 때마침 전노련도 전장협에 장애인 노점상운동 조직을 함께 꾸려보자는 제안을 건넸다. 이내 전장협은 박홍수를 중심으로 노점 분과를 개설하고, 그해 5월 전노련과 함께 장애인자립추진위원회(이하 '장자추')를 창립한다. 1995년 4월부터 청계천8가를 비집고 들어간 장애인 노점상들은 이 새로운 싸움을 알리는 신호탄이었다.

노점 확보 투쟁은 활동가들과 앵벌이 출신 장애인들에게는 당장의 생존과 직결된 문제이기도 했지만, 동시에 최정환이라는 열사의 정신을 계승하려는 의도가 다분하기도 했죠. (조성남)

조직된 노동자나 대학생뿐만 아니라, 저들처럼 못 배우고 이 세계의 생산 시스템에 속하지 못한 이들 역시 사회 변혁의 주체가 되어야 하며, 실제로 그러할 수 있다는 박흥수의 신념은 이 복수를 통해 점점 더 구체화되어갔다. 당시 그는 '자본에 착취당할 자격'조차 없는 이들이 그 시스템 안으로 어떻게든 발을 내딛음으로써 도래할 세계의 변혁을 낙관하고 있었던 것이다. 그의 고독한 속내야 아무도 알 수 없었지만, 적어도 공개적으로 드러난 그러한 낙관은 함께 싸우던 동지들에게 큰 힘을 실어주었다.

> 많은 이들이 가깝게 지내기 꺼려하거나 무시하던, 굳이 표현하자면 '거친 장애인들'이 있었어요. 앵벌이 활동을 오래 하시거나 깡패 조직과 연루된 분들도. 지금 장애인운동사에서는 이분들 평이 안 좋을 수도 있는데, 흥수 형은 그렇게 안 봤어요. 형 같은 경우에는 지식인들보다도 오히려 이분들과 더 맘을 터놓고 지냈죠. 이분들도 어떻게든 먹고살아보겠다고 그렇게 거칠어진 거잖아요. 형은 장애인운동에서 그분들을 조직하는 게 특히 중요하다고 봤어요. 그분들 하나하나가 능동적인 민중으로서 사회 변혁에 앞장설 수 있는 사람이 되길 원했고, 그래서 먼저 매일같이 함께 술을 먹어가며 일상을 나누고자 했던 거죠. 태수가 각계각층 사람들과 두루두루 친한 조직가였다면, 흥수 형은 유난히 밑바닥에 있는 사람들과 가까운 활동가, 그리고 친해지면 그런 이들에게 간이고 쓸개고 다 내주는 활동가였죠. (이상호)

장애인 노점상들은 매일의 전투를 잘 버텨갔다. 박흥수 역시 청계천8가 근처의 한 여인숙에 터를 잡고 몇 달씩 묵기도 하면서 이 싸움에 앞장섰다. 낮 내내 싸워 겨우 차지한 노점 자리에 자신의 오토바이를 세워두고선 밤새 그곳을 지킬 때도 있었다. 그럴 때면 그의 표정에는 언제나 적의가 가득 차 있었다. 그는 적과 타협하는 방법을 알지 못했다. 요령 있게 사태를 돌파하는 기술도 없었다. 한편에 서서 싸우는 이들을 대하는 그의 표정과 말투만을 떠올려본다면 상상도 할 수 없는 모습이었다. 당시 장자추 활동을 함께한 동지가 "눈만 땡글땡글해가지고, 뭐 저런 착한 사람이 투쟁을 하나 싶었다"(유희) 회고할 정도니 말이다.

당시 저는 신입 활동가로 전장협 부설 새날도서관에 있었어요. 그런데 조직이 가난하니까 재정사업을 해야 해서 청계천에 가서 꿀을 팔았거든요. 흥수 선배가 그때 도움을 참 많이 주셨어요. 먼저 따뜻한 말들 많이 해주시고, 청계천에서 있었던 일들 얘기해주고 그러셨어요. 제 꿈 이야기 많이 들어주고 앞으로 꿈 잘 이뤄가고 이런 격려들이 정말 따뜻했어요. 갓 장판('장애인운동판'의 준말)에 왔는데 이렇게 따뜻하고 정답게, 전혀 어렵지 않게 이야기를 나눌 수 있는 사람도 있구나 싶었죠. '네가 조직을 알아?' 하면서 면박 주고 그런 선배들도 있었는데, 이 선배는 네가 그런 고민이 있구나, 정말 신기하다, 잘되었으면 좋겠다 이러면서 격려해주는데 정말 따뜻한 느낌이었죠. (고명선)

유언을 만난 세계

우리 편이라고 할 만한 사람들한테는 어쨌거나 다 이해하려고 하는 사람이었고, 경찰이나 단속반 같은 사람들과의 관계에서는 굉장히 강하고 비타협적인 그런 사람이었어요. (조성남)

어느덧 장애인 노점은 청계천 거리를 넘어 다른 곳까지 확장되었다. 동서울터미널 앞에도, 동대문 경동시장에도 이 비루한 자들의 혁명을 위한 작은 근거지가 세워졌다. 그리고 그해 7월에는 장자추 인천 아암도지부도 발족했다.

이덕인이 소속된 지부였다.

골리앗의 패배, 인천 아암도 전사들

1995년 10월, 인천 아암도에 망루가 세워졌다. 11월 24일, 노점상들은 망루에 오른다. 망루는 30명이 족히 머물 만큼 컸지만, 어째 초라한 느낌도 있었다. 다행인지 불행인지 허름함 곁으로는 결의가 그득했다. 그러나 결의란 대개 두려움을 동반하는 법이다. 망루는 노동자들이 결사투쟁 때 오르던 대형 크레인에서 이름을 따와 '골리앗'이라 불리곤 했지만, 그 웅장한 호명이 무색할 정도로 그저 위태로워만 보이기도 했다. 온통 적들로 둘러싸인 이 구조물은 바깥세상에서 잘 보이지도 않았다. 유난히 차가웠던 바닷바람만이 골리앗의 존재를 인지하고는 그 위에 자리한 이들의 살

갖을 꾸준히 에고 있었다.

골리앗 위에 선 노점상들 중에는 붉은 추리닝으로 몸을 감싼 소아마비장애인이 한 명 있었다. 그의 이름은 이덕인, 장자추 아암도지부 총무였다. 한바탕 싸움을 치른 그는 동료들을 격려하며 〈늙은 노점상의 노래〉를 큰 목소리로 부르기 시작했다고 한다.

"나 태어나 이 강산에 무엇이 됐냐. 처자식 먹여살리려 노점상이 되었단다."

날씨 탓이었을까. 아니면 아무것도 없이 펼쳐진 칙칙한 개펄 탓이었을까. 유난히 힘이 실린 그의 목소리에는 어째 구슬픈 맛이 묻어났다. 어쩌면 이미 엄청난 전투를 치른 후라 그랬는지도 모른다. 노점상들이 망루에 오르자마자 소방차의 물대포 세례가 쏟아졌으나, 노점상들에게는 찬물로 젖은 몸을 녹일 수단도, 먹을 것도 얼마 없었다. 망루 밑에서는 강철로 만들어진 포클레인이 꾸준히 공격을 가해오는데, 골리앗이 가진 무기라고는 고작 화염병 몇 개와 인분뿐이었다. 그리고 이제는 그마저도 다 소진되었다.

이덕인의 외모는 유난히 존재감이 컸다고 전해진다. 심지어 그때 입은 붉은 추리닝은 경찰들과 깡패들의 주목을 한몸에 받기에 충분했다. 그가 망루 밑 시야에 나타날 때마다 곳곳에서 쌍욕 섞인 고함이 들려왔다.

"빨간 추리닝! 내려와! 너 죽여버린다!"

이들이 골리앗에 오른 이유는 여느 곳과 다르지 않았다. 그저 먹고살아보겠다는 거였다. "아암도 바로 앞 갯벌까지 송도 3지구 매립공사가 완료되면서 해안선 백사장에서 돌출한 형태의 작은

유언을 만난 세계

언덕이 되었다. 그리고 1994년 7월 개통된 폭 40미터의 해안도로가 뚫리면서 아암도 근처에 노점상이 하나둘씩 들어서게 된다."* 좋은 풍광을 가진 이 새로 만들어진 땅은 가난한 자들에게 작은 기회처럼 여겨졌다. 언제나 그랬듯 그들은 제대로 한번 먹고살아보겠다고 "변화하고 새롭게 만들어지는 도시의 틈바구니를 비집고" 들어갔다. 이덕인의 가족도 그중 하나였다. 그러나 국가는 생존을 위한 그 최소한의 발버둥조차 허용하지 않았다.

박흥수는 장자추 아암도지부가 발족하고 나서부터 서울 동지들과 자주 아암도를 방문했다. 그리고 아암도 노점에 대한 탄압이 본격적으로 시작되자 곳곳에서 싸움판을 벌였다.

> 연수구청이었나, 경찰서였나, 우리 단위가 항의 방문을 하러 갔었어. 그런데 경찰 쪽에서 어떤 자식이 앞으로 쭉 나오더라고. 그러더니 흥수 형을 갑자기 팍 하고 밀어버리는 거야. 흥수 형이 완전 뒤로 나자빠졌어. 그리고 바닥에 머리를 쿵 하고 부딪혔네? 우리 쪽선 이제 뭐 난리가 났지. 목발 막 휘두르고. 열받잖아. 이 자식들이 흥수 형을. 난 정말 큰일 난 줄 알고 흥수 형을 바로 차에다 옮겼거든? 그런데 보니까 너무 멀쩡해. 다행이다 했는데, 경찰들한테 생색내려면 뒤통수에 상처라도 내야 하는 거 아니냐면서 얼마 후엔 또 같이 웃었지.
> (김종환)

✿　최인기, 〈장애인 노점상 이덕인 열사 이야기〉, 《민플러스》, 2019. 5. 15.

11월 24일 오전 7시, 아암도 노점상들에 대한 철거가 기습적으로 시작되어 인천 동지들이 망루에 오르자, 박흥수와 서울 동지들은 또다시 곧장 아암도로 향했다.

> 차 두 대에 장자추 회원들을 빼곡히 싣고 아암도에 갔는데, 그중 한 대는 그래도 근처까지 갔고, 다른 한 대는 가다가 경찰 벽에 가로막혀버렸죠. 가로막힌 차에 탄 사람들은 전경차 다 박살 내고 어떻게든 뚫고 들어가려 했던 기억이 있어요.
> (조성남)

그렇게 겨우 망루 근처까지 다가간다고 해서 보급품을 곧장 망루로 전달할 수 있는 건 아니었다. 경찰, 군인, 용역깡패의 동맹은 그만큼 두터웠다. 오히려 망루 바깥 곳곳에서 장자추 회원들은 마구잡이로 구타를 당했다. 생필품, 의약품만이라도 전달하게 해달라고 요구하던 이들도 대거 연행된다. 물론 연행된 이들 역시 경찰서에서 흠씬 두들겨 맞았다.

망루 안팎 곳곳에서 사투가 이어지던 11월 25일 오후 1시경, 박흥수는 협의 끝에 겨우 망루 밑으로 갈 기회를 얻는다. 망루 밑에 도달한 박흥수가 이덕인의 붉은 추리닝이 너무 눈에 띈다며 자신이 입고 있던 흑갈색 골덴 바지와 바꿔 입을 것을 제안했다는 설이 있다.* 기회를 봐서 꼭 보급품을 전달하겠다는 기약 없는 약속도 건넸다.

그날 저녁 11명이 망루 밑으로 내려가 곧장 연행되었다. 얼마

유언을 만난 세계

후 저녁 8시경에는 이덕인이 탈출을 위해 동료 한 명과 몰래 망루 밑으로 내려온다. 바닷물은 어느덧 그의 가슴팍까지 차올랐다. 그와 함께 망루 밑을 내려간 동료는 전경에게 발각된 것 같다며 더 이상 앞으로 나아가지 못하고 다시 망루로 올랐으나, 이덕인은 먼저 가겠다고 손짓을 하고선 계속 앞서 나아갔다. 그리고 그는 이내 어둠 속으로 사라져버렸다. 숨이 붙어 있는 이덕인의 마지막 모습이었다.

진눈깨비가 흩날리던 사흘 뒤 망루 위 동료에 의해 그의 주검이 발견되었을 때, 그의 몸 곳곳에는 상처가 새겨져 있었다. 손목을 비롯한 몸 전체가 밧줄로 칭칭 감겨 있었고, 상의와 신발은 벗겨진 채로 오직 흑갈색 골덴 바지만 입혀져 있었다. 그나마 생기가 도는 모습이라곤 그리 되고 나서도 여전히 부릅뜬 두 눈의 안광뿐이었다.

> 나중에 흥수 선배한테 이때 이야기를 잠깐 들었거든. 선배도 이덕인 열사 시신이 떠올랐을 때 거기서 그걸 보고 있었다는 거야. 그 말할 때 선배 표정? 어땠겠어…… 말해 뭐해. (배복주)

이덕인의 시신은 발견 뒤 얼마 후 세광병원에서 길병원으로

✽ 당시 아암도 투쟁에 참여했던 이가 진상조사위원회의 조사 과정에서 내놓은 발언으로 추정된다. 최인기, 〈핏빛 노을 가득한 아암도〉, 《누리하제》, 노나메기, 2014.

박홍수 열사가 이덕인 열사
사십구재에서 추모 발언을
하고 있다.

옮겨졌는데, 경찰은 그 과정에서 그의 시신을 탈취하려 시도한다.
장자추 회원들은 물론, 전노련 회원들과 인하대 학생들도 달려와
경찰의 침탈을 막아섰다. 사투 끝에 영안실로 시신을 들여보내는
데 겨우 성공했지만, 경찰은 포기하지 않았다. 경찰은 유리창을
깨고 콘크리트 벽을 부수면서 영안실로 돌진해 들어왔다. 지키려
는 자들과 빼앗으려 하는 자들의 피가 사방으로 튀었다. 곳곳에서
비명이 울려 퍼졌고, 이 과정에서 실명을 한 학생도 있었다. 그리

유언을 만난 세계

고 결국 경찰은 이덕인의 시신을 빼앗아 가는 데 성공한다.

그들은 자신들 맘대로 부검을 하고는 이덕인의 사인을 '익사'로 발표한다. 동지들은 이제 또다시 긴 투쟁을 시작해야만 했다. 의문으로 가득 차버린 이덕인 죽음의 진상을 규명하고, 그의 명예를 회복해내야만 했다. 아울러 이 싸움과 함께 장애인, 노점상들의 처참한 죽음들을 세상에 알리고, 자신들이 왜 노점상을 통해 살아갈 수밖에 없는지를 설득해나가야만 했다.

그렇게 기나긴 영안실 투쟁이 시작된다.

박흥수는 5개월이 넘는 시간 동안 영안실에 상주했다. 영안실 한구석에 앉은 그의 손에는 언제나 술잔이 들려 있었다고 전해진다. 그러나 술을 마시는 모습 외에 당시 그의 구체적 입장을 기억하는 이는 많지 않다. 다만 많은 연대 단위들이 이덕인 사태 대책위로 나섰는데, 최정환 대책위나 장례위에서 그랬듯, 그곳에서도 그는 기어코 타협을 반대했다는 이야기만 전해진다. "세 달 넘게 이어진 영안실 투쟁에서 정권에 타협하려는 자들을 꾸짖는 당신의 호통소리가 아직도 귓가에 맴돕니다."* 그의 고집 덕에 영안실에서는 종종 갈등이 번졌고, 그 갈등들을 겪을 때마다 박흥수는 점점 더 분노에 차오른 모습을 보였다는 것까지. 영안실 투쟁 때 박흥수와 많은 시간을 보낸 어떤 이는 당시의 무력감을 이렇게 토로한다.

✽   박흥수 추모시, 장애해방열사_단 홈페이지(cafe.daum.net/sadddan).

열심히 참여하긴 했지만 사실 당시 장애인운동 단위가 할 수 있는 게 많지 않았어요. 장애인 단위로서는 여러모로 한계를 가질 수밖에 없는 상황이었고…… (이상호)

장애인운동 진영만 그러했던 것은 아닐 게다. 장례식장에는 많은 단위의 사람들이 있었지만, "이 사안을 온전히 자기 과제로 받아들이고 리더십을 발휘할 만한 조직은 없었다".* 박홍수는 생애 처음 마주하는 거대한 패배감에 허우적거렸다. 이전의 실패들에선 좀처럼 찾아볼 수 없는 모습이었다. 아니, 어쩌면 이전에 겪은 좌절들이 영안실 투쟁을 계기로 어깨를 한꺼번에 짓눌러오기 시작했는지도 모르겠다. 이어지는 죽음의 행렬을 막아보겠다고 장자추를 시작했건만 죽음의 행렬은 더 길어졌으니, 온 책임을 저 혼자 떠맡길 좋아했던 박홍수 성격에 견디기 힘들었을지도……

결국 이덕인의 장례는 그 의문스런 죽음의 진상을 밝혀내지 못한 채 1996년 4월 24일에 치러졌다. 아암도 골리앗은 그렇게 사람들의 기억 속에서조차 조용히 무너져 내리기 시작한다.

---

* 하금철, 〈'앵벌이 장애인'의 외침은 어디로 갔는가〉, 《기억과전망》, 2020년 여름, 286쪽.

카나리아의 몰락

이덕인 투쟁이 끝나고 얼마 뒤, 박홍수는 서울 중랑구 신내동에 방 두 칸짜리 영세민 아파트(임대아파트)를 얻어 살았다. 그러나 이마저도 쉬운 일은 아니었다. 영세민 아파트의 보증금은 다른 집들에 비해 매우 싼 편이었는데, 그의 수중에 돈이 단 한 푼도 없었던 탓이다.

선배가 영세민 아파트 되었다고 이야길 하면서, 거기를 장자추 사무실처럼 사용하자고 제안하는 거야. 다들 좋아했지. 근데 며칠 후 죽을상을 하고 오더라고. 그러고는 이렇게 말하는 거야. 미안하다고. 돈이 없어 못 들어가겠다고. 어쩌겠어. 마침 내가 그때 서울 올라온 지 얼마 안 돼서 집을 구하고 있었거든. 그냥 내가 '나랑 같이 살자' '내가 보증금 빌려주겠다', 방 따로 쓰고 하면 되니까. (오해는 하지 마! 연인은 절대절대 아니었어!) 아무리 동지들이 많이 온다 해도 여자가 남자랑 같이 산다고 하면 참 불안하잖아. 그런데 그만큼 선배한텐 신뢰가 있었어. 그런 불안감이 안 들 정도로 젠틀했고 운동 선배로서도 믿음직했으니까. 그래서 들어가 살다가 선배가 밥 차려줘서 같이 먹던 중에 내가 물었지. '아파트 들어와 살아보니 어때요? 좋아?' 했더니, 또 참 안쓰럽게 대답을 하는 거야. '따뜻한 물이 나와서 좋아'래. 참. (배복주)

몇 달 후 배복주는 다른 거처를 구해 박흥수와 함께 살던 집을 나왔다. 그리고 얼마 후 박흥수는 마침 주머니 사정이 힘들어져 거주할 곳을 잃은 또 다른 후배에게 함께 살 것을 제안한다.

제가 추진하던 투쟁 예술사업들이 다 잘 안됐어요. 완전 말아먹었죠. 하하. 반년 동안 잘 데가 없고 그랬으니. 어느 날은 제가 소파에 누워 자고 있는데 그 모습이 참 짠했나봐요. 흥수 형이 절 불러다가 어디를 좀 가자고 하더라고요. '어디요?' 했더니 닭도리탕이나 먹으러 가자고. 후배들 힘들 때면 닭도리탕집에 데려가곤 했거든요. 그래서 열심히 닭도리탕을 먹는데 갑자기 그랬어요. '들어와 살아, 이 새꺄.' '네? 정말 그래도 돼요?' '시끄럽고 밖에서 그만 힘들어하고 들어와.' 그래서 뭐 들어가서 함께 살기 시작했죠. 너무 고마웠어요. (이상호)

이미 술에 절대로 절어 있었지만, 어쩌면 이때까지만 해도 박흥수는 예전의 따스함을 유지하고 있었는지도 모른다. 그러나 불나비 같던 그의 모습은 이제 찾아보기 힘들었다. 물론 박흥수는 아암도 투쟁 말미 정태수가 주도한 1996년 '장애인 고용촉진 걷기대회'에 삼륜 오토바이를 끌고 전국 각지에 나타나기도 했고, 아암도 투쟁이 끝난 후에도 청계천 노점 확보 투쟁에 여전히 모습을 드러냈지만, 이제 더는 선봉에 서려 하지 않았다. "난 야전 스타일이야! 무조건 현장 체질이지!"라고 외치며 최전선으로 달려가던 그의 모습은 이제 점차 옅어지고 있었다.

> 투쟁 때는 주로 뒤에서 지켜보시는 분이었죠. 저는 큰 싸움들
> 이 다 끝나고, 그러니까 아암도 투쟁도 다 끝나고 만난 거라.
> 그 이전엔 달랐을지도 모르죠. (고명선)

맞다. 이전의 그는 달랐던 것 같다. 1995년 그를 만난 동지가
그를 이렇게 묘사했을 정도니 말이다.

> 탄광의 광부들은 탄광에 들어가기 전에 새를 먼저 들여보낸
> 다고 해요. 카나리아라는 새인데. 카나리아가 동굴 밖으로 돌
> 아오면 탄광 안에 가스가 없구나 하고 안심하고 들어가죠. 안
> 돌아오면 사람도 그 동굴에 안 들어가고. 박흥수 선배는 뭔가
> 카나리아 같았어요. 위험한 데면 돌연 나타나선 먼저 불속으
> 로 뛰어들고, 그렇게 동지들에게 힘을 실어주죠. (익명)

그러나 1996년 카나리아의 의지는 이미 꺾일 대로 꺾여 있었
다. 웬만한 계기가 아니고서야 도무지 회복할 수 있는 수준이 아
니었다.

> IMF 이후 시기라 실업자운동이 주목받을 때였어. 99년에 장
> 애인실업자연대(이하 '장실련')를 만들고 흥수 형을 초대 위원
> 장에 앉히려 했지. 그런데 일곱 번 여덟 번을 거절당했어. 몸

이 안 좋아서 안 하신다고 계속 그래서 계속 찾아가서 부탁하고 부탁하고. 그래서 겨우 맡으셨는데, 사실상 거의 활동을 못하셨지. 물론 흥수 형이 위원장 맡고선 잠깐은 술을 줄였었어. 의지가 있으셨던 거지. 그런데 결국 조직이 잘 안됐어. 흥수 형 말처럼 대중적 기반이 탄탄해야 하는데, 실업자들은 취업하면 떠나고 그러니 사실 이 단체를 조직화하기가 쉽지 않았지. 예산 지원받아서 행사 하나 하고 끝내고 또 행사 하나 끝내고 그런 걸 벗어나질 못했으니까. 그렇게 대중 조직이 또 잘되지 않으니 흥수 형은 다시 알콜릭 상태로 계속 지내고…… (문상민)

박흥수는 이미 지칠 대로 지쳐 있었다. 그가 자신의 존재 전체를 걸고 싸워왔던 모든 것들이 너무나도 쉽게 무너져버렸다. '혁명의 물리적 근거지'도 오래가지 못했고, 최정환 투쟁도, 이덕인 투쟁도 처참하게 박살 났다. 못 배운 이들과 함께 혁명의 최전선으로 나아가려 했지만, 장자추 활동을 그만두는 이들은 날이 갈수록 늘어만 갔다. 일상의 전쟁을 견디다 못해 그런 경우도 있었지만, 장애 때문에 꾸준히 노점 운영을 하기 힘들어 장사를 접는 이들도 있었다. 처음에야 전노련 소속 비장애인 노점상들이 자리가 안정될 때까지 장사를 도와주곤 했지만, 결국 그들도 따로 자기 장사를 해야 하니 언제고 그러한 도움을 줄 수는 없는 노릇이었다.

유언을 만난 세계

전노련 입장에서는 비장애인 노점상들이 2인 1조로 장애인들과 들어가는 게 참 힘든 일이라는 이야기를 많이 했지. 박흥수는 그렇게 말하면 또 삐져요. 노점상 쪽에 주도권을 빼앗기고 있다 생각했던 거겠지. 그래서 술 먹으면서 그러지 좀 말어, 하면 또 착한 얼굴 하곤 깨갱 하고 있어요. 근데 이게 회의만 들어가면 또 사람이 싹 바뀌네! 자기들은 전장협 입장에서 그렇게 말했겠지만, 나는 전노련 입장으로 말을 해야 하잖아요. 장애인과 노점상들 간의 어쩔 수 없는 원초적 갈등? 그땐 그런 게 있었어. (유희)

박흥수의 몸도 이제는 한계를 넘은 듯 보였다. 그간 너무 술을 많이 마셔서였을까? 언제부턴가 취하지 않은 그의 모습을 마주하는 것 자체가 어려워졌다. 엎친 데 덮친 격으로 아암도 투쟁 뒤 당뇨가 심해진 그는 약 복용량을 점점 늘려야 했다. 생을 마감하기 전까지 세 번이나 장기 입원을 했는데, 그 덕에 정태수를 비롯한 몇 명의 후배들은 그가 입원할 병원을 백방으로 알아보러 다녔다. 그러나 그는 그 와중에도 계속 술을 마셨다. 후배들까지 이제 몸도 안 좋으니 술 좀 그만 마시라고 잔소리를 건네는 일이 많아졌다.

그러나 그는 후배들의 말을 듣지 않았다. 어쩌면 더 이상 술 없이 삶을 견뎌가기 힘들었는지도 모른다. 본인이라고 다시 동지들이 기다리고 있는 싸움의 최전선에 나가고 싶지 않았겠는가. 그는 일기장에 이렇게 적어놓기도 했다. "낮과 밤이 다르다. 이겨내야 되는데 자꾸 졸립다. 청계천에 나가야 되는데…… 약의 양이 늘어가는 데 효과가 없다. 이겨내야 하는데……" (박홍수의 일기)

형 늦잠 자고 늦게 일어나면 제가 아점 겸해서 해장국 두 그릇, 소주 두 병을 항상 집으로 사가지고 와야 했어요. 이때부턴 사회 활동이 거의 불가능했죠. 사람이 완전 피폐해졌어요. (이상호)

좀 더 시간이 흐르자, 그는 후배들을 격려하는 방법조차 잊어버렸다. 과거 제 속 깊숙한 곳에 숨겨져 있던 고독을 동지들 앞에서 좀처럼 드러내려 하지 않았던 그였건만, 언젠가부터 술자리는 그의 고독과 신세 한탄으로 채워졌다. "나는 실패했어." "이대로 가다간 장애인운동도 안될 거야." 그래도 거기까지면 나았을 게다. 한탄은 곧 분노로 변했다. 그는 술을 먹다 후배들에게 "운동 그딴 식으로 하지 마!"라며 쌍욕을 섞어 힐난하기도 했고, 때로는 분을 참지 못해 소주병을 마구 던져대기도 했다. 처음엔 그의 자택으로 많은 후배들이 찾아왔으나, 그 광경에 그 수는 점점 줄어만 갔다. 그리고 찾아오는 이들의 수가 줄어드는 만큼, 그가 살던 영세민 아파트 두 칸 방 곳곳엔 상처가 늘어갔다.

어쩌면 당시 그의 분노는 1990년대 후반 장애인운동 진영의 탈대중화 및 침체와 맞물려 더 심해졌는지도 모른다.

한국DPI랑 전장협 통합 논의 오갈 때 홍수 형 입장은 DPI랑

유언을 만난 세계

결이 좀 많이 달랐지. DPI가 당사자주의를 표방했지만 사실상 대중이 없는 머리 조직이었고 이 조직을 통해 제도 정치권에 발 들이려는 사람도 있었으니까. 홍수 형은 그런 걸 참 많이 경계했어. (문상민)

DPI와 전장협이 통합될 때 거기 있던 운동권 전설 출신 최○이 전장협 노점 분과 회원들을 다 자르겠다는 거야. 노점상은 생산수단을 가진 프티부르주아라 혁명의 결정적인 시기가 되면 끝까지 반항할 거라고. 나는 그게 말이 되냐고 많이 싸웠었지. 상황이 이러니 홍수 형도 운동이 어떻게 이 모양 이 꼴이 돼가고 있나, 이런저런 고민이 있었겠지. 그런데 이미 알콜릭이 됐을 때라 대화를 섞기가 참 힘들었어. 다만 분노가 엄청 쌓여 있긴 했지. (김종환)

그나마 다행인 것은 전장협 부설기관인 노들장애인야학이 DPI와 전장협 간의 통합에 반대하고 뛰쳐나와 장애인운동의 대중적 기반을 독립적으로 조금씩 다져가고 있었다는 점일 게다.

이전에는 상근자들이나 소수 활동가들 중심으로만 싸움이 일어났지. 대중들이 삶에서 당장 맞부딪히는 그런 문제들을 전면에 내세워서 싸우질 못한 거야. 그런데 내가 보기에 최초로 장애인운동에서 그런 걸 시도한 게 바로 당시 거의 유일한 장애인운동 대중조직이었던 노들장애인야학이 주도한 이동

권투쟁이야. 그랬기 때문에 홍수 형이 대표로 있었던 장실련도 거기에 함께하게 된 거지. (문상민)

그러나 박홍수에게는 더 이상 침체기에 들어선 장애인운동을 되살릴 여력이 남아 있지 않았다.

이동권투쟁 때도 가끔 나오긴 했지. 그런데 뭐 엄청 열심히 참여한 건 아니었고…… 와서 뒤에 있다가 금방 가곤 했어. (박경석)

몇 년 후, 함께 동거하던 이상호는 개인 사정으로 박홍수의 집에서 나오게 된다. 그리고 박홍수는 언제 끝날지 모르는 고독 속에서 홀로 몸부림쳤다. 물론 후배들이 가끔 찾아와 그를 돌보긴 했지만 날이 갈수록 그의 상태는 점점 더 악화되어만 갔다.

홀로 일상을 영위한 지 몇 달쯤 지났을까. 그래도 가끔씩 외출하던 그의 모습조차 언제부터인가 더는 보이질 않았다. 결국 이웃이었던 성장협 동료가 불안한 마음에 그의 집을 찾아 대문을 두들긴다. 그러나 아무리 두들기고 불러봐도 집 안에서는 아무런 기척이 없었다. 걱정이 된 동료는 곧바로 신고를 했다.

집 대문이 열렸을 때, 박홍수의 몸은 이미 싸늘하게 식어 있었다. 2001년 7월 23일, 당시 그의 나이 42세였다. 죽고서 얼마 후에야 발견됐으니, 그가 어느 날 어떻게 사망했는지조차 산 자들에게는 정확히 알려져 있지 않다.

유언을 만난 세계

고독 속에서 한평생을 허덕였던 걸 생각해본다면, 삶 내내 변방을 벗어나본 적이 없었던 걸 생각해본다면 참 그다운, 그러나 장애인운동판의 '카나리아'로, '큰형'으로 살아온 그의 모습을 생각해본다면 또 참 그답지 않은 최후였다.

열사의 꿈

흥수 형한테 도대체 형 꿈이 뭐냐 물어본 적이 있어. 그랬더니 의외의 답변을 하는 거야. 뭐 엄청 대단한 걸 이야기할 줄 알았더니만. 뭐 그런 거 있잖아, 권력을 잡아가지고 세상을 변혁하겠다거나. 그런데 정작 자기 꿈은 한강에서 사랑하는 사람과 낚시하면서 이야기를 나누는 거래. 정말 의외였지. (박경석)

그러나 박흥수는 잠시만 시간을 낸다면 당장 이룰 수 있던 자신의 꿈을 실현할 생각이 딱히 없어 보였다. 어쩌면 장애인들과 못 배운 자들, 가난한 자들이 모두 자신이 누리고 싶은 풍경에서 노닐 수 있을 때에야 비로소 자기도 꿈을 이룰 자격이 있다 생각했는지도 모르겠다.

흥수 형이 자기 생활 없이 생활하던 것에 참 화가 많이 났어요. 형 개인 생활 좀 돌보라 해도 조직과 대의만 좇던 그런 사

박흥수 열사의 장례식.

람이었어요. 흥수 형 떠올려보면 '박흥수 개인의 삶이 없었다'는 사실, 그걸 좀 많이 생각해보게 되더라고요. (조성남)

이런 식으로 살다 떠나서였을까? 당시 그와 활동했던 많은 이들은 박흥수의 정신을 계승하는 것만큼이나 중요한 것은 그와 다르게 살아가는 것이라 말하기도 한다.

전 박흥수 선배를 정말 존경하고 선배가 이 시대에 재조명되는 게 당연하다고 생각해요. 당신처럼 못 살아서 너무 미안하고…… 다만 전 솔직히 후배 활동가들이 선배처럼 살지 않았으면 좋겠어요. 건강해야죠. 건강해야 싸움도 오래 지속할 수

유언을 만난 세계

있지요. (익명)

박흥수는 정말로 장애인운동사에서 '탄광 속 카나리아'로 기록되어야 하는지도 모르겠다. 이후 장애인운동가들이 어떤 길로 들어서야 하는지, 어떤 길로 들어서면 안 되는지를 온몸으로 보여주었기 때문이다.

그와 함께 활동했던 이들은 카나리아의 메시지를 받은 후에야 제 갈 길을 정하는 광부들처럼, 박흥수의 메시지 위에서 자신이 마주친 시대와 각자의 방식으로 싸워가고 있다. 심지어 박흥수가 금방 운동 세계를 떠날 거라 예견했던 박경석은 그의 메시지를 따르는 가장 성실한 광부 중 하나가 되었다. 박흥수가 죽은 지 20여 년이 지난 지금까지도 그는 야학의 '못 배운 자'들, 전국 각지의 장애인 빈민 대중과 함께 도로를 점거하고 관공서를 점거해가며 세상과 맞서고 있는 것이다.

어디 박경석뿐이겠는가? 장판의 가장 성실한 광부 중 한 명이었던 정태수는 박흥수에 이어 금방 세상을 떠났지만, 박흥수의 투쟁은 여전히 이 세계를 살아가는 여러 광부들을 통해 다른 듯 비슷하게 지금껏 이어지고 있다.

어쩌면 박흥수는 저세상에서도 여전히 자신의 꿈을 유보하고 있는지도 모른다. 따스함으로 포장되어 있지만 알고 보면 참 답답할 정도로 고집스러운 그런 사람이니까. 그러니 이 세상 가장 낮은 자들에 의해 정말로 세상이 뒤집히고, 그래서 모두가 원할 때라면 언제라도 '한강에서 사랑하는 사람과 낚시하며 이야기할 수 있는 그날'이 오기 전까지 자신이 그런 생활을 즐기는 것은 사치라고 지금도 그는 되뇌고 있는지도 모른다.

다만 절대 포기할 수 없는 독한 소주 한 잔만큼은 여전히 제 앞에 가득 따라두고선. 살아생전 그러했듯 "삼발이 오토바이에 목발을 휘두르며 전경들 앞으로"* 돌진할 준비를 언제든 해두고선.

그는 언제쯤 꿈을 이룰 수 있을까?

＊　이상호, 〈"흥수 형이 많이 그립습니다." 장애해방! 인간해방!〉, 정태수열사 추모사업회, 《장애해방! 인간해방! 정태수열사추모자료집》, 2002.

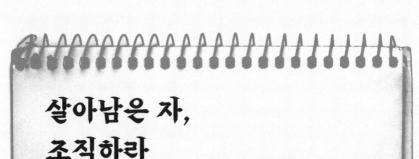

살아남은 자,
조직하라

	정태수 열사
	1967. 11. 6 ~ 2002. 3. 3
	홍은전 글

혼자 남은 아이

서울 명일동 어느 카페에서 정태수 열사의 어머니 강영자님을 만났다. 팔순이 넘은 어머니는 작은 배낭을 메고 씩씩하게 걸어왔다. 열사의 어린 시절 이야기를 듣고 싶어 왔다고 말하자 어머니의 눈빛이 아련해졌다. 그의 시선은 맞은편에 앉은 나를 통과해 먼 곳으로 향하는가 싶더니 금세 눈시울이 붉어졌다.

"지난 것들은 다시 생각하고 싶지 않아. 누가 물어봐도 대답하기 싫어……"

마치 노래의 후렴구처럼 인터뷰 내내 그 말을 반복하면서 어머니는 이야기를 풀어놓았다.

정태수는 1967년 겨울 제주 모슬포에서 4남매 중 둘째로 태어났고, 생후 10개월에 소아마비에 걸렸다.

"병원에 입원해서 한 달을 있었는데 어느 날 퍼뜩 그런 생각

1976년 정태수는 또래 아이들보다 2년 늦게 학교에 입학했다.
안경을 쓰고 목발을 짚은 아이가 정태수 열사다.

이 드는 거야. 내가 병원 말만 듣고 이러고 있을 게 아니다! 그땐
그게 유행성이란 것도 모르고 병원을 나와서 2년을 방황했어. 애
를 업고 안 가본 데 없이 돌아다녔어. 무당도 찾아가고 침도 맞으
러 다니고. 그런데 뭘 해도 안 되는 거야. 그래서 애를 외할머니한
테 맡겼어요. 가정이 밑바닥까지 닿으니까 어쩔 수가 없었어요.
태수가 서너 살 때 2년 동안 거기서 지냈어요."

딱 이만큼 말하고 어머니의 목소리가 떨리더니 고개를 숙이
고 울기 시작했다. 45년 전 어린 아들을 친정어머니에게 맡기고
돌아서던 그날도 어머니는 이렇게 울었을 것이다.

"너무 힘들었어요. 부부가 같이 장사해서 그럭저럭 먹고살만

유언을 만난 세계

은 했는데, 태수가 소아마비 걸린 후에는 내가 완전히 손을 놓고 떠돌았어요. 아주 의지할 곳 없이 가난해서 내가 일을 하지 않으면 안 됐어요. 태수 맡겨놓고 오만 장사를 다 했지. 먹고살려고 발버둥을 쳤어. 고무신도 팔고 건축 자재도 팔고."

2년 후 형편이 조금 펴지자 어머니는 태수를 집으로 데려왔다. 그 시절 제주엔 소아마비가 유행했다. 동네엔 다리를 제대로 못 쓰는 아이들이 태수 말고도 여럿 더 있었다. 어머니의 친구 아들도 소아마비였고 어머니 어린 시절 담임 선생님의 아이도 소아마비였다. 친구는 어느 날 "부산 동래온천 물이 그렇게 좋다더라" 하며 어머니에게 딱 1년만 아이들과 함께 살다 오자고 했다. 장사를 해야 했던 어머니는 집을 오래 비울 형편이 못되었다. 친구는 저 혼자 아이와 함께 부산에 살러 갔고, 1년 후 돌아온 친구의 아이는 지팡이(목발)를 한 개만 짚었다. 그때 부산에 못 간 게 어머니에겐 평생의 회한이 되었다.

"그때 집안이 무너지는 한이 있더라도 부산에 갔어야 했는데. 그랬다면 태수도 지팡이를 한 개만 짚을 수 있었을지도 모르는데."

하루는 한 엄마가 경남 마산의 어느 복지시설에서 태수 같은 아이들을 미국으로 입양 보내준다는 소식을 전했다. 그 엄마의 아이 역시 소아마비였다.

"태수하고 그 아이를 거기에 보냈어요. 태수는 거기서 1년쯤 지냈어요. 나중에 태수 차례가 되었는데…… 나는 도저히 못 보내겠더라고…… 그 엄마가 태수는 똑똑하니까 미국에서도 잘 적응할 거라는데도 정말 나는 못 보내겠더라고. 그 엄마 아이는 입양 가고 나는 태수를 데려왔어요."

45년 전의 고통이 생생하게 되살아난 팔순의 어머니가 연신 손수건으로 눈물을 닦으며 말했다.

"지난 것들은 다시 생각하고 싶지 않아……"

어머니는 태수를 데리고 제주로 돌아왔다. 1976년 태수는 또래의 아이들보다 2년 늦게, 두 살 아래 남동생과 함께 학교에 입학했다. 일을 하는 엄마를 대신해 동생이 숙제를 챙기고 가방을 들어주며 '엄마 노릇'을 했다. 박정희 정권이 대대적으로 시행했던 새마을사업 덕에 건축 자재를 판매했던 부부의 사업이 제법 잘됐다. 먹고살 걱정을 덜게 되자 어머니는 돈이 문제가 아니라는 생각이 들었다. 어린 아들을 향한 동네 사람들의 따가운 눈총은 돈으로도 막을 수 없는 것이었다.

"장애인이라고 하면 부모까지도 천하게 봤어요. 제주도가 그땐 아주 폐쇄적인 작은 섬이었어요. 그릇이 작으니까 편견도 강하지. 병신이라고 놀리거나 때리는 건 아니지만 그냥 말 한마디 한마디에…… 태수 초등학교 다닐 때 내가 학교까지 업어서 데려다줬는데, 나는 가정에서 살림만 하는 입장이 못되니까 시간 맞춰서 업으러 가는 게 어려웠어요. 늦게 학교에 도착하면…… 태수 친구들은 다 집에 갔는데 그 조그만 게 엄마 기다리면서 혼자 남아 있는 모습이 너무 서러워…… 그런 아이를 보는 게 제일 괴로웠죠.

유언을 만난 세계

큰 데로 가면 이런 설움 안 받을까…… 인간 대접 받으면서 살 수 있는 곳으로 데려오고 싶었지. 내가 태수한테 해줄 게 그것 밖에 없었어.”

1980년 태수가 초등학교 4학년 때 부부는 하던 장사를 정리하고 서울로 이주했다. 그 후 아들은 큰 걱정을 끼치지 않고 잘 성장해주었다. 활발하고 긍정적이었다. “다른 부모들은 장애인 자식을 숨기고 싶어 한다는데 우리 엄마는 그렇지 않은 게 너무 좋다”며 오히려 엄마에게 힘을 주는 아들이었다. 그 말을 들은 내가 “많은 사람들이 정태수 열사를 좋아하고 따랐다더라”고 하자, 인터뷰 내내 먼 곳을 향해 있던 어머니의 시선이 처음으로 나를 향했다. 가족한테도 참 잘했다며 어머니가 환하게 웃었다. 내친 김에 아들에 대한 기억 중 제일 기뻤던 일을 물었다. 그러자 어머니의 시계가 2002년 3월로 훌쩍 뛰었다.

“태수 갈 때……”

그가 울면서 동시에 웃었다.

정태수는 2002년 3월 3일 사망했다. 그의 나이 서른여섯이었다. 청년 활동가들을 조직하기 위해 심혈을 기울여 준비했던 장애인청년학교 수료식 도중 심장마비를 일으킨 것이었다. 그의 죽음은 너무도 이르고 급작스러운 것이어서 그를 사랑하는 동료들은 말할 수 없는 충격과 슬픔에 휩싸였다. 장례식엔 2000명이 넘는 사람들이 찾아왔다. 조문객들이 끊이지 않아 빈소를 한 칸씩 늘려가며 장례를 치러야 했다. 빈소엔 노래 〈태수야〉가 울려 퍼졌다. 평

정태수 열사의 생전 모습.

유언을 만난 세계

소 그를 아꼈던 작곡가 김호철이 그의 부음을 듣고 하루 만에 만든 것이었다. 가슴이 무너지는 슬픔 속에서도 사랑하는 벗이 홀로 떠나는 길이 덜 외롭기를 바랐던 사람들은 눈물을 참느라 애를 먹으며 노래를 만들고 편곡하고 부르고 녹음해 그의 영전에 놓았다.

"그렇게 많은 사람들이 찾아오고 울어줘서 많이 감동했어요. 아, 너는 헛되이 살지 않았구나…… 내가 너를 데리고 바다 건너온 보람이 있구나…… 고맙다, 아들아."

어머니는 언제나 어린 아들을 남겨두고 돌아서야 했다. 외가에서, 바다 건너 어느 입양 시설에서, 친구들이 모두 돌아간 빈 교실에서, 태수는 혼자 남아 엄마를 기다렸다. 떠나는 엄마를 올려다보던 아들의 얼굴이 평생 가슴속에 사무쳤는데 이번에 남겨진 건 어머니 자신이었고 떠나는 건 태수였다. 비통하고 슬펐지만 어머니는 진심으로 기뻤다. 태수의 곁에 너무도 많은 사람들이 있었기 때문이었다. 그럼에도 떠나는 아들이 얼마나 발걸음을 떼기 어려울지 어머니는 너무나 잘 알고 있었다. 장례식장엔 태수의 여섯 살 된 딸이 천진하게 뛰어다니고 있었다. 어머니는 다짐했다.

"잘 가라, 아들아. 너의 딸은 내가 반드시 지켜주마. 뒤돌아보지 말고 가거라."

의연한 산하

1988년 3월, 고등학교를 졸업한 스물두 살의 정태수는 서울

고덕동에 있는 서울장애인복지관 직업훈련과정에 입학했다. 목공예, 도자기, 수공예, 컴퓨터 등의 과정이 있었는데, 정태수가 택한 것은 전산(컴퓨터)이었다.

나름 엘리트과였죠. 전산과 동기가 여덟 명이어서 우리는 8비트라고 불렸어요. 뇌성마비장애인 셋, 소아마비 넷, 그리고 척수장애인 하나. 태수는 고등학교를 갓 졸업해서 머리가 짧고 양쪽에 목발을 짚고 다녔어요. 다른 애들은 목발 없이 걸었어요. 태수가 소아마비장애인 중에서는 제일 중증이었는데 그중에 사람들과 제일 잘 어울렸어요. (박경석)

스물세 살의 나이에 사고를 당해 하반신이 마비된 척수장애인 박경석은 정태수와의 만남에 대해 이렇게 썼다.

5년 동안 집구석에서 죽느냐 사느냐를 고민하다가 다시 한번 살아봐야겠다는 마음으로 장애인복지관을 찾아갔다. 그곳에서 나보다 일곱 살 어린 태수를 만났다. 나는 착한 장애인이었고 태수는 나쁜 장애인이었다. 나는 복지관의 직업재활 프로그램을 충실히 따르는 것만이 장애인으로서 살아남는 유일한 길이라 생각했다. 방송국 같은 곳에서 촬영하러 오면 복지관 선생님은 항상 나를 추천했고, 나와 휠체어를 탄 장애여성 한 명을 짝지어서 환한 미소를 지으며 열심히 재활 의지를 불태우는 장면을 연출했다. 그럴 때면 태수는 목발을 짚었지

유언을 만난 세계

만 언제나 날랜 제비처럼 어디론가 사라져버렸다. (박경석)

어느 날 박홍수라는 사람이 나타났어요. 목공예과를 졸업한
선배였는데 홍수 형이 술을 사주니까 홍수 형을 졸졸 따라다
니는 무리들이 생겼어요. 태수도 그중 한 사람이었지. 홍수
형은 88장애자올림픽을 거부한다면서 올림픽 조직위원회를
깡패처럼 점거했다가 경찰에 잡혀갔다 왔다는 그런 이야기
를 똘마니들에게 훈장처럼 떠벌렸어요. 술 먹는 게 좋아서 쫓
아다니면서도 나는 속으로 '지가 뭔데 감히!' 하고 생각했었
죠. (박경석)

그러나 태수는 달랐다. 박홍수의 이야기를 스펀지처럼 흡수
했고 박홍수 역시 그런 태수를 애지중지했다.

태수는 술만 먹으면 〈의연한 산하〉라는 노래를 막 불렀어요.
(노래 부름) '가슴이 빠개지도록 사무치는 이 강산에 / 머리끝
에서 발끝까지 거부한다던 / 복종을 달게 받지 않겠다던 / 굳
게 서 있으라 의연한 산하' 나는 좀 기가 찼죠. 이제 갓 고등
학교 졸업한 놈이 무슨 놈의 가슴이 그렇게 빠개진다고 복종
을 온통 거부한다는 것인지. 내가 본 세상은 그런 게 아니었
는데. 그는 어떤 세상을 보았기에 홍수 형이 하는 이야기에
한 방에 가버렸을까…… (박경석)

어느 날 술자리에서 국민체조 거부투쟁이 모의되었다. 주도한 사람은 정태수였다. 복지관에서는 장애인의 건강을 위한다는 명목으로 점심시간마다 훈련생들에게 국민체조를 시켰는데, 일종의 정신교육이었다. 반면 직원들과 교사들은 자유롭게 점심시간을 즐겼다.

나는 해병대 나왔고 국기에 대한 맹세를 3년 동안 했어요. 데모는 나쁘다고 생각했어. 그리고 선생님도 화상장애인이었는데, 내 또래였어요. 서글서글하고 열심히 가르쳤어요. 그런 선생님 뒤통수를 어떻게 쳐? 그래서 선생님한테 그 사실을 알려줬죠.(웃음) 선생님들은 훈련생 불러서 야단치고. 결국 모의는 실패했어요. 스무 명 정도 조직했는데 태수하고 두세 명만 체조하러 안 가고 나머지는 다 갔죠, 나도 체조하러 갔고. (박경석)

그 후 동기들은 박경석을 빼고 술을 먹으러 가기 시작했다. 곧 외로워진 박경석은 자존심을 접고 술자리를 기웃거렸다. 박홍수와 정태수는 장애인의 문제가 개인의 탓이 아니라 사회구조의 탓이라며, 비참한 장애인의 현실을 바꾸려면 사회를 '개량'하는 수준이 아니라 '변혁'해야 한다고 주장했다. 사람이 좋고 술이 좋아 그들 무리를 쫓아다니던 '착한 장애인' 박경석도 박홍수와 정태수를 만나며 조금씩 '나쁜' 물이 들어갔다. 과격하지만 옳은 길 같았다.

유언을 만난 세계

1년 후 직업훈련과정을 수료한 그들 중 누구도 컴퓨터와 관련한 직업을 갖지 못했다. 정태수는 구두수선 사업장에 취업했으나 얼마 가지 못해 그만두었고, 당시의 기준으로 가장 중증이었던 휠체어를 탄 박경석에겐 그마저의 기회도 오지 않았다. 장애인 노동권에 대한 아무런 법적 보호 체계가 마련되지 않은 시대였다. 1989년 정태수와 박경석, 박흥수는 직업훈련과정 졸업생들의 동문회 '싹틈'의 집행부가 되어, 친목모임의 성격이 강했던 동문회에 운동성을 불어넣을 방법을 고민했다.

> 동문들의 취업 실태에 대해 조사했어요. 동문들 만나면 다들 하는 소리가 '아이고, 취업했다고 다 취업한 게 아니다!'였어요. 예를 들어 수공예는 도제식인데, 그게 말이 좋아 도제이고 숙식 제공이지, 실상은 종 부리듯 한다는 거예요. 집에 데려다놓고 먹여주고 재워주면서 하루 종일 일을 시키는데 6개월 일하고 5만 원도 안 주더라, 돈 달라고 했더니 쫓아내더라, 하는 이야기를 많이 들었어요. 쫓겨나서 다시 복지관에 취업 상담 오면 '네가 장애인인데 참아야지' 하면서 정신훈련 받고. (박경석)

　　동문들을 만나 설문조사를 한 뒤 그들의 서러움과 자기고백을 모아 소식지에 실었다. 복지관 측에선 90퍼센트 이상이 취업한다고 홍보하고 있었지만 실상은 그 반대였다. 90퍼센트가 실업 상태였다. 서울시로부터 예산을 지원받는 복지관으로서는 민감한 내용이었다. 아니나 다를까, 복지관 측에서 소식지를 훔쳐가는 사건이 일어났다. 싹틈 회원들은 복지관 측의 사과와 취업대책 마련 등을 요구하며 로비를 점거하고 농성을 하기로 했다.

농성이 시작되던 날, 태수가 자기 인생 최초의 점거투쟁이라면서 삭발을 하고 나타났어요. 충격이었죠. 나는 그때까지 태수가 아직 사춘기인가 하는 마음이 있었는데, 그때 그 친구가 얼마나 진지하게 이 싸움을 바라보고 있는지 알겠더라고요. 한편으론 머리가 아팠어요. 나는 그렇게 세게 하고 싶지 않았거든요.(웃음) 복지관 측이라고 해봤자 1년 동안 한솥밥 먹으면서 우리 가르치던 선생들인데, 어느 날 갑자기 "야, ○○○! 나와!" 한다는 게 쉽지가 않잖아요. (박경석)

강경파 정태수와 온건파 박경석, 둘의 사이를 조율한 건 박흥수였다. 농성은 5일 후 끝났다. 소식지를 돌려받았고 복지관 측의 사과도 받았다. 취업대책 마련에 대해서는 서울시장과의 면담을 추진키로 했으나 끝내 이루어지지 않았다. 그것은 일개 복지관의 문제가 아니라 사회구조적인 문제라는 것을 모두가 잘 알고 있었다.

그해 복지관 바깥에서는 '장애인고용촉진법 제정'과 '심신장애자복지법 개정' 등을 요구하는 장애계의 열기가 뜨거웠다. 정태수는 외부의 장애 청년들과 적극적으로 교류하며 연대 활동을 펼쳤다. 1989년 11월에는 '울림터' 회원들과 함께 공화당사를 점거

유언을 만난 세계

이웃을 거쳐가는 者여, 祖國은 너를 믿노라

단식 2 일째

1989년 11월, 정태수·최옥란 열사(뒷줄의 두 사람)가 장애인문제연구회 울림터 회원들과 장애인고용촉진법 제정, 심신장애자복지법 개정 등 양대법안 제·개정을 촉구하며 신민주공화당사를 점거, 단식투쟁을 하고 있다.

하고 양대 법안의 제·개정을 위해 열흘간 단식 농성을 했다. (장애인고용촉진법은 1990년 제정되었고, 300인 이상 사업장에서 2퍼센트의 장애인을 의무적으로 고용해야 한다는 내용을 골자로 했다.)

1990년 취업의 길은 여전히 꽉 막혀 있었고, 세상을 변혁하고 싶은 열망은 뚜렷한 방향을 찾지 못했다. 할 일도 없고 갈 곳도 없는 스물네 살의 청년 정태수는 비슷한 처지의 박경석과 함께 대학 입시를 준비하기 위해 재수학원에 다녔다. 빨리 취업해서 자기 때문에 고생한 어머니에게 취업 선물을 안겨드려야 한다는 일념으로 열심히 공부에 매달렸던 박경석과 달리 정태수는 입시 공부에 집중하지 못했다. 그해 6월 한국소아마비협회가 운영하던 장애인 이용시설 '정립회관'에 운영 비리 문제가 터진 것도 한몫했다. 장애 청년들은 정립회관 이사장실을 점거하고 대표의 퇴진과 구속을 요구하며 45일간 농성했다.

> 태수는 학원에 출석 체크만 하고 정립회관으로 달려갔어요. 내가 태수한테 딱 1년만 참고 공부하자고 했는데 그러지 않았지. (박경석)

정태수가 궁금해하고 배우고 싶은 것은 다른 곳에 있었다.

> 하루는 세 시간을 싸운 적이 있어요. 태수는 의사가 많은 돈을 받는 게 틀렸대. 나는 '너처럼 고등학교 겨우 나온 애가 의사하고 같은 월급을 받으려고 하느냐, 이 파렴치한 놈아' 그랬죠. 우리 형이 의사였거든요. 우리 형은 코피 흘리면서 공부하던데 너처럼 맨날 술 먹고 노는 놈이 어떻게 같은 월급을 받느냐고. 우리 집이 쫄딱 망해서 형이 돈을 많이 벌어야 우리 집을 먹여살리는데. 그런데 태수가 어디서 마르크스 이런 거 듣고 와서는 나한테 써먹으려고 하니까 나도 질 수 없죠. 그땐 내가 이겼어요. 굉장히 통쾌한 기분이었던 게 아직도 생각나요. 태수가 더 공부해오겠다는 결심을 갖고 돌아가더라고요. (박경석)

정태수는 누구보다도 열정적으로 세상에 대해 배우고 있었다. 장애인 개인의 능력을 키워 신분상승을 꾀하는 게 아니라, 장애가 있든 없든 상관없이 모든 이들의 기본적인 삶을 보장할 수 있는 사회를 만드는 데 자신의 능력을 쓰고 싶어 했다. 1991년 대학에 떨어진 정태수는 장애인운동청년연합회(이하 '장청')의 활동가가 되어 본격적으로 장애인운동을 시작했다. (박경석은 91학번 대학생이 되었고 3년 후 장청에서 만든 노들장애인야학의 교사가 되었다. 1997년 노들장애인야학 교장이 된 박경석은 그 후 장애인 이동권투쟁을 일으키고 전국장애인차별철폐연대, 즉 전장연을 조직했다.)

> 태수의 가장 큰 장점은 먼저 어떤 사람에게 찾아간다는 것. 양쪽으로 목발을 짚고 그게 누구든 배울 것이 있다면 찾아다녔다. 책을 보고 배우는 게 아니라 사람을 만나 그의 삶이나 가치관, 사회인식 등에 대해 대화를 통해 익혔다. 그 시기 태수는 사회에 대한 정확한 인식을 갖기 위해 모색하는 중이었던 것 같다. 장애인들은 특히 타인과 관계 맺기가 쉽지 않은데 태수는 아무리 냉소적인 사람이라 할지라도 마음의 문을 열고 먼저 다가갔다. (김수열)

활동가의 길

1987년 6월항쟁으로 한국사회에 민주화의 열망이 들불처럼 번져갈 때 장애인운동 역시 그 영향을 받았다. 장애문제를 개인이 극복해야 할 것으로 바라보던 관점에서 벗어나 사회가 구조적으로 풀어야 할 문제로 접근하기 시작한 것이다. 장청은 장애대중을 조직하여 사회를 변혁하고자 했던 청년들의 단체였다. 1991년 결성된 장청은 장애 현안에 대응해 선도적으로 싸우는 와중에 좀 더 큰 힘을 발휘하기 위해 전국적인 조직을 건설하려 노력했다. 그러나 여러 가지 이유로 그 계획은 좌초되었다.

이후 그 대안으로 새로운 계획이 추진되었다. 그중 첫 번째는 전국적 네트워크를 갖추고 있던 전국장애인한가족협회(이하 '장한협')와 조직을 통합하는 것이었고, 두 번째는 장애대중을 의식화하고 조직화하기 위한 공간으로 야학을 만드는 것이었다. 그 일환으로 1993년 8월 노들장애인야학이 문을 열었고, 장청과 장한협이 통합되었다. 통합된 단체의 약칭은 전장협으로 채택되었다. 정태수는 장청과 전장협 모두에서 '조직국'을 맡아 활동했다. 조직이란 사람들을 만나 단체의 지향을 공유하고, 그들을 얽거나 짜서 단체의 목표를 실현할 수 있는 물리적인 토대를 만드는 일이다. 당시 전장협 부회장이었던 김대성은 정태수에게 그 역할을 제안한 이유에 대해 이렇게 말했다.

"태수는 사람을 만나고 사귀는 일을 참 잘했다. 무게감이 있고 사람들의 이야기를 잘 들어주었다. 또 하나 그의 큰 장점은 추진력이었다. 지역의 지부를 관리하기 위해서는 출장을 자주 가야 하는데 태수는 추진력과 책임감이 강한 사람이어서 조직국장으로 적격이었다."

유언을 만난 세계

장애인 노점상들의 죽음과 투쟁

1995년 3월, 삼륜 오토바이를 이용해 카세트 테이프를 팔던 장애인 노점상 최정환이 분신하는 일이 발생한다. 구청 단속반에게 빼앗겼던 스피커와 배터리를 찾으러 갔다가 심하게 모욕을 당하자 온몸에 시너를 끼얹고 불을 붙인 것이었다. 최정환은 전신 88퍼센트의 화상을 입고 병원으로 이송되었다. 전장협은 비상대책위원회를 꾸려 진상규명과 관련자 처벌을 요구했고 항의의 표시로 구청 현판과 최정환의 오토바이를 소각했다. 며칠 후 최정환은 끝내 숨을 거뒀다.

> 그 싸움이 어마어마했어요. 소련이 무너지면서 운동사회가 몰락했지, 김영삼 정부는 문민정부라면서 진보적인 척하지, 싸울 만한 거리가 없던 시기였는데 장애인 노점상이 분신한 거야. 장애인들과 노점상들이 시작한 싸움이었는데 '문민정부가 사람 죽이네!' 하면서 전 운동권이 집결한 거예요. 경찰이 시신을 탈취하려고 하니까 대학생들이 영안실 지킨다고 밤새 쇠파이프 들고 사수했어요. 최루탄 쏘고 화염병 던지고, 강남의 병원 앞이 불바다가 됐어요. 연세대에서 노제를 치렀는데 수천 명이 모였어요. 이한열 열사, 박종철 열사 때처럼 어마어마한 상여를 만들었어요. (김종환)

최정환 열사의 장례투쟁을 마친 전장협은 5월에 전국노점상연합회와 함께 장애인자립추진위원회(이하 '장자추')를 구성했다. 장애인고용촉진법은 그 실효성이 아직 미미했고 교육 수준이 낮은 장애인들의 취업은 여전히 하늘의 별 따기였다. 노점은 장애인의 생존권과 노동권이 집약된 문제였다. 장자추는 생계가 어려운 장애인들에게 노점 자리를 마련해주었고, 그 과정에서 실제로 장애인 활동가들이 노점을 하기도 했다. 대학을 졸업한 장애인운동 활동가들 역시 생계가 막막하긴 마찬가지였고, 전장협은 그들에게 활동비를 지급할 경제력이 없었다.

장애인이 노동시장에 들어갈 수가 없으니 노점이라도 해서 이 체제 안에서 먹고살아보자는 거였어요. 장애인 혼자는 힘이 드니 비장애인과 함께 2인 1조로 들어갔죠. 청계천 도깨비시장이 어마어마했거든요. 일요일이면 미어터져서 앞으로 나아갈 수도 없을 정도로. 거길 뒤지면 탱크도 만든다고 할 만큼 없는 게 없었는데 장자추에서 거기 알짜배기 자리를 찍어서 들어갔어요. 자리가 났을 때 지키지 않으면 자리를 뺏기니까 (박)흥수 형이 밤새 오토바이를 대놓고 자리를 지켰어요. 흥수 형이 거기서 장사를 시작해서 나중엔 스무 자리까지 차지했어요.
최옥란도 거기서 노점을 시작했어요. 그렇게 한 사람씩 노점해서 자립하면 회원도 늘고 조직도 확대되는 거잖아요. 1만 명이 될 수도 있고 10만 명이 될 수도 있고. 6월부터는 인천 아암도에서도 장사를 시작했어요. 송도가 개발이 된다는 소

유언을 만난 세계

문이 있었거든요. 그 옆에 있던 아암도는 해안 풍광이 좋은 아주 작은 섬이었는데, 거기 자리 잡으면 떼돈 벌겠다 싶어서 좀 무리하게 추진했어요. 거기 원래 있던 토호 양아치 세력들, 기존의 노점상 세력들하고 엄청 싸워서 포장마차 스무 개인가를 쳐서 장사가 좀 됐어요. (김종환)

이 시기 경찰은 노점투쟁에 앞장섰던 정태수에 대한 수배령을 내렸고 정태수는 2~3개월 동안 도피생활을 해야 했다. 동료들과 차를 바꿔서 다녔고 집에도 들어가지 못하는 고단한 생활이었다. 9월 20일, 정태수는 선배로부터 자신이 경찰과 이야기를 다 해두었으니 조사만 받으면 된다는 말을 듣고 경찰서에 갔다가 그 길로 구속되었다. 인천 구치소에 수감되어 옥고를 치른 정태수는 35일 후인 10월 25일에 풀려났다.

석방된 그를 기다리는 것은 아암도 노점에 대한 철거 소식이었다. 인천시와 연수구청은 아암도 노점을 계속 불허해오다가 11월 24일 공권력과 용역 1500명을 동원해 철거에 들어갔다. 30여 명의 노점상들이 망루를 짓고 농성을 벌이던 중 충격적인 사건이 일어났다. 11월 28일 농성자 중 한 명이었던 이덕인이 아암도 해변에서 변사체로 발견된 것이었다. 상의가 벗겨진 그의 몸엔 상처와 피멍이 가득했고 팔이 뒤로 묶여 있었으며 두 눈은 부릅뜬 채였다. 공권력에 의한 죽음의 흔적이 뚜렷했다. 그러나 충격적인 일은 여기서 끝나지 않았다. 다음 날 새벽 1000여 명의 경찰 병력이 영안실에 난입했다.

박창수 열사 때 그랬다는 이야기를 듣기만 했었는데, 진짜로 병원 벽을 오함마(쇠로 된 대형 망치)로 부숴서 구멍을 낸 다음에 신참 전경을 그 구멍으로 막 밀어서 집어넣더라고요. 우리는 경찰이 못 들어오게 하려고 그놈 머리를 막 때리니까 피가 철철 나는데도 뒤에서 경찰들은 계속 밀어넣어. 그렇게 세 군데로 벽을 뚫고 들어왔어요. 우리 말고도 빈소가 많았는데 그놈들이 다 짓밟고 다녔어요. 대학생 두 명인가는 그때 경찰한테 맞아서 실명을 했다니까요. 결국 시신 탈취해서 사인이 익사라고 발표해버렸어요. 그러고는 시신의 내장을 다 들어내고 살갗만 남겨서 돌려보냈어요. 그렇게 하면 다시 재부검을 할 수 없대요. 어머니는 그게 한이 됐죠, 내 새끼 다 찢어발겨 놨다고. 영안실에서 그 시신을 붙들고 몇 개월을 싸웠어요. (김종환)

먹고살기 위해 싸우던 한 장애인의 처참한 죽음과 그 죽음에 대한 국가권력의 폭력을 몸소 경험하며 사람들은 분노를 넘어 충격과 공포로 몸서리쳤다. 그럴수록 더욱 물러설 수 없었다. 정태수는 '장애인 노점상 고故 이덕인 열사 사인 진상규명과 책임자 처벌 및 빈민생존권 쟁취를 위한 비상대책위원회' 집행위원으로 활동하며 진상규명과 책임자 처벌을 위해 싸웠다. 1995년 11월에 시작된 싸움은 이듬해 4월까지 계속되었다.

영안실 싸움이라는 게 힘들어요. 거기서 거의 먹고 자고 하는

유언을 만난 세계

건데, 마무리를 잘 못했어요. 내부적으로 투닥거림도 있었고, 흥수 형도 술을 많이 먹고. 전장협이라는 단체가 해야 할 일이 많은데 거기만 계속 붙어 있을 수도 없고…… (김종환)

이덕인의 장례는 1996년 4월 24일에 치러졌다. 최정환과 이덕인의 죽음과 투쟁은 장애인의 생존권 문제가 얼마나 절박한지를 드러내는 계기가 되었지만, 이 과정에서 몸도 마음도 지친 활동가들은 화병으로 속병까지 앓아 죽을 먹어가며 싸워야 했다. 정태수는 힘겨워하는 동료들의 고충을 들어주고 독려하는 와중에도 또 다른 투쟁을 조직하느라 전국을 돌아다니고 있었다.

제주에서 서울까지

정태수에 대한 가장 빛나는 기억으로 사람들은 주저 없이 '장애인 고용촉진 걷기대회'를 꼽았다. 1996년에 열린 이 대회는 13박 15일 동안 제주, 부산, 울산, 광주, 대전, 온양, 청주, 강릉, 성남 등을 거치는 전국 순회투쟁이었는데, 그 대미를 장식한 것은 4월 20일 '장애인의 날' 서울에서 개최하는 대규모 집회였다. 노동권에 대한 전장협의 의지를 잘 보여주는 사업이었는데, 이 대회를 주도한 사람이 바로 정태수였다. 정태수의 동료였던 김종환은 그의 정신으로 노동권과 조직화를 꼽았는데, 이 전국적 걷기대회야말로 그의 지향과 강점이 가장 잘 결합해 탄생한 작품일 것이다.

1996년 '장애인 고용촉진 걷기대회'에 참석한 정태수 열사(오른쪽).

정태수는 장애인과 관련해 제기되는 교육, 의료, 직업재활 등
의 모든 문제는 결국 장애인을 시혜와 동정의 대상이 아닌 생
산의 주체인 노동자로 세우기 위한 것이라고 정리했던 사람
이다. 그는 1993년 민주노총 준비위원회 시절부터 '장애문제
의 핵심은 노동권'이라고 못박으면서 1996년 범국민 걷기대
회까지 몰아갔던 주도면밀하고 헌신적인 사람이다. 장애인
운동사에서 한 획을 그었던 1989년 11월 11일 장애인고용촉
진법 제정을 위한 결의대회에 1200명 정도의 대중이 모였는
데, 1996년 걷기대회에는 1500명 정도가 모였다. 전체 사회
운동이 힘들던 시기임을 생각하면 대단한 성과가 아닐 수 없
다. (이상호)

유언을 만난 세계

처음 기획안을 받았을 때 예산이나 기타 여러 면에서 어렵겠다고 생각했다. 하지만 태수는 장애인의 고용 현실을 알려내고 조직을 홍보할 수 있는 기회로 활용하고 '장애인의 날'을 겨냥해 언론도 움직이자는 주장으로 강하게 추진했다. 그때 내가 부회장이었는데 좀 자신이 없는 상황이었지만 서울이 지역을 지원하고 태수가 직접 지역을 돌면서 행사를 진행했다. 당시 거금 200만 원을 들여 서울 행사의 무대도 세웠다. 많은 장애인단체들이 참가했고 참 좋은 경험이었다는 평가가 있었다. 정태수가 아니었다면 기획하고 진행하기 어려운 사업이었다. (김대성)

정태수는 이 대회를 성사시키기 위해 전국을 10여 차례나 돌아다녔다. 여관비를 아끼기 위해 차에서 잠을 자야 했다. 그 피곤함 속에서도 지역의 활동가들에게 힘을 북돋아주었다. 일주일에 4~5일은 새벽 1~2시에 들어갔고 어쩌다 일찍 들어가더라도 핸드폰으로 몇 시간씩 통화하며 사람들을 챙겼다. 그렇게 열심히 활동했던 사람은 없었던 것 같다. (이상호)

태수는 서울에서 생활하는 것보다는 지방에서 활동한 시간이 더 많았다. 워낙 돈이 없었기 때문에 밤새 차를 몰고 가서 차에서 잠을 잔 후 낮에 사람을 만나는 식이었다. 그런 일을 태수는 참 잘했다. 항상 사람을 만나는 것이 중심이었다. 대중들이 스스로 하지 않고서 조직은 살아남을 수 없거니와 운

동 자체의 의미도 별로 살 수 없다는 게 그의 생각이었다. (이석구)

그 어려운 시기에 장애대중을 조직해서 '데모'로 표현해낸다는 건 무지무지 어려웠을 거예요. 장애인단체조차 시혜와 동정의 떡고물을 받기 위해 앵벌이를 하고 이권 다툼을 하던 시대였어요. 전장협의 지역 지부들은 술 먹고 놀다 헤어지는 식의 친목모임 성격이 강했어요. 태수가 그런 고충을 이야기한 적이 있어요. 지역은 머리띠가 아니라 어깨띠를 한다고. 그게 당시 그들의 정서인 거죠. 마치 캠페인 하듯이, 마치 선거운동 하듯이 어깨띠를 맸어요. 머리띠는 빨갱이들이 하는 거니까. 우리에겐 아무것도 아닌 것 같아도 그때 그들에겐 그걸 머리띠로 바꾸는 것도 엄청 큰일인 거예요. 그만큼 유화적이고 관변화되어 있었던 거죠. 그런 이들하고 밤새 이야기하고 설득해야 겨우 지부장 한두 명 꼬실 수 있는 거예요. 그런 일을 지역에서부터 하면서 쭉쭉 올라와 마지막 서울에서 크게 한 방 때리는 거죠. 그날 하루 도로를 점거하고 경찰들하고 싸우면서 우리의 분노를 표현하는 것인데, 나도 해보니까 데모하는 게 점점 재미있어지더라고요. 태수가 그렇게 노력하는 모습이 참 보기 좋았어요.(박경석)

제주에서 서울까지 양쪽에 목발을 짚은 채 정태수는 걷고 또 걸었다. 손가락에 물집이 잡히고 발바닥은 부르트고 허물이 벗겨

1996년 전국을 돌며 장애대중을 조직하던 정태수 열사의 모습.

졌지만, 그를 본 사람들은 모두 그가 물 만난 고기처럼 신이 났었다고 입을 모았다. 이 대회를 성사시키기 위해, 1500명의 대중을 조직하기 위해 그는 한 사람 한 사람 직접 만나고 다녔다. 노점 자리 하나를 얻기 위해 이슬을 맞으며 밤새 그 자리를 지켜야 했듯이, 한 사람을 거리에 세우기 위해 그는 밤새 누군가의 고민을 들어주었을 것이다. 그렇게 하지 않고서는 이루어낼 도리가 없는 일이 바로 '조직'이다. 그런 면에서 조직이란 농사일처럼 정직한 일이다. 한 사람을 바꾸지 않으면서 온 세상을 바꾸어낼 도리 같은 건 없는 것이다. 술자리에서 하소연을 늘어놓던 이들이 하나둘씩 거리에 서는 모습을 보는 것만큼 그를 기쁘게 하는 일은 없었다. 한 사람이 거리에 선다는 것은 그가 세상을 다르게 보기 시작한다는 뜻이다. 억압받던 한 인간은 그렇게 복종을 거부하기 시작한다.

생활 전선에 뛰어들다

한편 1994년 스물여덟 살의 정태수는 전장협 노래패 '노둣돌'에서 활동했던 김영희를 만나 연인 관계로 발전한다. 김영희는 대학 노래패에서 노래하며 학생운동을 하던 소아마비 장애여성으로, 정태수와 같은 제주 출신이었다. 하지만 정태수의 장애가 중증인 데다 장애인운동을 한다는 이유로 김영희의 가족은 둘의 교제를 반대하고 나섰다. 김영희가 대학을 졸업하고 갓 취업을 했던 1995년 봄 즈음부터는 제주에 있던 가족이 서울로 쫓아와 그의 자취방을 점거하다시피 해서 일상생활이 불가능할 지경이 되었다.

이 시기 정태수 역시 노점투쟁으로 경찰의 수배를 받게 되었다. 정태수는 국가와 경찰로부터, 김영희는 가부장제와 가족으로부터 도망쳐야 했으므로 두 사람은 함께 도피생활을 시작했다. 차를 타고 전국을 돌았는데, 이때도 전장협의 지역 지부들을 다니며 사람들을 만났다. 2~3개월간 지속되던 도피생활은 1995년 9월 정태수의 구속으로 막을 내린다. 정태수의 석방 후 김영희는 가족

유언을 만난 세계

과 선을 긋고 정태수와 동거를 시작했고, 1996년 딸 세린을 낳았다. 1997년 두 사람은 정식으로 결혼식을 올렸지만 김영희의 가족은 여전히 두 사람의 관계를 받아들이지 않았다.

어느 날 태수가 몇 년만 돈을 벌겠습니다, 가게 하나 차려서 부인한테 맡기고 다시 돌아오겠습니다, 라고 말했었다. 태수의 동기들도 비슷한 상황으로 활동을 정리했다. 결혼과 동시에 조직 활동을 더 이상 할 수 없는 안타까운 상황이 반복되었다. (김대성)

전장협은 활동가들에게 활동비를 제대로 주지 못했고, 청년들은 그것을 당연하게 받아들이며 활동해왔지만, 결혼을 하고 아이를 낳으면 상황이 달라졌다. 정태수는 1997년부터 2001년까지 활동을 쉬고 김영희와 함께 딸을 키우며 인쇄소와 식당(족발집)을 운영했다.

이 시기 전장협은 큰 지각변동을 겪는다. 1990년대 중반 장애인단체들이 전반적으로 보수화하거나 시민운동 경향을 받아들이는 상황에서 독자적인 활동을 벌이는 데 어려움을 겪고 재정적으로도 심각한 압박에 시달린다. 1998년 전장협은 한국DPI에 흡수·통합되었다. 한국DPI는 장애문제를 논의할 때 의사나 재활 전문가들이 중심이 되는 전문가주의를 배격하며 출범한 국제조직이었다. 두 조직의 통합과 이후 한국DPI의 행보는 이후 '노선의 전환'으로 평가되었다. 전장협이 아래로부터의 대중투쟁을 통한

정태수 열사와 배우자 김영희씨.

사회변혁적 관점을 견지했다면, 한국DPI는 제도권 정치세력 내에 장애인의 지분을 형성함으로써 장애문제를 해결하겠다는 새로운 길을 택한 것이다.* 통합의 과정에서 정태수가 일궈놓았던 장자추(노점 분과), 지역 지부들과의 관계, 고용촉진 걷기대회의 흐름과 성과들은 더 이상 이어지지 못했고, 그와 뜻을 함께했던 여러 동료들도 전장협을 떠났다.

DPI하고 통합할 때 최○씨가 회장을 맡으면서 어느 날 회원

---

* 김도현, 《차별에 저항하라》, 박종철출판사, 2007, 101쪽.

210   유언을 만난 세계

을 정리하겠대요. 그러면서 장자추 회원은 다 잘라야겠다는 거예요. 왜 그러냐고 했더니, 노점상이나 농민은 프티브르주아지여서 혁명의 시기가 되면 혁명에 반대해서 끝까지 저항한다는 거예요. 노점상은 생산 수단을 갖고 있는데, 노점 자리가 바로 그 생산수단이라고 했어요. 이론상으론 그게 맞다 하더라도 장애인 노점상은 다르지 않냐고 내가 그랬어요. 현대자동차에서 한 달에 300~400만 원 받는 비장애인 노동자하고 한 달에 60만 원 버는 장애인 노점상 중에 누가 더 민중이냐고 따졌는데, 그 사람은 말로 못 당해요. 끝내 아니래요. 그때 장자추 회원들, 전장협 투쟁의 기동대 역할을 했던 사람들이 다 잘렸죠. (김종환)

최○씨는 전장협의 현장 조직들을 하나둘씩 끊어냈어요. '또바기'라는 대학생 자원활동가 조직이 있었는데 주로 장애인시설에 자원봉사를 다니면서 빨래해주고 공부를 도와주는 활동을 했죠. 돈은 없어도 사람들 꼬셔서 이런저런 활동을 해보려고 했던 거예요. 그런데 그는 또바기를 분리시켜버려요. 가장 크게 박살 난 것이 노점 분과였어요. 통합 과정에서 전장협이 갖고 있던 얼마 되지 않던 대중 공간들을 싸그리 날려버렸어요. 그게 다 태수가 일궈놓았던 농사였어요. 통합은 현장의 저항을 조직해내는 방향으로 가지 않았습니다. 엘리트중심, 정책 중심의 회원 조직으로 가고 있었죠. (박경석)

마지막 작품

성격 좋고 성실했던 그에게도 장사는 쉬운 일이 아니었다. 인쇄소가 안정기에 접어들 무렵 식당을 하나 더 차린 것이 화근이었다. 인쇄소에서 번 돈이 고스란히 식당의 적자를 메우는 데 들어갔고 그것도 부족해 아르바이트까지 해야 하는 상황이었다. 아무리 열심히 일해도 남는 것이 없었고, 장애인운동 현장에 대한 갈증은 더욱 깊어져갔다. 2001년 정태수는 자신이 가장 잘하고 좋아하는 일을 하기 위해 다시 현장으로 돌아오기로 했다.

활동을 쉬는 동안 태수는 장애인운동 현장에 대한 아쉬움을 많이 토로했었다. 그가 전국적으로 조직해서 만든 성과들을 제대로 관리할 주체가 보이지 않고 위축되는 것 같아 많이 안타까워했다. 어느 날 거래처를 가려고 을지로를 지나가는데 마침 도로를 점거하고 집회하는 모습을 본 모양이다. 불과 몇 년 전만 해도 자신이 집회를 기획하고 주도했었는데 이제 그것을 구경하는 시민이 되었구나, 착잡한 마음에 소주 한잔했다는 이야기를 하면서 같이 한숨지었던 기억이 있다. (이상호)

서울DPI 대표였던 최○씨가 탄핵되다시피 그만두고 활동가들도 많이 그만뒀어요. 당시 우리는 전장협 운동의 계보를 잇는 단체를 DPI라고 생각했어요. 전장협이 DPI와 통합했고 거

　　　　　　　유언을 만난 세계

기에 우리의 동지들이 다 있었으니까. 나중엔 그 계보가 장애인이동권연대로 바뀌었지만 그땐 이동권연대가 생긴 지 얼마 되지 않았을 때였어요. 내가 태수를 만나서 DPI가 큰일났다, 우리가 들어가서 바꿔보자고 했죠. 김대성 선배를 찾아가서 회장을 맡아달라고 하고 나, 태수, 상호가 DPI로 들어갔어요. 그리고 교육사업으로 장애인청년학교를 만들고 태수가 주도했어요. (김종환)

복귀를 결심할 때 정태수에게는 몇 가지 전망이 있었다. 사회복지법인을 건설해서 대중 사업의 토대를 마련하는 것, 중증 장애인 중심의 자조조직을 결성하는 것, 장애인 정치연수원을 건립하는 것 등이었다. 후배들을 만나도 장애인운동에 대한 걱정과 우려밖에 없었다. 활동을 그만두는 사람들이 점점 많아지는 현실을 보면서 많이 아파했다. 두 달에 한 번 정도 후배들 20~30명씩 불러놓고 없는 돈에 30~40만 원씩 써가면서 소주를 사주며 격려했다. (이상호)

현장에 복귀한 후 그가 가장 심혈을 기울인 일은 이번에도 사람들을 만나고 조직하는 일이었다. 그는 장애인청년학교를 꾸렸다. 청년학교는 장애문제에 관심 있는 이라면 누구나 들을 수 있는 대중 강좌였다. 장애인운동의 이론적 토대를 만드는 것뿐만 아니라 인권운동이나 사회운동과의 접목을 시도하는 등 당시로선 매우 신선한 기획이었다. 정태수는 이러한 대중 강좌를 통해 청년

정태수 열사가 심혈을 기울여 만든 장애인청년학교에서 강의하고 있는
박경석 당시 노들장애인야학 교장.

들이 부담 없이 친숙하게 만나 장애문제를 고민하고 토론하는 장
을 만들고자 했다. 가장 중요한 목표는 청년 활동가를 양성하는
것이었다.

> 1996년 장애인 고용촉진 걷기대회를 진행했을 때 그가 마음
> 속에 품었던 생각이 있었던 것 같다. 투쟁과 실천 속에서 깨
> 우친 활동가들을 장애인청년학교 같은 교육을 통해 이론적으
> 로 무장시키는 일이 필요하다고 생각했던 것 같다. (김대성)

> 전장협 시기 장애인아카데미라는 교육 프로그램을 진행했는
> 데 그때 한신대 남구현 교수님이 독일에서 공부하고 처음 돌

아왔을 때였어요. 그 강의를 듣고 내가 정말 놀라 자빠졌어요. 사회복지를 저렇게 해석할 수도 있구나…… 그전까지 한국의 사회복지는 죽지 않을 만큼 해주는 거였는데 그걸 완전히 다른 관점에서, 복지를 당당한 권리로 진보적으로 해석하더라고요. 장애인청년학교에도 남 교수님의 강의를 당연히 넣었죠. (김종환)

청년학교를 준비하던 정태수의 모습은 생기 넘치고 의욕에 가득 차 있었다. 언제나 남들보다 먼저 나섰고, 사람들 사이에 의견이 충돌하면 조정자 역할을 자처했다. 가만히 앉아 수강생들을 기다리는 것이 아니라 다양한 유형의 장애인들을 만나기 위해 시각장애인, 청각장애인 모임을 찾아다녔고, 강사들을 만나 강의 내용을 미리 조율했다. 수강생들의 출석 상황을 점검하거나 중증장애인을 위한 셔틀버스를 운영하는 일, 모꼬지 준비 같은 실무들도 거의 대부분 그가 맡았다. 돌아온 정태수의 추진력과 성실함이 빛났던 장애인청년학교는 정태수의 작품이라 해도 과언이 아니었다.

장애문제를 대중적으로 알리는 일을 통해 장애인운동의 새로운 전망을 찾은 정태수는 피노키오장애인자립생활센터의 사무국장으로, 서울DPI의 사무처장으로 임명되어 혼신의 힘을 기울였다. 그러나 그가 그토록 그리워했던 현장 활동은 1년도 채 지속되지 못했다. 2001년 12월에 시작해 2002년 3월 2일 막을 내린 장애인청년학교의 마지막 날, 수료식을 겸한 모꼬지에서 갑작스러운 심장마비로 숨을 거둔 것이다. 그의 나이 35세였다.

마당에서 노래도 하고 술도 먹으면서 뒤풀이를 했는데, 태수가 그날따라 테이블마다 돌아다니면서 무리를 하더라고요. 태수는 술을 잘 못 먹어요. 12시쯤 됐을 때 태수가 몸이 안 좋다면서 쉬겠다고 방으로 들어갔어요. 그런데 30분쯤 있으니까 누가 태수가 이상하다는 거예요. 가봤더니 태수 몸이 차갑다면서 사람들이 막 풀어주고 있었어요. 그렇게 20분쯤 지나니까 체온이 돌아왔어요. 그때 병원에 갔었어야 했는데…… 우리는 그렇게 갈지는 꿈에도 몰랐죠. …… (새벽) 2시쯤 됐는데 누가 또 태수가 이상하다는 거예요. 그땐 이미 숨을 안 쉬고 있었어요. 굉장히 위독한 상황이었어요. 구급차 불러서 가까운 병원으로 갔는데 새벽이니까 레지던트 같은 사람만 있는 거예요. 그런데 그 사람이 아무것도 안 하는 거야, 사람이 죽었는데, 뭐라도 해보라고 내가 소리를 막 쳤는데…… 아무것도 안 하더라고……(울음) (김종환)

모꼬지 가기 며칠 전부터 태수 형이 집에 새벽 2시, 3시에 들어왔어요. 늦어도 12시엔 들어오던 사람인데. 전날도 늦게 왔는데 너무너무 피곤해 보였어요. 얘기를 들어보니까 굳이 자기가 안 해도 될 일들을 하는 거 같더라고요. 뒤풀이한 후에 이 사람 저 사람 태워줬대. 당신도 피곤한데 뭐 하는 거냐고 내가 잔소리를 했어요. 모꼬지 가는 날 아침까지도 내 마음이

유언을 만난 세계

안 좋은 상태였어요. 나는 괜히 창문 청소를 열심히 하면서 태수 형한테 잘 다녀오란 말도 겨우 했는지 안 했는지 기억이 안 나요. ……

태수 형이 죽었다는 걸 병원에 도착해서야 알았어요. 병원에 도착하니까 사람들이 응급실 바깥에 주르륵 서 있고 병실에 들어갔더니 경찰이 검시를 하고 있었어요. 너무 황당해서 말이 안 나오는 거예요. …… 정신을 차리니까 이 사람은 죽었고 나는 이 사람과 인사 한마디도 못 나눈 게 갑자기 생각나더라고. 시댁 어르신들 오기 전에 봐야겠다고 해서 내려가봤는데 태수 형이 눈물을 흘리고 있더라고요. (침묵, 눈시울 붉어짐)

두 가지 생각이 들었어요. 하나는 세린이를 두고 가면서 얼마나 아팠을까. 태수 형이 세린이를 되게 많이 아꼈거든요. 같이 많이 놀아주기도 하고. 또 하나는 온몸이 다 칼자국인 거야. 장애를 치료하느라 수술도 많이 했을 것이고 장애 때문에 넘어지고 다치는 사고도 수없이 많았겠지. 여기저기 찢어지고 꿰맨 자국이 너무 많은 거예요. 저렇게 힘들게 살았구나, 고생만 하다 가네…… 살면서 그 상처를 봤을 텐데도 그날따라 그게 더 가슴 아프게 느껴지더라고요. (김영희)

그의 죽음을 지켜본 사람들과 그 소식을 듣고 달려온 이들은 깊은 슬픔에 휩싸였다. 그를 장애인운동의 길로 이끌었던 박흥수가 2001년 가난과 외로움, 알코올의존증이라는 지독한 병마와 싸

울 때 그를 돌보기 위해 병원을 알아보았던 정태수였다. 박흥수의
건강이 나아졌다며 기뻐하던 정태수였다. 결국 박흥수가 세상을
떠났을 때 그의 추모사업회를 만들자고 쫓아다니던 사람도 정태
수였다. 그런 정태수가 이토록 급작스럽게 박흥수의 뒤를 따르리
라곤 아무도 예상치 못했다. 장례식장엔 새로운 계획에 들떠 의욕
적으로 활동하던 정태수의 마지막 모습을 기억하며 가슴 아파하
는 사람들의 발걸음이 끊이지 않았다. 사흘 뒤 그는 마석 모란공
원 민주열사묘역에 안장되었다.

그가 사랑했던 동지이자 배우자 김영희와 딸 세린의 집에는
정태수를 기억하며 가족의 슬픔을 위로하려는 동료들의 발걸음
이 1년 동안 끊이지 않았다.

거의 혼을 놓고 살았죠. …… 그런 나를 정태수의 동료들이
보다 못해서 허구한 날 찾아왔어요. 어떤 날은 서너 명, 어떤
날은 열 명, 365일을 그렇게 살았어요. 그럼 나는 그 사람들
한테 술상 차려줬어요. 그 사람들이 말 걸어주면 대답하고.
…… 하나도 안 귀찮았어요. …… 나는 정태수와 친밀한 사람
은 마치 나와도 그런 것처럼 받아들였던 것 같아요. 오면 너
무너무 반가웠어요. 처음 보는 사람이어도 자기를 누구라고
소개하면 나는 다 정태수의 수첩에서 보던 이름들이었어요.
아, 당신이 그 사람입니까?(웃음) (김영희)

정태수는 늘 사람들의 이야기를 들어주고 따뜻하게 품어주

　　　　　　　　　　　　유언을 만난 세계

던 사람이었다. 양 목발에 기대 험난한 생애를 꿋꿋이 헤쳐온 정
태수는 누군가의 든든한 버팀목으로 사람들 속에서 사람들의 힘
을 믿으며 사람들에게 기대 살아왔다. 언제나 현장에 있었고 투쟁
하는 사람들 속에 있었으며 그들과 함께 강물처럼 흘렀다. 그의
동료들은 2002년 9월 정태수열사추모사업회를 출범해 그의 정신
을 이어오고 있다.

정태수의 빈자리를 채우는 이들

정태수는 시혜와 동정의 대상이었던 장애인을 투쟁의 주체
로 조직하여 거리에 세운 진보적 장애인운동 활동가였다. 노들장
애인야학을 만든 사람이기도 한 그는 내가 처음 노들장애인야학
교사가 되었을 무렵인 2002년 세상을 떠났다. 생전의 그를 만난
적은 없지만 그는 나에게 익숙한 존재였다. 매해 나는 그의 추모
제에 참석했다. 3월 1일에 열리는 정태수 열사의 추모제는 나에게
봄의 시작과 더불어 한 해 투쟁의 시작을 알리는 행사였다. 행사
장엔 커다란 현수막이 양쪽으로 걸려 있었다. 한쪽에는 그의 얼굴
이 있었고 다른 한쪽에는 그의 정신을 나타내는 구호 '조직하라'
가 적혀 있었다.

추모제는 하루 종일 이어졌다. 오전엔 마석 그의 묘소를 참배
했고 오후엔 추모사업회의 총회와 추모제가 열렸으며 저녁엔 뒤
풀이를 했다. 오랜만에 만난 옛 동지들은 악수를 하며 서로의 안

2012년 3월 1일, 정태수 열사 10주기를 맞아 마석 모란공원
민주열사묘역에 안장된 정태수 열사 묘역을 찾은 장애인 활동가들.
묘비에 "이동권 쟁취"라고 적힌 붉은 머리띠가 매어 있다.

부를 물었고 그들의 어린 자녀들이 행사장을 우르르 몰려다니며
뛰어놀았다. 2003년 시작된 추모제가 19회를 거듭하는 사이 꼬마
들은 대학과 군대에 갔고, 정태수의 동료들은 그만큼 나이가 들었
다. 그 자리에서 한 해 동안 가장 뜨겁게 현장을 지킨 활동가들이
'정태수상'을 받았다. 그것이 흡사 어느 대가족의 명절 풍경 같다
고 나는 늘 생각했다. 장애계 어디에서도 그런 풍경을 본 적이 없
었는데 이제야 새삼스럽게 그것이 정태수의 빈자리였음을, 그를
사랑했던 동지들이 그의 이름을 부르기 위해 마련한 자리였음을
알았다.

유언을 만난 세계

이르게 온 미래

최옥란 열사

1966. 7. 3 ~ 2002. 3. 26

김윤영 글

2001년 12월 3일, '생존권 쟁취와 최저생계비 현실화를 위한 농성단'이 농성에 돌입했다. 한겨울 명동성당 앞에 깔개 하나를 놓고 시작된 이 농성의 계기는 바로 최옥란. 그는 기초생활수급자였고 중증의 뇌성마비를 가지고 있었다. 당시 1인 가구 기초생활수급자의 현금 급여는 28만 원으로, 장애수당을 합한 30만 원 정도의 급여가 한 달 소득의 전부였던 최옥란은 낮은 기초생활수급비의 문제점을 폭로했다.

정부에서 28만 원 가지고 살라는 것 때문에 몇 번이고 아파트에서 많은 고민과 죽음을 생각했고 더 이상 살 수 없다는 것을 끝까지 호소했습니다. 국회의원님들이나 모든 분들에게 계속 대안을 마련해달라, 그런데도 아무런 연락이 없고 제가

최옥란 열사의 생전 모습.

결국은 밖으로 나올 수밖에 없었던 사정입니다.*

명동성당에서의 이 농성은 일주일로 마무리되었지만, 자신의 모든 것인 기초생활수급비를 보건복지부 장관의 집을 찾아가 반납한 장애여성의 투쟁은 많은 사람들의 뇌리에 남았다. 이는 기초생활수급 당사자가 자신의 문제를 해결하고자 했던 최초의 싸움이었고, 국민기초생활보장법 제정을 가장 큰 성과로 자찬해온 김대중 정부의 '생산적 복지'에 대한 전면적인 도전이었다.

＊ '생존권 쟁취와 최저생계비 현실화를 위한 농성단' 기자회견 발언(2001. 12. 3).

유언을 만난 세계

집에서 26만 원(생계급여)을 기다리면서 한 달 동안 누워 있었어요. 사람이 누워 있다보니까 삶의 의지가 없어지고……그래도 노점을 할 때는 내가 열심히 해서 돈을 벌 수 있다는 그런 힘이 있었는데.**

방 안에서 보내야 했던 하염없는 시간을 박차고 거리로 나가 투쟁했던 그는 이듬해 2002년 3월 26일 세상을 떠났다. "국민기초생활보장제도는 저소득 빈곤계층 단 한 명의 최저생계도 보장하지 않"는다는 외침은 장애인이자 여성 그리고 노점상이었던 그의 마지막 투쟁이 되었다.

울림터, 삶과 투쟁의 시작

1966년 7월 3일 파주에서 태어난 최옥란은 열병을 앓은 뒤 뇌성마비를 갖게 되었다. 초등학교에 입학할 나이가 되었음에도 학교 입학을 거절당하는 등 어려움이 있었지만 배움에 열정이 많았다고 한다. 어머니와 오빠, 동생들과 함께 파주에 살던 그는 배워서 스스로 살아가야겠다는 열망을 가지고 인천의 성린직업재활원에 입소하는 것으로 첫 독립을 시도한다. 당시 그의 나이 18

***

** 최옥란 인터뷰(2001. 12. 3), 다큐멘터리 〈2002~2012 최옥란들〉(장호경, 2012).

1988년 12월 29일 열린 '제1회 울림인의 밤'에 참석한
최옥란 열사(아랫줄 오른쪽에서 두 번째).

세였다. 이후 박성구 신부가 운영하는 작은예수회에 거주하며 검
정고시를 준비해 1986년 중입 검정고시에 합격한다. 1987년에는
광명에 위치한 명휘원에 입소하여 명혜학교 중학교 과정에 등록
했다.

그 시기 한국사회는 요동치고 있었다. 1980년대에 불어닥친
민주화에 대한 열망과 사회 변화의 물결은 최옥란을 비껴가지
않았다. 명혜학교와 성당을 다니던 최옥란은 1987년 청년 장애인
운동 조직 '울림터'에 가입한다. 비슷한 시기 원광대학교 장애인
동아리 활동을 하던 조성남은 장애인 모임 연합체 전국지체부자
유대학생연합이 주최한 집회에서 최옥란을 처음 만났다고 기억
한다.

유언을 만난 세계

당연히 장애문제도 그 시기(1980년대)에 나올 수밖에 없었다고 봐요. 개인의 문제로 바라보던 것들을 사회문제로 자각하기 시작하는. (장애인운동도) 한국사회 일반 대중운동, 학생운동과 궤를 같이하고 있었다고 생각해요. (조성남)

1980년대는 한국 장애인운동의 새로운 전기가 열린 시대였다. 1984년 김순석의 죽음과 이에 항의한 대학정립단 등 청년 학생들의 투쟁, 1980년 광주 민주화운동을 무력으로 진압한 전두환 정권이 '복지국가 구현'이라는 구호를 내걸고 제정한 1981년 심신장애자복지법과 1988년 서울올림픽과 함께 열린 88장애자올림픽은 한국사회가 더 이상 장애문제를 외면할 수 없도록 했다. 특히 1987년 6월항쟁 이후 실시된 대통령 직선제를 앞두고 장애인운동계는 일자리와 복지를 얻기 위해 장애인고용촉진법 제정과 심신장애자복지법 개정을 요구안으로 내걸었다. 88장애자올림픽을 거부하는 움직임과 함께 시작된 양대 법안 제·개정을 둘러싼 싸움은 장애인 대중운동의 씨앗이 되었다. 기존 장애인운동이 정립회관이나 동아리에 가입한 소수 사람들에게만 전파되는 것이었다면, 1987년 이후 장애인운동은 최옥란처럼 접점이 없던 새로운 사람들을 조직할 수 있는 힘을 갖게 되었다. 울림터에서 함께 활동한 김병태는 이때를 장애인 대중운동이 발돋움한 시기로 기억한다.

울림터 초기 사람들은 '밀알'(정립회관 고등부 동아리)이나 이런 곳을 통해서 왔지만 나중에는 대학생이나 일반 직장인들도 활동을 했죠. 그 당시에 도장을 파거나 편집 기술이 있거나 이런 친구들도 나중에 들어왔고, 다양한 경로로 많이 들어왔죠. (김병태)

1988년 4월, 명동성당 앞에서 열린 '장애인 권익촉진 생존권 범국민 결의대회'에 1000여 명의 인파가 모였다. 전국 장애 청년 단체들과 장애인들의 대중적 참여 덕택이었다. 당시 장애인운동은 장애가 사회적 차별로 인해 발생한다는 것을 지적하는 동시에 장애인에 대한 차별과 동정 모두에 반대한다는 점을 명확히 하고 있었다.

지금 우리의 실정은 어떠한가, 과연 손상 입은 자가 불편 없이 이 사회에 살아갈 수 있도록 배려하고 있는가? 아니다. 결코 아니다. 장애인들은 노동 능력을 갖추고 있다 하더라도 취업하기가 어렵고 취업한다 해도 상대적인 저임금과 멸시에 시달린다. 각종 고등교육을 받는데도 많은 규제를 받으며 모든 공공시설은 장애자가 이용하기 어렵게 되어 있다. 게다가 사회의 인식은 낮아 어딜 가나 이상한 동물을 보듯 하는 따가운 눈초리와 배부른 자의 역겨운 동정들뿐, 인간으로 대접받지 못하고 있다.*

이러한 변화는 최옥란에게도 영향을 주었다. 1987년 올림터

유언을 만난 세계

에 가입한 최옥란은 1988년 동생과 함께 연신내시장 인근에 자취방을 얻어 생활하며 본격적으로 활동에 뛰어들었다. 1988년 4월 명동성당 앞에서 열린 '장애인 권익촉진 생존권 범국민 결의대회' 참여를 시작으로 장애자올림픽 거부투쟁과 양대 법안 쟁취투쟁에 함께했다.

> 곧바로 학력고사(준비)를 시작하였다. 하루에 네 시간밖에 잠을 자지 못했다. 그러면서도 장애인 모임(울림터)에 나갔다. 그 모임은 이 땅에서 소외당하고 있는 장애인을 위해 토론도 하고 그것을 위해 행동을 했다. 이 모임에 나가면서 우리나라 복지가 열악하다는 것을 알게 되었다.**

최옥란의 활동은 빠르게 넓고 깊어졌다. 1988년 4월이 첫 집회 참여였지만, 얼마 지나지 않아 7월에 88장애자올림픽 조직위원회 점거 농성 정리집회 대열 앞에 서 구호를 선동했다. 88장애자올림픽이 진행되던 10월 15일에는 명동성당에서 열린 '기만적 올림픽 거부 및 생존권 쟁취를 위한 단식 농성'에 함께했고, 이듬해인 1989년 10월에도 양대 법안 쟁취를 위한 평민당·민주당·공

---

* 기만적인 장애자올림픽 폭로 및 장애인 인권쟁취 결의대회(1988. 10. 9). 서울지역 사회사업·사회복지학과 대표자 협의회, 《장애인문제연구회 울림터 활동기록집 1986~1992년》에서 재인용.
** 〈재판장님께〉(1999), 김용출, 《시대를 울린 여자: 최옥란 평전》, 서울포스트, 2003, 119쪽에서 재인용.

화당 점거 농성에 참여했다.

이후 11월 19일, 최옥란과 정태수 등 7인은 공화당사 강당을 점거하고 열흘간 단식 농성을 벌였다. 이들의 단식 농성은 양대 법안 쟁취를 공화당에 요구하기 위한 행동일 뿐 아니라 장애인 의무고용률 하향 조정에 합의한 '양대 법안 공동대책위원회' 지도부에 대한 강경한 저항 행동이기도 했다. 최옥란은 울림터에서 빠르게 성장했고, 다양한 쟁점에 대한 입장을 확립해갔다.

"뇌성마비의 아픔을 어떻게 표현할까"[*]

1990년 시행된 장애인고용촉진법은 최옥란에게 새로운 고민거리를 안겼다. 장애문제에 대한 인식이 깊어지면서 자신의 장애인 뇌성마비를 위한 새로운 언어와 투쟁이 필요하다고 느낀 것이다. 당시 장애여성을 위한 직업훈련은 수예가 일반적이었지만 최옥란의 떨리는 손은 수예에 적합하지 않았다. 존재는 보이지 않는 만큼 희박해지게 마련이다. 전동휠체어와 엘리베이터가 드물던 시대, 뇌성마비장애인의 언어장애가 지체장애와 동일한 것으로 인식될 만큼 이해가 없던 사회에서 최옥란은 새로운 요구와 싸움이 필요함을 절감했다. 장애해방의 언어를 깨친 최옥란에게 뇌성마비장애인의 문제는 넘어야 할 새로운 산이었다.

---

[*] 〈최옥란의 일기〉(1990. 1. 11), 같은 책 135쪽에서 재인용.

유언을 만난 세계

많은 약속들을 했다. 장애인운동에 있어서 꼭 이루어져야 하고 바로 우리의 인권은 우리가 찾아야 한다고 나는 믿는다. 지금보다 먼 예전보다는 조금은 나아졌다는 생각을 하지만 현실을 볼 땐 그래도 많은 장애인들은 고통받고 있다…… 이 글을 쓰는 나는 뇌성인 여성으로서 주장하는 것은, 나 혼자만의 고민으로 그치기에는 억울하다는 것을 주장하는 바이다. 현재 (장애인)고용촉진법에서 특별히 뇌성인들이 바라볼 만한 희망이 없다는 점이다.**

이러한 고민 속에서 최옥란은 장애인 의무고용률을 축소하려는 움직임에 맞서 민주당사 점거투쟁에 함께하는 등 장애인 노동권을 위한 싸움을 이어간다. 그리고 뇌성마비장애인으로서 품고 있던 고민을 뇌성마비연구회 '바롬'으로 이어간다. 바롬의 창립에 함께한 최옥란은 정작 그 이후의 활동에는 간헐적으로만 결합하게 되는데, 결혼과 임신, 출산 등으로 이전처럼 활동에 참여하기 어려워진다.

본인은 당장 자신의 문제가 해결되지 않으니까 갑갑했던 것 같은데. 본인이 느꼈던 문제를 운동사회가, 그러니까 (최옥란은) 육아나 여성의 문제를 제기했는데 우리가 그걸 충분하게 논의했나? 싶을 때도 있고. (옥란이는) 항상 그래, 형 이건 아

** 〈최옥란의 일기 2〉(1990. 10. 14), 같은 책 146쪽에서 재인용.

니잖아. 싸워야지······ (김병태)

'장애인 청년 활동가' 최옥란은 열심히 싸우는 사람이었다. 당면한 투쟁만을 과제로 삼지 않고 다양한 문제를 조직 내부에 제기하고, 자기 삶의 질문을 가져와 단체 사람들에게 '함께 싸워야 한다'고 제안하기도 했다. 그가 제기한 문제들 중 일부는 조직화하기 어려운 것이었고, 최옥란 스스로도 문제의식을 충분히 다듬지 못한 한계가 분명 있었다. 이런 좌충우돌에는 자신의 경험에서 출발해 장애문제를 인식하고, 운동을 통해 다시 자신의 문제를 해결하고자 했던 최옥란의 갈급함이 담겨 있었다.

문제는 알겠는데 네가 좀 정리를 해서 제의를 하고. 그래야지 네 문제가 받아들여지지. 이렇게 얘기를 했지. 근데 본인으로서는 정리가 안 되는데 (무리한 요구였겠지). (김병태)

1990년 이후 전동휠체어의 보급과 2001년 이동권투쟁, 그리고 활동지원서비스 제도화 투쟁은 뇌성마비장애인을 비롯한 다양한 유형의 장애인들이 직접적인 요구를 전면적으로 걸고 싸우는 조건이 되었다. 투쟁과 생존에 대한 최옥란의 막연한 갈망은 조금 이르게 온 미래였다.

유언을 만난 세계

청계천 노점상 최옥란

최옥란의 결혼생활은 순탄하지 않았다. 1993년 사랑하는 아들을 얻었지만, 1998년 이혼에 이르게 된다. 양육권은 경제적인 능력이 있고 상대적으로 경증의 장애를 가진 남편과 시부모의 손에 넘어간다. 남편을 상대로 양육권 소송을 벌인 끝에 1999년 면접교섭권 확보를 위한 재판에서 약간의 면접시간을 인정받지만, 최옥란에게는 충분치 않았다. 이때부터 최옥란은 아들 준호와 함께 살기 위해 돈을 모으는 것을 중대 목표로 삼는다.

1995년 3월 서초구청 앞에서 분신으로 항거한 노점상 최정환은 "복수해달라, 400만 장애인을 위해서라면 죽어도 좋다"는 유언을 남겼다. 최정환 열사의 분신을 계기로 알려진 장애인의 위태로운 생존과 노점상에 대한 강제적이고 폭력적인 단속은 노점상운동과 장애인운동의 새로운 전환기를 연다. 전국노점상연합회(이하 '전노련')와 전국장애인한가족협회(이하 '전장협')는 장애인 빈민의 현실을 공유하고, 연합기구인 장애인자립추진위원회(이하 '장자추')를 결성한다. 전장협은 1995년 5월 노점 분과를 개설한다. 노점 분과는 "전국의 노점 장애인의 이해와 요구를 대변하고 장애인의 완전한 사회 참여와 평등을 실현하기 위해 노력하며 전장협의 조직 강화를 목표로 활동한다"[*]는 목표를 밝힌다.

자립을 위해선 돈을 벌어야 했고, 돈을 벌기 위해선 일자리가

---

[*] 전국장애인한가족협회, 《전장협활동기록집 '장애해방 그 한길로!'》, 2002.

최옥란 열사와 아들 준호.

필요했다. 활발하던 장애인 대중운동은 1992년 울림터 해산을 거치며 주춤했고, 소련을 비롯한 현실 사회주의 국가의 붕괴로 민중운동 전반이 침체기를 맞는다. 장애인운동 역시 마찬가지였다. 운동은 침체되고, 청년 활동가들의 생계는 막막했다. 장애인 노동조합을 만들겠다는 포부를 갖기도 했지만, 장애인이 고용된 회사는 드물었다.

이런 상황에서 노점을 통해 자립하고, 함께 싸울 진지를 만들어보자는 새로운 전망이 장애인운동에 던져졌다. 조성남을 노점상으로 조직한 박흥수 열사는 "장애인 50명만 제대로 모여서 한

유언을 만난 세계

군데서 생계를 해결하고 매일같이 삶에 대한 고민을 나눌 수 있으면 이게 바로 장애인 혁명을 불러올 거"(조성남)라고 희망했다고 한다. 김종환, 조성남을 비롯한 활동가들은 생계를 위해, 그리고 다른 장애인과 함께 살기 위해 노점상이 되었다. 매일매일 거리에서 자리를 지키는 싸움이 시작되었다.

'가게 앞 막지 마라' 하는 상가 주인이 있었고, 단속반 있었고. 그리고 떴다방(한자리에 머물지 않고 여러 장소를 이동하며 주말이나 장날 등 특정 시기에만 문을 여는 이동형 노점). 주말에 떴다방이 장사하는 자리를 우리가 상시적으로 장사를 하겠다고 자리를 깔아버린 거니까. 가장 다툼이 심했던 건 상가 주인들이었어요. 그다음에 뭐 상가 주인의 민원에 의해서 나오는 그 친구들(단속반). 그리고 이제 토요일 일요일은 그 친구들(떴다방)하고 싸워야 하고. 거의 날마다 싸워야 했죠. (조성남)

1995년 4월, 장자추의 첫 번째 노점 자리는 청계천8가 삼일아파트 13동 앞이었다. 1995년 동서울터미널 앞에 자리를 만들고, 8월에는 동대문 경동시장에 두 자리, 삼일아파트 20동 앞에 스무 자리를 확보해 노점상을 운영했다. 그 한 자리, 한 자리에 삶이 담겼다. 중증장애를 가지고 앵벌이를 하던 이들에게 괜히 땅바닥 기지 말고 같이 좀 먹고살아보자고 이야기할 수 있게 되었다. 장애가 중증인 회원들의 장사 물품을 펴고 걷는 것은 주변 다른 노점상들이 힘을 모아 해결했다. 처음엔 적대적 관계였던 떴다방도 나중엔 회원으로 가입했다.

> 거기에 자리가 스무 개는 넘게 있었을 거예요. 저희가 한 개 지부를 형성했었으니까. 중구 노점상연합회 1지부였거든요 저희가. 그다음에 뭐 2지부 3지부 거기에 떴다방들까지 나중에 흡수하면서 4지부까지 생기고 마장동 지부 있고 이랬는데. 원래 떴다방으로 하던 사람들도 22동부터 평일 장사들을 하기 시작했어요. 우리가 1년 정도 싸우고 나니까 자연스럽게 주말에 장사하다가 눌러앉아버린 거죠. (조성남)

최옥란은 1998년 이혼 후 노점을 시작했다. 이미 다른 노점상들이 함께 싸워 자리를 만들어낸 뒤라 유동인구가 많은 13동에서 20동 사이에는 들어갈 자리가 없었다. 시장 끝에 위치한 24동 앞에서 최옥란은 노점을 시작했다. 주말에는 떴다방이 들어와 장사할 흥이 났지만 평일엔 그저 텅 빈 신생 시장이었다. 장사는 시원찮았다. '이걸로는 안 된다'던 최옥란은 주중에는 주차장, 주말에는 떴다방 트럭이 들어오는 13동 앞 차도에 좌판을 깔았다. 매일 이어질 단속과의 전쟁을 각오하는 일이었다. 주변 회원들은 단속 때문에 곤경에 처한 최옥란을 두고 볼 수 없었다. 최옥란의 자리를 지키는 데 힘을 보탰다. 여러 번 자리를 옮기던 최옥란은 17동 앞에 자리를 잡았다.

당시 청계천은 복원공사를 앞두고 있어 철거와 이전 논의가

유언을 만난 세계

오가는 일촉즉발의 상황이었다. 언제 쫓겨날지 몰라 모두가 불안해했고, 서울시의 제안대로 동대문으로 가야 한다는 사람들과 그래선 안 된다는 사람들로 의견이 갈렸다. 장자추를 함께 구성한 전노련과 전장협은 투쟁 방식에 대해 견해를 달리했다. 노점상을 시작한 최옥란은 지역 투쟁의 현안과 연대에는 소홀했다. 일주일에 하루는 장사를 접고 연대집회니, 구청·시청 투쟁에 참가해야 했던 다른 노점상들은 그런 최옥란을 얄밉게 보았다.

> 악바리였어요. 노점할 때 옥란은. 내가 옥란을 처음 봤을 때 옥란은 굉장히 여린 소녀 같은, 여리게 보이는 친구였는데. 노점하면서부터는 굉장히 독기가 올라 있다고 그럴까요. 자기 생활이 그렇게 (어렵게) 몰리니까 좀 그랬던 것 같아요…… 저는 그 시기가 가장 옥란에게 있어서 마지막 발악이었다고 봐요. 막판에 정말 강하게. 그래서 주위 사람들과 잘 못 어울리고 이랬던 게 있었던 거 같아요. (조성남)

노점 분과는 빈민특위로의 발전을 계획했으나 현실적인 어려움에 직면해 뜻을 이루지 못했다. 1998년 전장협은 노점 분과를 자립사업부로 개편한다. 이후 전장협이 한국DPI와 통합하면서 자립사업부는 사실상 해체된다. 노점 분과, 자립사업부가 꿈꾸었던 장애 빈민 대중 조직화의 꿈은 그렇게 유보된다.

노점상 최옥란은 생존을 위해 기민하게 움직이는 사람이었다. 주변을 돌아보는 여유는 그에게 사치였다. 그저 더 많은 돈을 벌기 위해 노력했다. 막다른 골목에 다다랐던 그의 분투는 안타깝게도 더 나은 상황을 만들지 못했다. 힘에 부치는 노점상 생활이 계속되었다. 무엇보다 2000년 10월 시행된 국민기초생활보장법은 그가 노점상을 포기하게 되는 결정적인 계기가 되었다. 그렇게 최옥란은 기초생활수급자가 되었다.

"이대로는 못 살겠다"

자기가 최저생계비 문제를 제기하겠다, 이걸로는 도저히 살 수 없다, 자기가 이걸 하게끔 도와달라…… 이렇게 만난 게 처음이야. (유의선)

2001년, 최옥란은 지하철 선로를 점거하고 경찰의 저지선을 밀어붙이는 장애인운동의 현장으로 돌아왔다. 기초생활수급자가 된 최옥란은 너무 낮은 최저생계비의 문제를 주변 동료들에게 호소했다. 이 문제를 가지고 함께 싸워야 한다고 여러 동료들에게 이야기하지만 장애인 이동권을 비롯해 첨예한 현안에 쫓기던 장애인운동계는 이 문제를 직접 다루기엔 어려웠다. 2001년 6월 최옥란은 용산구 갈월동 장애인실업자종합지원센터에서 당시 서울지역실업운동연대 사무국장이었던 유의선과 만난다.

IMF 이후 대규모로 발생한 실업은 새로운 빈곤 문제를 운동의 과제로 대두시켰다. 정부 역시 이에 대응하기 위해 1999년 국

유언을 만난 세계

민기초생활보장법(이하 '기초법')을 제정했다. 이전의 생활보호법과 달리 기초법은 나이나 장애 유무와 무관하게 수급 자격을 부여했고, '최저생계비'를 국가가 책임지고 전 국민이 보장받아야 하는 최소한의 생활 수준이라고 공표함으로써 빈곤층에 대한 국가의 책임을 법안으로서는 최초로 선언했다. 기초법은 지금도 여전히 '사회권을 법률에 명시한 최초의 복지제도' 혹은 '김대중 정부의 최대 업적'으로 소환되곤 한다.

당시 실업운동단체들의 서울 지역 연대조직이었던 서울지역실업운동연대는 일자리 문제와 더불어 기초법을 비롯한 복지제도의 문제에 주목하고 있었다. 실업자 상담센터를 운영하며 실업자의 일자리를 연계하기도 했지만, 민간단체로 연결되는 일자리의 종류나 질에는 한계가 있었다. 사람들은 2000년 10월 시행된 기초법에 기대를 걸었지만, 현실에서는 수급에서 탈락했다는 이야기, 너무 낮은 최저생계비 때문에 살기 어렵다는 이야기가 더 많이 들려왔다.

> 실업자상담센터에서 상담을 해보니까 일자리 문제이거나 복지의 문제인데 두 개 다 미흡한 상황인 거지. (그때) 장애인실업자종합지원센터가 서울지역실업운동연대의 참가 단체였고, 수급자 문제는 장애인이동권연대에서 하기 어려우니 같이 움직여달라고 했었던 거지. 그러면 기초법 시행 1년을 맞아서 옥란 언니 사례를 중심으로 최저생계비 현실화 문제를 제기하는 게 필요하겠다(고 생각했지). (유의선)

'해보자'는 의기투합 후 농성에 들어가는 데 6개월이 걸렸다. 기초법이 시행된 이래 처음으로 수급 당사자가 제도의 문제를 제기하는 싸움이었다. 주변 단체들에 농성에 함께하자고 요청하고 참가를 조직했다. 최옥란은 무기한 단식 농성을 비롯해 자신이 할 수 있는 모든 힘을 다해 싸우고 싶다며 의욕을 보였다. 그러나 이를 지원할 수 있는 단체나 활동은 미비했고, 추위가 매서운 겨울이라 중증장애를 갖고 있는 최옥란의 건강이 악화할 수도 있었다. 게다가 농성의 취지에는 동의하지만 그 방식에는 동의할 수 없다는 의견도 있었다. 하지만 무엇보다 최옥란 본인의 의지가 강했고, 기초생활수급자들의 연이은 자살 소식이 전해진 상황이었기에 최저생계비 문제를 거론하는 일을 더 이상 미룰 수는 없었다. 무기한 농성이 아닌 7일간의 농성을 진행한다는 결정 끝에, '생존권 쟁취와 최저생계비 현실화를 위한 농성단'이 2001년 12월 3일 오후 2시 명동성당 앞에서 농성 돌입 기자회견을 열었다.

7일간의 명동성당 농성

김대중 정부의 선전과는 달리, 국민기초생활보장제도는 저소득 빈곤계층 단 한 명의 최저생계도 보장하지 않고 있습니다. 오히려 신자유주의와 정리해고를 정당화하는 기제로 국민기초생활보장제도를 악용하고 있습니다.[*]

유언을 만난 세계

농성단은 너무 낮은 최저생계비의 문제에 대해 집중적으로 제기했다. 김대중 정부가 공언하듯 '빈곤층의 최저생계를 보장하는 제도'로 기초법이 거듭나야 함을 강조하며, ① 지역별·가구 유형별 최저생계비 도입, ② 생계급여의 현실화(추정소득과 부양비 간주제 폐지), ③ 교육·의료·주거급여 현실화라는 구체적인 요구안을 제기했다.

세 가지 요구안의 근거가 된 것은 최옥란의 삶 자체였다. 최옥란의 한 달 총소득은 수급비 28만 6000원, 장애수당 4만 5000원을 합한 총 33만 1000원이었다. 그러나 당시 자료에 따르면 지출해야 하는 비용은 관리비와 전기, 수도세로 한 달에 16만 원, 1주일에 한 번 방문해야 하는 병원에 가기 위한 차비로 월 12만 원(왕복 3만 원), 1년에 두 번 맞아야 하는 근육이완주사가 (의료급여 항목에 해당하지 않아) 회당 80만 원으로, 월로 환산하면 13만 원에 이르는 상황이었다. 이것만 합해도 필요한 최소한의 비용은 41만 원에 이른다. 생활비를 합하면 한 달 30만 원 이상의 적자가 나게 된다고 최옥란은 말했다.

이런 적자를 메우기 위해 간헐적이나마 노점을 하고 싶은 마음도 있었다. 하지만 당시는 이웃 상인의 신고로 주민센터에 노점 운영 사실이 발각되어 수급권을 박탈한다는 통보를 받은 뒤였다. 수급자가 되면 한 푼도 벌어선 안 된다는 것을 알았다.

✿ '생존권 쟁취와 최저생계비 현실화를 위한 농성단' 기자회견 자료, 2001. 12. 3.

저는 청계천 도깨비시장에서 노점을 하면서 생계를 유지해 왔습니다. 그런데 기초법이 시행되면서 정부는 저에게 노점과 수급권 둘 중에 한 가지를 선택하도록 강요했습니다. 저는 의료비 때문에 수급권을 선택하고 노점을 접을 수밖에 없었습니다. 그런데 노점조차도 포기한 저에게 정부는 월 26만 원(생계급여)을 지급했습니다. 처음에는 무엇이 잘못되었다고 생각하고, 시청과 구청 그리고 동사무소를 찾아다녔습니다.*

그렇게 최저생계비 현실화를 위한 농성이 시작되었다. 명동성당 앞에는 텐트를 세울 수 없었다. 깔개 하나를 깔고 이불과 비닐을 덮었다. 12월 명동의 칼바람은 예삿일이 아니다. 명동에서 밤을 그렇게 지새우는 것은 건강은 물론 생명마저 위협하는 일이었다. 유의선은 주변을 수소문해 잘 곳을 마련했다. 밤이 되면 인근에 있던 비전향장기수모임인 '통일 광장' 사무실에 잠시 들어가 눈을 붙였다. 아침이면 일어나 출근 인파를 맞으며 피켓을 들고 서명운동을 진행했다.

농성 3일 차인 12월 5일, 농성단은 광화문 정부종합청사 뒤편에서 열린 파견철폐 공동대책위원회의 수요집회에서 '생존권 쟁취와 최저생계비 현실화를 위한 투쟁대회'를 진행한다. 이후 최옥란은 '한 달 생계비로는 생계가 보장되지 않는다' '현실적인 대책을 마련하라'는 요구와 함께 28만 6000원을 국무총리에게 직접

---

* 최옥란, 〈명동성당 농성을 결의하며〉, 2001. 12. 3.

유언을 만난 세계

반납하기 위해 길을 나선다. 경찰들은 별다른 이유도 없이 길을 막아섰고, 최옥란은 전동스쿠터에서 내려 방패 앞에 누워 항의했다. 결국 28만 6000원은 국무총리에게 반납되지 못한다.

농성 5일 차인 12월 7일, 농성단은 국무총리에게 전하지 못한 28만 6000원을 김원길 보건복지부 장관에게 반납하기 위해 장관의 집으로 향했다. 이날 스무 명의 연대자와 많은 언론이 최옥란과 동행했다. 경찰은 길을 막지 못했다. 최옥란은 장관이 살고 있는 빌라 문 앞에 자신의 급여를 담은 봉투와 '28만 원 가지고 한번 살아보라'고 쓴 쪽지를 내려놓는다.

> 집이 정말 좋았습니다…… 이런 집에 살고 있는 김원길은 우리 같은 사람들에게 28만 원으로 한 달을 살라고 합니다. 김원길이 28만 원을 가지고 한 달을 살 수 있는지 확인할 수 있으면 좋겠습니다.[**]

다음 날인 12월 8일에는 '생존권 쟁취와 민중복지 실현을 위한 결의대회'가 명동성당 입구에서 진행되었고, 12월 10일에는 '지역별·가구 유형별 최저생계 도입을 위한 헌법소송 기자회견'이 진행되었다. 이 헌법 소원(2001헌마849)은 이듬해 최옥란의 사망으로 기각된다.

민중복지연대는 7일간 진행된 최옥란의 농성의 의의를 다음

[**] 최옥란의 농성단 일지에서 발췌, 2001. 12. 7.

과 같이 평가했다.

생산적 복지의 주체적·법적 구현체라 할 수 있는 기초법에
대한 수급자 차원에서의 최초의 직접적인 문제제기였다는
점, 연대한마당의 직접적인 성과물이었다는 점, 각 단체·진
보정당·언론의 집중적인 관심을 이끌어낸 점 등 세 가지로
정리할 수 있겠다. 특히 사회적 관심 집중의 경우는 인간이라
면 노동 능력과 상관없이 인간답게 살아야 한다는 보편적 명
제에 대한 동의를 확인할 수 있는 지점이었다.*

너무 일찍 떠난 사람, 최옥란이 남긴 것들

밤늦은 시간에 갑자기 옛날에 같이 활동하던 친구에게 전화
가 왔어요. 되게 다급한 목소리로 다급하기도 하고 떨리는 목
소리로 란이 누나에게 무슨 일이 있는 것 같다. (김태현)

그동안 고마웠고 애썼다. 늘 같이해주지 못해 미안하다, 이런
얘기를 하고 끊었다는 거예요. (유의선)

---

* 보건복지민중연대 한진, 〈'생존권 쟁취와 최저생계비 현실화를 위한 농성'
을 통해서 본 2002년 민중복지운동의 과제〉, 2002.

유언을 만난 세계

2002년 2월 21일 새벽, 최옥란의 지인들은 다급히 그의 집을 찾았다. 음독을 시도하고 영등포 한강성심병원으로 후송된 그는 기력을 되찾는 듯했으나, 이내 사망했다. 3월 26일의 일이었다.

'유서'라는 파일명으로 남아 있는 몇 장의 노트는 2001년 3월에 작성된 것이다. 처음 이 유서를 보았을 때 2002년을 2001년으로 잘못 표기한 것이 아닐까 생각했지만, 최옥란은 죽기 한 해 전에 이미 자신의 유서를 작성해두고 있었다. 농성에 돌입했던 당시 "처지가 한심스러워 아파트 창밖으로 떨어져 죽고 싶은 생각밖에 안 든다"는 그의 말은 결코 과장이 아니었다. 한 해를 품고 산 유서는 총 네 통이다. '사랑하는 아들' 준호에게, 함께 활동하던 동료들에게, 어머니에게 유서를 남겼고, 김대중 대통령에게 쓴 편지가 그의 마지막 유서다.

김대중 대통령께

이제 내 나이 35세. 우여곡절이 많은 장애인입니다.

당신도 장애인이면서 현재 시행하고 있는 법이 나의 작은 꿈들을 다 잃게 했습니다.

노동도 할 수 없는 장애인이 그나마 거리에서 장사해서 돈을 벌어서 이 세상에서 제일 사랑하는 나의 아들을 찾으려고, 힘이 들어도 참으며 살아왔습니다. 그러나 거리에서 장사도 못하게 하니 이제는 더 살 수 없는 심정입니다. 다시는 저와 같은 동료들 상처받지 않고 살았으면 합니다. 이러한 죽음을 선택한 것은 절망, 좌절. 희망이 없어 선택을 하게 되었습니다.

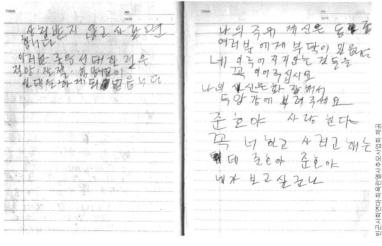

나의 주위 계신 동료 여러분께 부탁이 있습니다.

내 이루어지지 않은 것들을 꼭 이어주십시오.

......

명동성당에서의 농성 후 최옥란은 아들에 대한 양육권을 찾기 위해 골몰했다. 경제력을 입증할 수 있어야 재판에 유리하다는 지인들의 조언에 따라 최옥란은 돈을 빌려 통장에 넣어뒀다. 그런데 그 돈 때문에 수급에서 탈락할 수 있다는 통보를 받자 또다시 좌절한 것으로 보인다. 오랫동안 꿈꾸고 일구어왔던 자립, 독립적이고 존중받는 삶에 대한 강렬한 의지는 2002년 3월 36세의 짧은 생을 일기로 멈추었다.

유언을 만난 세계

그의 치열했던 삶을 기억하는 동료들은 최옥란을 그렇게 보낼 수 없어 가족을 설득해 민중복지장을 치르기로 하고, '최옥란 열사 장례위원회'를 구성한다. 그 과정에서 경찰이 명동성당 앞에서 노제를 치르고 세종문화회관 앞에서 장례를 치른 뒤 장지로 이동하려는 장례위원회와 운구 차량을 아현동과 서울시청 앞에서 폭력적으로 막아서는 사태가 발생한다. 결국 운구차는 일정을 맞추기 위해 장례를 치르지 못한 채 화장터로 향했고, 진보정당과 여성, 노동계를 비롯한 진보단체들은 이에 분노하는 규탄 성명을 발표했다.

살아서도 못 가던 길, 죽어서도 끝내 가지 못한 최옥란 열사의 비애를 우리 살아남은 자가 짊어지고자 한다. 한 줌의 재만 남기고 이 세상을 떠난 최옥란 열사를 기리며 민주노총은 여러 진보적인 사회단체와 힘을 모아 민중복지 쟁취를 위해 힘차게 나아갈 것이다.

—민주노총 성명, 2002. 3. 28.

고 최옥란씨의 죽음은 한 개인의 삶과 죽음을 넘어, 우리 사회의 어두운 그늘을 적나라하게 드러내주는 것이다. 이에 우리는, 정부가 스스로 인간으로서의 최저생계비를 요구하며 스스로 목숨을 던져야 했던 현실에 대한 책임을 통감하고 작금의 불법적인 경찰력 행사를 사과하고 소외된 시민들에 대한 대책을 시급하게 마련할 것을 거듭 촉구하며, 위 요구사항

2002년 3월 28일, 북아현동을 지나는 최옥란 열사의 영구차량을 막아선
경찰과 몸싸움을 벌이는 참가자들.

들을 즉각 이행할 것을 엄중히 요구하는 바이다.

　　　　　　　　　　—민주사회를 위한 변호사모임 송두환 회장, 2002. 4. 3

　　2002년 '생존권 쟁취와 최저생계비 현실화를 위한 농성단'
은 '기초법 개정을 위한 연석회의'로 개편된다. 기초법 개정의 문
제의식은 철거민, 노점상, 홈리스, 장애인운동 등과 함께 반反빈곤
연대운동을 지향하는 상설 연대체 '빈곤철폐를 위한 사회연대'(이
하 '빈곤사회연대') 결성으로 이어진다. 빈곤사회연대는 2004년 3월
강남 도곡동 타워팰리스 앞에서 가난 때문에 세상을 떠난 이들을
추모하는 위령제를 지내며 준비위원회를 발족했다.

유언을 만난 세계

이후 최옥란 열사의 기일인 3월 26일은 장애인에 대한 동정과 시혜로 얼룩진 '장애인의 날'(4월 20일)을 거부하고 '장애인 차별철폐'를 핵심 구호로 하는 '4·20 장애인차별철폐 투쟁'을 선포하는 날이 되었다. 2010년 장애 아동을 둔 한 아버지가 수급 신청이 좌절되자 자살한 사건을 계기로 장애인운동과 반빈곤운동은 부양의무자기준 폐지를 요구하며 다시금 기초법 개정투쟁의 깃발을 올렸다. 2012년 3월 26일 최옥란 열사를 기리는 장애-빈민의 공동투쟁대회가 시작된 이래로 최옥란의 문제의식은 기초법 개정투쟁에 지속적인 동력을 불어넣고 있다.

삶의 모순에 맞선 사람

왜 이렇게 살아야 할까? 건강하였다면 대학교 3학년이 될지도 모르고 직장인이 되었을지도 모르고, 아니면 아이 엄마가 되었을지도 모른다. 지금 내 현실을 사랑할 수가 없다. 좌절밖에는 없다.*

사람이 처음에 태어날 땐 아무것도 모르고 태어나지만 살아가면서 사회를 자각하고 그 자각 속에서 자기의 행동을 정하죠. 보통의 사람은 피해버리지만 최옥란은 직접 몸으로 부딪

---

* 〈최옥란의 일기〉(1987. 5. 18), 《시대를 울린 여자》, 104쪽에서 재인용.

쳤던 사람이다, 그렇게 생각해요. 다른 사람들이 거기에 대해서 동의를 하든 안 하든 비난을 하든 안 하든 간에 본인의 생각대로 적극적으로 움직였다, 그렇게 생각해요. (조성남)

1980년대에 폭발적으로 성장한 운동은 최옥란에게 새로운 언어를 주었다. 자신의 삶을 새롭게 해석할 수 있는 힘을 갖는다는 것은 곧 자기 자신을 둘러싸고 있는 개별 사건과 삶의 모순에 대해 비평적 관점을 갖게 되는 것을 뜻한다. 장애로 인한 차별, 그리고 그로부터 비롯된 가난에 힘겨워하면서도 끊임없이 새로운 삶을 꿈꾸었던 최옥란에게 장애해방운동은 혁명이었다. 장애인운동은 최옥란이 일기장에 끊임없이 고백한 오도 가도 못하는 삶의 답답함을 새롭게 해석하고 발언할 수 있는 창이 되었다.

그때 저희는 거기까지 생각이 미치지 못했어요. 자기가 열심히 노점해서 먹고살면 되지. 왜 수급비 문제를 제기하냐. 그때까지 제 인식 자체도 그랬던 거 같아요…… 그때만 해도 우리가 부양의무제나 가난의 국가 책임에 대해서 이런 식으로 문제를 제기하고 싸우지 않았으니까. 노점을 하든 뭐를 하든 간에 장애인고용촉진법 통과되고 직장에 들어가면 되지, 이런 식의 생각을 많이 해서 아마 같이하지 못하지 않았을까…… 지금 생각하면 참 그렇죠. 그런 문제제기를 벌써 17년 전에 했으니. (조성남)

유언을 만난 세계

2001년 12월 3일, 명동성당 앞에서 생존권 쟁취와
최저생계비 현실화를 요구하며 농성 중인 최옥란 열사.
언론사의 인터뷰에 응하는 중이다.

이르게 온 미래

장애인이자 여성, 도시빈민이라는 조건이 삶의 주도권을 번번이 가로막았지만, 최옥란은 삶에 대한 강한 애착을 가진 사람이었다. 사랑에도, 투쟁에도, 삶에도 헌신적이었던 그의 노력은 결코 허공에 뜬 선언문을 향한 적이 없었다. 자신의 삶을 문제로 제기하고, 제기된 문제를 통해 다시 자기 자신을 발견하는 구체적인 순환이 그의 운동이었다. 이런 노력이 언제나 성공적인 것은 아니었다. 한 푼이라도 더 모아보려는 노력은 이기적인 행동으로 손가락질받기도 했고, 자꾸만 새로운 투쟁 과제를 가져오는 그를 사람들은 어려워하기도 했다. 그러나 기초생활수급비를 비롯한 문제는 그녀가 아니었으면 제기하기 어려운 것이었다. 가장 가난한 이들이 겪는 문제는 장애인이자 여성, 도시빈민인 최옥란을 통해 비로소 '사회문제'가 되었다.

제가 이렇게 명동성당에서 그것도 추운 겨울에 텐트 농성을 결심한 것은 이러한 어처구니없는 현실이 비단 저에게만 해당되는 것이 아니라는 것을 알고서부터입니다. 수많은 수급자가 그리고 차상위 계층이 말도 안 되는 제도 때문에 고통을 받고 있다는 현실은 저에게 한편으로 힘을 갖게 만들었습니다. 제가 무엇을 해야 할지를 명확히 해주었습니다.
국민기초생활보장제도가 정말로 저같이 가난한 사람들의 최저생계를 보장하는 제도로 거듭나기를 희망합니다. 벌써 두 명의 수급권자가 자살을 했다는 얘기를 들었습니다. 더 이상 수급자들이 자살하거나 저같이 자살을 생각하지 않도록 바

유언을 만난 세계

최옥란 열사의 유골을 모셔둔
봉안당에 살아생전 아들 준호와
찍은 사진이 붙어 있다.

꿰었으면 합니다.[*]

최옥란은 결코 현실에 무릎 꿇는 법이 없는 사람이었지만 세
상은 그보다 훨씬 더 견고하고 냉혹했다. 더 이상 기초생활수급자
들이 죽지 않는 세상을 만들기 위해 스스로 거리에 나섰던 그는
바뀐 세상을 마주하기도 전에 세상을 떠났다. 기초생활수급자가
된 이후 수도 없이 죽음을 생각했다는 그가 다른 이들 역시 비슷
한 고통을 겪는다는 현실을 알게 된 후 갖게 된 '힘'이란 무엇이었

---

[*]   최옥란, 〈명동성당 농성을 결의하며〉, 2001. 12. 3.

을까.

때때로 그런 상상을 한다. 2002년보다 더 많은 엘리베이터와 저상버스가 설치되었고, 더 많은 장애여성과 뇌성마비장애인들이 장애인운동의 동료로 있는 오늘로 최옥란이 돌아온다면. 그를 기억하는 사람들로 가득 찬 3월 26일의 광장을 본다면.

항상 그래. 형, 이건 아니잖아. 싸워야지…… (김병태)

"형, 이건 아니잖아. 싸워야지." 최옥란이 생전에 자주 했다는 그 말을 떠올린다. 최옥란이 오늘로 돌아온다면 그는 여전히 세계 곳곳에 남은 차별의 현장에 대해 말할 것이다. 여전히 차별받는 장애인의 현실에 분노할 것이다. 장애여성의 일상이 여전히 얼마나 더 고단한지 따져 물을 것이다.

지금은 혼자 시작하지만 많은 사람들이 함께할 것이라는 그의 믿음은 천천히 우리를 떠밀어왔다. 최옥란을 잊지 않은 사람들로부터 시작되는 변화가, 최옥란이 꿈꾸던 세상으로 우리를 데려갈 것이다.

유언을 만난 세계

유서가 된 죽음

박기연 열사

1959. 5. 25 ~ 2006. 6. 2

박희정 글

살 수 있었던 죽음

그날 한낮의 공기는 32도까지 올랐다. 여름이 살며시 고개를 내밀고 있었다. 하늘은 흐렸다. 더위가 한풀 꺾인 시각, 박기연은 서울 지하철 1호선 간석역 플랫폼 위에 있었다. 오랜 세월 그와 함께해온 낡은 전동휠체어에 여느 때처럼 몸을 맡긴 채였다. 박기연의 마음은 구름보다 두터운 잿빛이었다. 그는 어떤 생각에 잠겨 있었다. 플랫폼에 선 다른 이들처럼 그 또한 전동차를 기다리고 있었지만, 기다림의 이유는 달랐다. 그는 집으로 돌아가거나 누구를 만나러 갈 생각이 없었다. 그가 목적한 행선지는 삶의 끝이었다.

간석역으로 인천행 열차가 미끄러져 들어왔을 때, 그는 일말의 머뭇거림도 없이 선로를 향해 전동휠체어를 움직였다. 단말마의 비명도 없이 48년의 삶이 멈췄다. 2006년 6월 2일의 일이었다.

인천장애인교육권연대는 2005년 7월 장애인 교육권 확보를 위해
인천시 교육감실을 점거했다. 인천시 교육감실 점거 농성 당시 박기연 열사의 모습.

박기연은 혼자서는 신변 처리를 할 수 없는 중증장애인이었
다. 글을 몰랐고, 말조차 그의 것이 아니었다. 그는 언어장애가 심
한 편이었다. 박기연은 고령에 치매까지 앓고 있는 아버지와 단둘
이 살았다. 형제가 있었지만 큰 도움을 기대하긴 어려웠다. 성당
을 통한 자원봉사자나 이웃의 도움을 받았지만, 그 또한 일부에
불과했다. 더구나 사망하기 몇 달 전에는 장 수술을 했고, 몸이 채
낫기도 전에 휠체어에서 떨어져 팔이 부러지는 부상을 입었다.
나이 쉰을 향해가면서 기력이 부쩍 쇠해간다는 느낌도 받았을 것
이다.

월드컵 뉴스의 홍수 속에서 그의 사망 소식을 전한 몇 안되

유언을 만난 세계

는 뉴스들은 '1급 뇌병변장애인' '비관' '자살' 등의 말로 그의 죽음을 요약했다. 이러한 단편적 정보만으로도 어떤 사람들은 그가 세상을 등질만 했다고 재빨리 이해했다. 그들은 장애인의 삶을 이해한 것이 아니라, 장애인이 불쌍하다는 사실을 이해했다. 박기연의 죽음은 세상의 수많은 불운 중 하나에 불과했고, 사유하지 않아도 되는 죽음이었다. 그러므로 안타까워했지만 분노하지 않았다.

그때 어떤 사람들은 슬픔과 분노로 몸을 떨었다. 그들에게 박기연은 그렇게 떠나보내서는 안 되는 사람이었다. 그들은 답을 알면서도 오랜 시간 수없이 같은 질문을 반복했다. 도대체 그가 왜 그랬을까. 왜, 그가 죽어야만 했을까.

박기연은 유서를 남기진 못했지만, 그렇다고 자신의 죽음과 관련해 아무 흔적도 남기지 않은 것은 아니었다. 간석역으로 향하기 전, 박기연은 자신이 활동하던 한국뇌병변장애인인권협회 인천지부(이하 '한뇌협 인천지부') 사무실을 다녀갔다. 오전에 한 번, 오후에 한 번 총 두 번이었다. 오전에 들렀을 때 그는 곁에 있던 이들에게 "너무 힘들다" "오늘 죽으러 간다"는 말을 했다. 사람들은 그저 농담이라고만 생각했다. 그들이 아는 박기연은 삶을 비관하는 사람이 아니었다.

오후에 사무실을 나온 박기연은 아마도 가장 가까운 지하철역인 제물포역으로 향했을 것이다. 그의 집은 차이나타운이 있는 북성동이었다. 집으로 가려면 인천역 방면으로 가야 했지만, 그는 정반대로 갔다. 어째서 제물포역도 인천역도 아닌, 간석역이었을까. 그곳까지 가는 동안 박기연은 수많은 망설임과 결정의 산을 넘었을 것이다. 결코 즉흥적이지 않았을 박기연의 선택을, 남겨진 사람들은 그의 유서로 읽었다.

그들에게 박기연의 죽음은 '어쩔 수 없는 죽음'이 아니라 '살 수 있었던 죽음'이었다. 그를 알던 사람들은 활동지원서비스만 있었다면 그가 결코 자기 목숨을 내던지는 선택을 하지 않았을 것이라 입을 모았다. 앞서도 말했지만, 박기연은 쉽게 비관하는 사람이 아니었다. 생전에 박기연이 투쟁을 통해 간절히 요구했던 것 역시 활동지원제도의 도입이었다.

그의 사후, 박기연의 '유서'를 가슴에 품은 사람들이 하나둘씩 인천시청 앞에 모였다. 50명 가까운 사람들이 노숙 농성을 시작했다. 장애인운동단체들의 강력한 투쟁은 15일간 이어졌다. 결국 인천시는 활동지원서비스 제도화 요구를 수용했고, 인천은 전국에서 가장 먼저 활동지원서비스 시범사업을 실시한 지역이 되었다. 이 투쟁의 성과를 바탕으로 인천장애인차별철폐연대(이하 '인천장차연')가 결성되기에 이른다. 인천 장애인운동의 계절은 봄에서 여름을 향해 달려갔다.

잃어버린 이야기 조각

그에 관해 기록된 기존의 자료들을 통해서 알 수 있었던 것은 대략 이 정도의 사실이었다. 박기연의 죽음을 이해하기 위해 중요한 정보들이지만, 이 문장들이 박기연의 삶과 죽음을 설명하는

유언을 만난 세계

'모든' 것은 아니다. 다시 말해, 우리는 이 몇 가지의 사실들을 출발점으로 삼아 좀 더 세심한 이야기를 해보아야 한다.

활동가로서 박기연의 이력은 2002년부터 시작된다. 박기연은 1959년 5월 25일에 태어났다. 2002년 그의 나이는 마흔넷이었다. 박기연에 관한 기억을 가진 사람을 찾아다녔지만, 2002년 이전의 박기연이 어떠한 삶을 살았는지에 관해서는 많은 이야기를 들을 수 없었다. 가족이나 이웃과 연락이 닿는 데 어려움이 있었기 때문이다.

살아 있었다면 지금쯤 환갑을 넘겼을 박기연은 차이나타운이 있는 인천 북성동 일대에서 오랫동안 살았다. 어린 시절이나 가족관계에 대해 정확히 알려진 것은 거의 없다. 형들도 여럿이었고 누나도 있었다지만, 몇 명인지는 알 수 없다. 그는 막내였다. 그가 48세를 일기로 생을 마감했을 때, 그의 아버지는 아흔을 훌쩍 넘긴 나이였다. 어머니가 살아계실 때는 박기연의 삶도 '괜찮았다'고 한다. 아마 그때는 누나도 함께였던 것 같다. 그러다 어머니가 세상을 떠났고, 누나도 결혼하면서 집을 떠났다. 다른 형제들이 언제 모두 집을 떠났는지 알 수 없지만, 언제부터인가 박기연의 곁에는 치매를 앓는 아버지만 남았다. 몇 번째인지 모를 형 하나가 그나마 자주 찾아왔다고 한다.

가족에 관한 이야기를 짧게라도 들려준 사람 중 하나는 인천장애인교육권연대 김광백 사무국장이었다. 그는 2006년 6월 2일, 일을 마치고 집으로 돌아가던 중 박기연의 누나로부터 전화를 받았다.

"기연이 형이 죽었다고, 병원에 와달라는 전화였어요."

김광백 사무국장은 2003년 가을 무렵부터 박기연과 몇 달간 함께 산 적이 있다. 그때 남겨둔 그의 연락처가 나온 모양이었다. 그렇게 김 사무국장은 박기연의 누나와 몇 차례 이야기를 나누게 된다.

자살이라기보다는 가족들이 잘못해서 죽였다고 이해하고 계셨어요. 누님이 너무나 큰 죄책감을 갖고 계시더라고요. 2년 정도까지 기일을 같이 보냈다가 연락을 더 이상 안 하신 것도, 아마 기억하고 싶지 않았던 게 아니었을까 싶기도 해요. 누님 입장에서는 (아버님도 돌아가시면서) 이곳에 남은 가족이 다 없어진 거니까 굳이 와서 힘든 기억을 살리시는 게…… 부담이 좀 있지 않았을까 싶습니다. (김광백)

장애인의 존엄과 삶의 권리를 고민하지 않는 사회는 가족들에게 모든 돌봄의 짐을 지웠고, 마음에 자책감마저 새겨 넣었다. 그들의 가슴엔 깊고 검은 상처가 패였고, 고통은 오로지 사적인 것이 되어 그 틈 속에 봉인되었다. 그리고 우리는 박기연의 삶을 구성하는 중요한 조각 일부를 맞출 기회를 영영 잃어버리게 되었다. 그렇게 사라졌을 이야기의 조각들은 지금 어디를 헤매고 있을까. 우리는 과연 이 거대한 비극이자 저항의 이야기를 어디까지 더듬어 말할 수 있는 것일까.

유언을 만난 세계

활동의 시작, 성당에서 투쟁의 거리로

인터뷰를 요청할 수 있었던 사람 중에서 박기연과의 가장 오래된 기억을 담고 있는 이는 한뇌협 신영노 인천지부장이었다. 그는 스무 살 무렵 천주교 인천교구 남성 장애인 자조모임 '엠마우스'에서 박기연을 처음 만났다. 지금으로부터 24년 전, 1995년의 일이다.

> 성당에서 한 달에 한 번씩 모임이 있었어요. 그때 내가 어려서인지 웃으며 반겨주셨어요. 저하고 기연이 형이 열일곱 살 차이가 나거든요. 환히 웃으면서 반겨주는 게 인상적이었어요. 더군다나 그 형만 전동휠체어를 탔거든요. 처음에는 친분이 별로 없었는데 그 모임에서 여행을 갔다가 친해졌죠. 저한테는…… 그냥 동네 형.(웃음) 그냥 마음이 갔어요. 이상하게 마음이 갔어요. 아무래도 언어장애가 있으니까 깊은 대화는 못하고, 주로 얘기는 내가 하고 그 형은 보고만 있다가 웃고 그런 정도였죠. (신영노)

엠마우스는 천주교에서 장애인 사목을 목적으로 1981년 창립한 모임이다. 2000년대 이전까지는 엠마우스가 박기연이 세상과 접촉하는 주요한 통로였던 것으로 보인다. 당시 인천의 장애인운동은 관변단체 중심이었다. 진보적 장애인운동이 가시화된 집단으로 형성되고 중증장애인이 장애인운동의 주체로 전면에 등

해안성당의 모습.
활동지원서비스 제도가 없던
시절, 박기연 열사는 해안성당
봉사자들의 도움으로 일상을
영위할 수 있었다.

장한 것은 2000년대부터다. 박기연이 거주한 북성동에는 해안성
당이 있으며, 엠마우스 모임이 이루어지는 답동성당 또한 지근거
리에 있었다. 성당 봉사자들의 도움은 사회적 지원 체계가 지금보
다 훨씬 미비했던 시절 박기연의 삶에 큰 도움이 되었을 것이다.
전동휠체어를 기증받은 일처럼 말이다.

　　그러나 당시 박기연과 같은 중증장애인들이 미사나 성당 활
동에 적극적으로 참여하는 것이 쉬운 일은 아니었던 듯하다. 박기
연이 활동하던 시기인 2002년 9월 엠마우스 회원을 대상으로 이
루어진 한 인터뷰*에 따르면, 당시 성당에서 주관하는 장애인과

　　　　　　　　　　　　　　　　　　　유언을 만난 세계

관련한 프로그램은 대개 방문과 일시적인 도움에 머물렀다. 미사에 적극적으로 참여하는 회원과 그렇지 않은 회원의 수는 비등비등했는데, 참여하지 못하는 이들은 주로 중증장애인들이었다. 미사 외 활동에서도 장애가 심할수록 참여하지 못한다는 응답이 높아졌다. 인천교구 내 성당들에 이들을 위한 편의시설이 잘 갖추어져 있지 않았던 데다가 봉사자도 부족했기 때문이다.

물론 이것은 당시의 전반적인 환경에 관한 이야기에 불과하다. 이 시기 박기연의 생각과 구체적 행적을 알 수 있는 기록이 없으므로, 우리에게 허락된 것은 그저 짐작과 추측일 뿐이다. 그는 삶을 등지기 전까지 성당을 계속 다녔고, 그에게 꾸준한 도움을 주는 천주교 신자들이 있었다. 그것은 따뜻한 관계였을 것이다. 신앙 자체가 그에게 특별한 의미였을지도 모른다. 그런데 언제부터인가 그는 장애를 차별하는 세상의 구조를 인식하기 시작했다. 자신의 삶을 바꾸기 위해서는 늘 듣던 것과는 '다른' 이야기가 필요함을 깨달았다. 성당과 동네 밖 넓은 세상에 촉각을 곤두세우고 변화를 감지했다. 2000년대에 들어 서울을 중심으로 장애인 이동권투쟁이 펼쳐졌을 때, 전동휠체어를 움직여 투쟁의 현장으로 나아간 그의 궤적이 그 사실을 증명한다.

✽ 신대근, 〈천주교 인천교구 엠마우스의 예를 통해 바라본 장애인 사목의 미래〉, 인천가톨릭대학교 대학원 석사논문, 2004.

앞과 뒤를 책임진 사람

2002년을 누군가는 월드컵의 해로 기억하겠지만, 인천 장애인운동사에서 2002년은 장애인운동이 본격적으로 물꼬를 튼 해로 기억된다. 그해 5월 서울지하철 5호선 발산역에서는 중증장애인 윤재봉씨(당시 63세)가 고정형 리프트를 이용하다가 추락하여 사망하는 사건이 발생했다. 서울시는 물론이고 관계 당국 어느 곳 하나 책임지고 나서지 않았다. 장애인이동권연대는 8월 12일부터 국가인권위원회 13층 위원장실을 점거하고 장애인 이동권 보장을 요구하며 단식 농성에 들어갔다.

인천장애인교육권연대 김광백 사무국장은 당시 사회당 학생위원회 소속으로 일일 단식 농성에 참여하기 위해 현장을 찾았다가 박기연을 처음 만난다.

혹시 인천에서 온 분들이 있는지 찾아보니까 박경희씨랑 박기연씨 두 분이 있었어요. 셋이서 밥을 먹으러 가서 이야기를 나눴죠. 지역에서도 이런 거 해보면 어떻겠냐. 버스 타기 같은 거. 박경희씨가 그런 말씀을 하셨고, 저는 학생이었으니까 학생들 중에 같이할 사람 있는지 찾아보겠다고 했죠. (김광백)

그렇게 인천장애인이동권연대를 만들기 위한 준비모임이 시작되었다. 박기연, 박경희, 김광백, 김덕중, 이진흠 등은 '장애인이동권 확보를 위한 100만인 서명운동'을 펼치면서 인천에 있는 장애인들을 모으기 시작했다.

> 그 당시에 김덕중씨가 걷거나 의사소통이 조금 되시는 분이셔서 이분 중심으로 지역 단체들을 만나러 다니셨거든요. 박기연씨는 의사소통이나 이동 지원이 많이 안 되니까 이동권연대 전체회의를 한다든가 서명운동할 때 자리를 지키셨고요. (김광백)

서명운동은 주로 부평역과 주안역, 동인천역의 지하상가와 인하대학교 등에서 오후 2시부터 저녁 9시 정도까지 진행되었다. 상당히 힘든 일정임에도 박기연은 하루도 빠지지 않았다. 당시 인천장애인이동권연대는 연대투쟁을 많이 다녔는데, 박기연은 이동권연대 활동가로서 이주민이나 성소수자 권리투쟁에도 참여했다.

> 투쟁할 때는 늘 제일 앞에 계시고, 제일 늦게 가셨죠. 말은 못하지만 자리를 지켜주는 게 자기 일이라고 생각하신 거 같아요. 자기가 여기 있어야 한다고 생각하시면 그 자리에 망부석처럼 서 계셔요. 당시 콜택시나 이런 것도 없었는데 약속은 되게 잘 지키셨고. (김광백)

활동지원사가 없던 시기이므로 화장실을 가지 않기 위해 물

장애인 거주시설 폐쇄투쟁을 하던 박기연
열사(맨 오른쪽)의 모습.

유언을 만난 세계

이나 음식을 최소한으로 섭취하는 게 습관이 된 그였다. 빼빼 마른 몸으로 휠체어 위에 오래 앉아 있는 것은 고역이었을 것이다. 그러나 박기연은 엠마우스 회원들이나 다른 뇌병변장애인들을 만나 집회 참가를 독려했다. 그런 그가, 한 음절 한 음절에 온 힘을 실어 말해야 하는 그가 그들에게 전해주려고 고심해 선택한 문장이 있었다.

'이건 우리가 해야 되는 일 아니냐.'

박기연에게 이동권투쟁은 '나의 싸움'이었다. 그의 싸움은 시간이 지나면서 교육권과 활동지원서비스 제도화를 요구하는 투쟁으로 확대되었다. 2004년 한뇌협 인천지부 설립 이래 박기연과 투쟁 동지로 지내온 신영노 지부장은 박기연의 투쟁관에 대해 이렇게 말했다.

아무것도 바라지 않고요, 그 삶의 권리를 바라는 거잖아요. 자기 권리를 자기가 찾겠다고. 그 형은 그게 다였어요. 저도 해보니까 알겠더라고요. 우리들이 나와야지만 바뀌어요. 그냥 있으면 안 바뀌어요. 절대 안 바뀌어요. 그 형도 똑같았겠지. 아마 똑같을 거예요. 그렇게 고된 삶을 사느니 투쟁하는 게 낫지. (신영노)

박기연의 활동 당시 그와 만났던 사람들은 그가 활동지원을 받지 못해 신체 관리를 거의 할 수 없는 상태였다고 말한다. 씻지 못한 얼굴엔 각질이 두껍게 쌓였다. 화장실을 가기 힘들어서이기

박기연 열사는 차이나타운 언덕 꼭대기에 있는 자유공원에 올라
자주 시간을 보내곤 했다. 해질녘 자유공원에서 바라본 인천항의 풍경.

도 했지만, 구강 구조에도 문제가 있어서 음식을 잘 먹지 못했다.
사망 몇 달 전 장 수술을 받게 된 것도 제대로 먹지 못해 협착이
왔기 때문이었다. 당시 그가 절실히 투쟁하고 있던 활동지원제도
의 도입은 그에게 '생존권'의 문제였다. 박기연은 모퉁이에 앉아
죽음을 기다리는 대신 삶과 투쟁하기로 마음먹었다.

변화의 바람을 맞으며

박기연은 장애 차별의 높은 벽 앞에 있었지만, 그 벽이 조금

유언을 만난 세계

씩 허물어지는 것 또한 보았다. 인천에서는 2004년 부평구, 남구, 계양구, 연수구 등에서 장애인자립생활센터가 등장하기 시작했다. 2005년 4월 인천장애인교육권연대의 결성은 장애인 의제를 중심으로 한 최초의 광범위한 연대 활동이었으며, 2005년 7~8월에 걸친 인천시교육청 점거투쟁은 당사자 중심의 운동이 본격화되는 계기가 되었다.[*] 박기연은 이전에 전혀 상상해보지 못한 삶의 가능성이 눈앞에 펼쳐지는 것을 보았다. 인천 민들레장애인자립생활센터(이하 '민들레센터') 박길연 소장은 오랫동안 와상장애인의 삶을 살았던 자신의 경험에 비추어 당시 박기연이 가졌을 마음을 조심스레 추측했다.

> 세상으로 나가고자 하는 욕구가 강했을 거라는 생각이 들어요. 바깥세상이 굉장히 궁금한데 이 삶을 살아보지 않은 사람은 그 궁금함이 구체적이지 않아요. 근데 박기연 열사는 다니다보니 좋은 것도 보았고, 다른 사람들하고 술 한잔 곁들일 기회도 생겼어요. 아, 사람은 사회에서 살아야 하는 거구나 생생히 느꼈을 거 같아요. (박길연)

박기연과 함께 살았던 몇 달간 김광백이 경험한 박기연은 독립적이고 활동적인 사람이었다.

---

[*]   인천장애인차별철폐연대, 〈인천장애인차별철폐연대 10년사〉.

같이 살면서 힘든 건 하나도 없었어요. 물론 육체적으로야 도움을 받을 수밖에 없지만, 다른 일로는 피해 안 주기 위해서 고민을 많이 하셨던 거 같아요. 생활비를 내기 위해서 수급비도 잘 관리하셨고. 매사가 철저하셨던 분으로 기억이 나요. 서울에서 오전에 일정이 있다고 하면, 자는 거 씻는 거 다 조절하시면서 일찍 일어나서 옆에 있는 사람 깨워주시기도 하고 그랬죠.

뭔가를 많이 하고 싶어 하셨어요. 외출 준비해드리면 그냥 혼자 가세요. 어딘가로. 한참 안 오시다가 밤늦게 들어오시기도 하고. 혼자 잘 돌아다니시더라고요. 저녁에 혼자서 장도 보시고. 자기 카드 가지고 다니시면서 먹고 싶은 거나 자기 필요한 물건들을 사가지고 오셨죠. 집에 있으면 남한테 피해 주는 게 미안해서 돌아다닌 것도 있지만, 본인이 많은 데를 다니고 싶어 하셨다는 생각이 들어요. 휠체어가 고장 나서 집에 있게되면 답답해하시고 그랬죠. (김광백)

박기연은 늘 신세만 져야 하는 사람으로 머물고 싶지 않았을 것이다. 그리고 더욱 많은 걸 보고 싶고 느끼고 싶었을 것이다. 마지못해 살기보다 어제보다 더 나은 내일을 원했을 것이다. 사람이란 존재가 대개 그러하듯이 말이다. 그는 특별한 일이 없으면 차이나타운이 자리한 언덕 꼭대기에 있는 자유공원에 올라 시간을 보내곤 했다. 분주한 인천항의 풍경이 그에게 무엇을 속삭였을까. 노을 지는 하늘에 어떤 말을 새겼을까. 금빛과 붉은빛으로 빛나는

유언을 만난 세계

거리에서 그는 어떤 향기를 맡았을까.

그의 한마디 말

김광백이 기억하는 박기연은 갈등의 중재자이기도 했다. 2002년부터 2004년까지 활동한 인천장애인이동권연대는 체계가 없었다. 서명운동이 끝나고 나면 매일 회의를 진행했는데, 분위기는 그야말로 '중구난방'이었다. 개성 강한 구성원들 사이에 갈등도 잦았다.

> 이게 맞아 저게 맞아 논쟁하게 되면 기연이 형한테 항상 물어봐요. 이분이 결정하는 걸 따르자. 서로 명시적으로 합의하지 않았지만 암묵적으로 합의되어 있던 거 같아요. 말씀을 자세히 하시는 건 아니지만, 예를 들어 '논리적으로는 광백이 얘기가 맞을 수 있지만 장애인 입장에서 이게 맞는 거 같아', 반대로 '광백이는 장애인이 아니지만은 네 얘기가 맞는 거 같아' 이런 식으로 마지막에 정리를 해주는 역할을 많이 하셨어요. 다른 분들은 자기가 억울한 게 있으면 표현을 몸으로도 하시잖아요. 기연이 형은 그런 적은 없었고. 싸울 때는 잘 지켜봐주세요. 누군가가 이야기하는 걸 끝까지 듣고서는 한마디 하시거든요. '좀 더 생각해보든가' 아니면 '내일 다시 얘기할까?' 이렇게. (김광백)

박기연은 논쟁이 격화되지 않게 하는 방법을 알고 있었다. 모든 이의 말을 끝까지 듣고 내어놓는 그의 마지막 한마디는 '겨우' 나온 말이 아니라 '신중하게' 나온 말이었다. 박기연의 한마디가 동지들에게 심판관 같은 무게를 지녔다는 건, 그가 가진 합리성에 대한 그들의 신뢰를 보여준다. 한뇌협 인천지부 활동을 함께한 신영노 역시 이 점에 동의했다.

2004년 설립된 한뇌협 인천지부는 2005년 여름 인천장애인교육권연대가 교육청 점거 농성에 들어가 있던 도중 조직이 와해될 뻔한 위기를 겪는다. 당시 대표를 맡았던 이가 금전적 문제를 일으켰는데, 문제가 불거지자 조직을 떠나버린 것이다. 장애인운동의 불씨가 활활 타오르기 시작한 와중에 불거진 대표의 부적절한 행위는 인천지부 구성원들의 힘을 뺐다.

제가 사무국장이었거든요. 다시 조직을 꾸리는 과정 속에서 박기연 형이 전 대표한테 딱 한마디 했어요. 다시 돌아오라고. (신영노)

그 말은 '우리의 곁'이 아니라 '옳은 길'로 돌아오라는 뜻이었다. 길이 아닌 길을 가지 말라는 부드럽고도 단호한 당부였다. 박기연은 사람으로서 갖춰야 할 삶의 태도란 무엇인가를 고민하는 사람이었다. 김광백은 그런 박기연의 곁에 그에 대한 호감을 지닌 사람들이 많았다고 이야기한다.

유언을 만난 세계

같이 활동하셨던 분들 중에 유흥비를 벌기 위해 앵벌이를 하신 분도 계셨고, 자기가 이익을 못 얻으면 사람 사이를 이간질하는 분도 계셨고, 그러면서 싸우고 나가신 분도 계시기도 하고. 그런데 기연이 형은 그런 것들과 비껴 있는 분. 우리 안에서 이분은 좀 성자 같은 느낌이 있었던 거 같아요.(웃음) 사람들이 기연이 형에 대해서 긍정적이니까 돌아가신 이후에 그렇게 모여서 투쟁했던 게 아닌가 하는 생각도 들어요. (김광백)

2005년도의 인천 교육권투쟁은 인천 지역 최초의 광범위한 연대투쟁이었을 뿐만 아니라 실질적인 성과도 많이 남겼다. 장애학생을 대상으로 하는 무상급식이 시행되고 방과후 교육활동비 지급, 일반학교 내 특수학급 설치가 가속화되었다. 가시적 성과는 장애인 당사자 단체들에게 투쟁에 대한 자신감을 심어주었다. 또한 이 투쟁을 통해 장애인 부모운동이 결집하고 진보적 시민사회 단체들과 지속적인 연대의 토대가 마련되었다. 이런 성과들이 모여 인천 장애인운동의 뿌리를 이뤘다.*

또한 2005년 4월 인천장애인교육권연대와 함께 '4·20 장애인 차별철폐 인천공동투쟁단'(이하 '인천4·20공투단')도 결성되었다. 장애인자립생활센터를 중심으로 한 인천4·20공투단은 인천시와 싸워 장애인콜택시 도입을 이뤄낸다. 당시 서울에서는 전국장애

---

* 같은 글.

인차별철폐연대를 준비하는 움직임이 시작되고 있었다. 인천의 장애인운동가들도 교육권투쟁으로 형성된 연대를 바탕으로 지역 내에서 탄탄한 네트워크를 꾸릴 방안을 고민하게 되었다. 박기연의 비보가 전해진 건 그 흐름이 한창일 때였다.

우리가 지역사회에서 사는 데 필요한 게 무엇일까 생각해봤을 때 가장 먼저 필요한 건 활동지원이었어요. 그때 서울이 활동지원서비스 제도화 투쟁을 하고 있었지만 굉장히 힘든 투쟁을 하고 있었고, 지역으로 이 투쟁이 확산될 수 있을까 고민도 있었어요. 그런 상황에서 이런 일이 생기면서 다들 화가 났죠. 분노한 거죠. (박길연)

악으로 깡으로 그냥. 저도 3일 있다가 잠깐 집에 갔다 또 가고, 그걸 반복했었거든요. (신영노)

박기연의 죽음은 박기연이 남긴 가장 묵직한 한마디 말이 되었고, 남은 사람들은 '이렇게 당신을 보낼 수 없다'는 외침으로 그의 말에 화답했다. 결집된 분노는 많은 것을 바꾸었다. 그러나 누군가의 희생을 밑거름 삼은 변화라는 사실 앞에서 마음 편히 웃을 수 있는 사람은 없었다.

유언을 만난 세계

박기연 이후의 박기연들

박기연의 죽음으로 활동지원서비스가 도입된 이후 인천에서는 2014년 11월부터 '하루 24시간 활동지원서비스 시범사업'이 실시된다. 마흔둘의 척수장애인 권오진은 이 시범사업의 첫 대상자 셋 중 한 명이었다.

권오진은 스물여섯에 뺑소니 교통사고로 경추손상을 입고 목 아래로는 움직일 수 없는 몸이 되었다. 사고 후 여섯 해를 집에서 보내던 그는 2002년 '꽃동네'에 입소했다. 난생처음 접하는 세상이 낯설고 힘들었지만 있을 만하다고는 생각했다. 그러나 직원들의 인권침해가 날로 심해졌다. 시정을 요구해도 바뀌는 게 없자 탈시설을 결심한다. 2011년 민들레센터를 통해 체험홈에 들어간 권오진은 2014년 임대아파트를 얻어 혼자 생활하게 된다. 몸은 불편했지만 자유로웠다고, 권오진은 그때의 마음을 글로 적었다.[*]

24시간 활동지원이 가능해지자 그의 자립생활은 꿈이 아닌 현실에 안착하는 듯 보였다. 그러나 희망찬 기대는 얼마 되지 않아 벽에 부딪혔다. 박근혜 정부가 2015년 9월 '지방자치단체 사회보장사업 정비 지침'을 내리고 정부와 지자체 복지사업 중 '유사·중복 사업'을 통폐합하도록 한 것이다. 지침이 내려오고 5개월 뒤 24시간 활동지원이 끊겼다. 권오진의 건강에는 빠르게 적신호

---

[*] 허현덕, 〈장애등급제 '진짜' 폐지 농성장에서, 1년 전 죽은 권오진을 추모하다〉, 《비마이너》, 2019. 6. 18.

가 켜졌다. 욕창이 심각해진 그는 2018년 6월 17일 패혈증으로 사망한다.

권오진의 사망 후 터져 나온 장애인단체들의 거센 분노의 목소리에 인천시는 2018년 말 부랴부랴 24시간 활동지원을 재개했다.

2018년 4·20('장애인차별철폐의 날') 때 인천시와 간담회를 하면서 이분에 대해서 정말 이야기를 강하게 했거든요. 정말 위험한 상황이다, 그러니 올해 안으로 당장 재개해라. 그동안 장애인분들이 이러저러한 이유로 많이 사망했고, 특히 활동지원 시간이 부족해서 많이 사망했어요. 더구나 우리가 같이 생활하던 사람이 가니까 이게 너무 큰 상처로 오는 거예요. (박길연)

권오진의 자립 과정에 함께한 민들레센터의 박길연 소장은 이 일로 활동도 그만두고 싶을 만큼 깊은 고통을 느꼈다.

못 견디겠더라고요. 살 수 있었는데 살지 못한 이유가 있고, 우리는 그걸 인지하고 있었는데 왜 끝까지 싸워내지 못했을까. 굉장히 죄책감이 들었어요. 당연한 지원이 누군가가 죽음으로 인해서만 가능하다는 게…… 그랬을 때만 지자체와 정부가 조금 시늉을 하고 만다는 게…… 너무나…… 화가 나고. 이런 현실을 어떻게 풀어나갈 수 있을까가 활동가들의 과제

유언을 만난 세계

인 거 같아요. (박길연)

2018년 인천 지역에서 실태조사로 파악된 24시간 활동지원 필요 인원은 100명. 그러나 현재 이용 가능 인원은 10명에 불과하다. 인천시는 점차적으로 서비스 대상자를 늘리겠다고 약속했지만, 당장 서비스가 필요한 이들에게 하루는 1년보다 길다. 박기연의 사후 15년, 중증장애인의 인간다운 삶을 보장하는 권리 찾기는 여전히 산적한 문제와 씨름하고 있다.

이런 현실에서 열사를 기억한다는 건 무엇을 의미할까. 희생을 밑거름 삼아야 움직이는 현실을 재확인하는 일에 그치는 것은 아닐까. 혹은 우리가 좀 더 나은 삶을 살게 되었다는 것에 대한 고마움과 부채감을 되새기는 연례행사인 것일까. 둘 중 무엇이든 너무도 잔혹한 이야기가 될 것이다. 김광백의 기억 속에 남겨진 박기연의 이야기로 돌아가보자.

그를 기억하는 이유

한번은 기연이 형이 리프트를 타는 과정에서 역무원이 반말을 했거든요. 그래서 막 싸우고 있는데 기연이 형이 그냥 가시는 거예요. 나는 너무 화가 났는데. 나중에 왜 그냥 가셨냐고 따졌거든요. 근데 싸워서 뭐 하냐고. 너는 싸우면 끝나는 사람이지만 자기는 계속 만나야 될 사람이라고. 나중에 도움

받아야 될 때 불편함이 있으니까 아주 심하게 나를 모욕한 게 아니면 그 정도는 괜찮다고 그러시더라고요. 역무원이 늦게 나오거나 불친절하면 생명에 지장을 주는 거잖아요. (김광백)

김광백은 박기연과 함께한 인천장애인이동권연대 활동을 통해 장애인운동을 시작했다. 학생운동을 했지만 장애인운동은 완전히 다른 세계였다. 그가 알고 있던 운동의 문법과도 달랐지만, 무엇보다 그를 부끄럽게 했던 것은 자신이 장애인의 삶을 너무나 모른 채 운동을 하고 있다는 깨달음이었다. 그는 장애인운동에 제대로 기여할 수 있는 사람이 되기 위해선 공부가 필요하다고 느꼈다. 현실을 정확히 인식하고 바꿀 힘을 손에 넣고 싶었다.

저는 기연이 형과 함께 시간을 보내지 않았다면, 좀 오만했을 거 같아요. 기연이 형과 함께 살다가 나왔을 때, 자존감이 바닥을 찍었거든요. 앞으로 어떻게 살아야 하지? 내가 운동을 한다고 스스로에게나 다른 사람에게 얘기할 수 있을까? 그래서 저는 힘들 때 기연이 형 생각 많이 해요. 제가 아무것도 하지 못했던 상황을 다시 만들면 안 되니까. 지금도 기연이 형에 대한 부채 의식이 크게 남아 있어요. 저는 기연이 형이 제게 숙제를 내준다고 생각하거든요. 해마다 6월이 되면 어떤 숙제를 내줬을까 고민해요. 현재 장애인운동에서 가져야 할 고민이 뭘까를 생각하는 거죠. (김광백)

유언을 만난 세계

어떤 이가 죽어서도 이곳에 머무른다는 것은 어떻게 가능할까. 그가 우리 곁에서 살아간다고 말하려면, 우리는 삶이 무엇인가에 관해 답할 수 있어야 한다. 인간의 삶은 관계를 통해 확인된다. 상호작용 속에서 서로가 쉼 없이 변화하고 있을 때, 우리는 살아 있다고 말할 수 있다. 박기연은 김광백의 추억 속에 박제되어 있지 않고, 그의 현실 속에서 함께 변화한다. 박기연은 매년 다른 말을 김광백에게 걸어온다.

민들레센터 박길연 소장에게는 열사의 존재를 환기한다는 것이 중증장애인의 존엄한 삶을 보장하기 위해 지금 무엇이 더 필요한가라는 질문으로 다가온다.

박기연 열사님이 활동지원서비스의 제도화, 오직 이것만을 원했을까요. 아닐 거예요. 중증장애인이 지역사회에서 통합해서 사회 일원으로 살아가기 위해 그때 그게 가장 먼저 필요했던 거지, 그거 하나만은 아니었을 거라는 거죠. (박길연)

사회운동은 차별과 억압이 사라진 상태를 지향한다. 하지만 우리는 그런 상태에 쉽게 도달할 수 없을뿐더러, 차별이 사라진 사회가 어떠한 모습을 하고 있는지도 모른다. 다시 말해, 해방은 도래하는 것이 아니라 매일 새로운 이야기를 써나가는 것이다. 인간다운 삶을 위한 구체적인 권리 목록을 채우고, 그것을 하나씩 실현 가능한 것으로 만드는 것. 관성에 익숙해지지 않고 잠시 멈춰 사유할 시간과 공간을 만드는 것. 그것이 열사를 기억하는 일의 중요한 의미 하나가 아닐까.

그는 정말 말할 수 없었을까

박기연 열사를 기록하는 과정에서 그의 가족을 만나지 못한 게 아쉬웠지만, 다른 한편으로는 가족을 만난다고 해서 좀 더 풍성한 이야기를 들을 수 있을까 하는 회의가 들기도 했다. 그를 한 인간으로 이해하고 평하는 일은, 가족이라서 더 어려운 일이 될 수도 있다. 그가 자신의 이야기를 조금이라도 남길 수 있었다면 얼마나 좋았을까. 그것이 과연 불가능하기만 한 일이었을까.

북미와 유럽에서는 AACAugmentative and Alternative Communication라고 불리는 보완대체의사소통법이 이미 30년 전부터 도입되었어요. 세 명의 전문가가 협업을 해서 그 사람에게 딱 맞는 의사소통 중재법을 맞춰주는 거죠. 당신은 기계를 쓰세요. 당신은 그림카드를 쓰는 게 가장 좋을 거 같습니다. 그 수단을 이 사람이 완전히 이해하고 숙달할 때까지 알려주고 종료하는 거예요. 그 과정이 6개월에서 어떤 사람은 1년도 걸려요. 초반에는 전문가들이 개별적으로 활동하다보니까 장애인들이 문을 두드릴 데가 없었어요. 그래서 의사소통권리지원센터를 만들었어요. 방문해서 지도를 받는 곳도 있고, 온라인으로 신청하면 방문해주는 곳도 있고. 우리나라는 이런 곳이 전혀 없

유언을 만난 세계

는 거예요. (최명신)

한뇌협 최명신 사무처장의 말에 따르면, 한국의 중증 뇌병변 언어장애인들은 말할 수 없는 사람이 아니라 적절한 소통의 방법을 아직 찾지 못한 사람일 뿐이다. 한뇌협이 수년 전부터 중앙정부와 지자체를 상대로 뇌병변 언어장애인의 의사소통권리 보장 체계를 강력히 요구해온 이유다.

뇌성마비만 해도 장애 유형이 200가지가 넘어요. 각기 다른 의사소통 방법이 나오죠. 몸짓이 안 되는 사람도 있어요. 몸짓조차 안 돼도 옆에 오래 있었던 사람은 알죠. 대개 부모님은 어릴 때부터 일상생활의 문제를 다 체크해오니까 알아요. 그런데 지역사회로 나오게 되면 이 사람을 알 수 있는 사람이 전혀 없어요. 의사소통의 권리가 주어지지 않으면 과연 개별적 삶에 관한 접근이 가능할까요. (최명신)

캐나다의 경우 의사소통 접근법을 모든 유형의 장애인들이 사회 환경에 접근할 수 있는 보편적 권리보장법 안에 포함시키고 있다. 서울시는 2019년 9월 보도자료를 내고 2020년 의사소통증진센터를 건립하겠다고 홍보했으나 실제 예산은 전액 삭감했다.*

---

* 강혜민, 〈'뇌병변장애인 지원 마스터플랜' 대대적으로 홍보해놓고 예산 반영 안 한 서울시〉, 《비마이너》, 2019. 10. 8.

같은 해 장애인단체들의 투쟁으로 서울시장애인의사소통권리증진센터가 개소했다.

> 활동지원사가 한 사람의 의사소통 체계를 배우는 데 보통 1년 이상 걸려요. 활동지원을 몇 달 하다가 관둬버리는 상황에서는 의사소통 조력도 안 되는 거죠. 지역에 있는 복지관에 좋은 프로그램이 있어도 참여할 수가 없죠. 의사소통 조력 없이는 건강 문제를 소통할 방법도 없어요. 병원에 가보면 이 사람을 진단할 기계도 별로 없고, 의사들마저도 이 사람 의견을 듣지 않아요. 그러니 아프면 활동지원사들이 약국에 가서 약만 먹여버리는 정도에 그쳐요. 사회 참여를 포함한 삶의 모든 행위들에서, 결국 이런 접근의 문제가 중요하죠. (최명신)

한뇌협은 뇌병변 언어장애인들에게 신체활동을 조력하는 활동지원사뿐만 아니라 의사소통을 전담하는 전문 조력자가 별도로 있어야 한다고 주장하고 있다. 그러나 이런 부분은 기존의 활동지원서비스 체계에서 '중복 지원'으로 읽힐 뿐이다.

'박기연의 숙제'를 되새기며

2019년 인천에서는 중증장애인의 모·부성권 보장과 관련해 주목할 만한 진전이 이루어졌다. 인천시가 2020년부터 지역에 거

2006년 6월, 박기연 열사 장례투쟁에 참가한 사람들이
열사가 돌아가신 간석역에서 인천시청까지 행진하고 있다.

주하는 한 중증장애인 부부에게 하루에 12시간씩 육아지원서비스를 제공하기로 약속한 것이다. 5살 비장애인 아이를 양육하고 있는 이 부부는 모두 24시간 활동지원이 필요한 중증장애인이다. 두 사람은 각기 다른 시설에서 살다 민들레센터를 통해 탈시설하고 부부가 되었다.

아빠는 뇌병변장애인에 청각과 언어장애를 같이 가지고 있고, 아직까지 한글 수어를 다 깨우치지 못한 상태예요. 엄마는 뇌병변장애와 발달장애를 같이 가지고 있고, 척추측만으로 수술해서 양쪽에 쇠가 여섯 개씩 열두 개가 들어가 있어요. 앉아 있는 것조차 어렵고, 혼자 식사하는 게 안 돼요. 장애인활동지원법에서는 아이가 만 6세까지만 엄마 아빠의 활동지원사님이 양육서비스를 제공할 수 있어요. 그런데 아이를 키운다고 해서 별도의 양육수당을 받는 건 아니에요. 만약 활동지원사가 만 6세 지나서 '이제 나는 아이 못 봐요' 하면 이용자(장애인)는 권리로서의 서비스를 더는 받을 수 없는 거죠. 만약 아이를 봐준다고 해도 '내가 이거 원래 안 해주는 건데 해주는 거야' 하면 활동지원사가 이용자와의 관계에서 '갑'이 되는 거예요. (박길연)

인천장차연이 인천시청 점거 농성에 들어가기 전, 이들 부부가 받을 수 있는 것이라곤 하루에 두 시간꼴로 제공되는 정부의 아이돌봄서비스밖에 없었다. 또한 부부가 모두 중증장애를 가졌음에도 불구하고 한쪽은 기준 점수에 못 미쳐 최중증장애인 활동지원사에게 주는 가산수당(당시 시간당 1000원)이 지급되지 않고 있었다. 양육에 대한 책임은 부부 두 사람에게 있는데 한쪽은 가산수당을 받고, 한쪽은 못 받는 일이 발생한 것이다. 이런 문제라도 해소하고자 민들레센터는 2019년 센터 차원에서 다른 한쪽에도 가산수당을 지원해 양육수당을 대신했다. 그러나 중증장애 부부의 모·부성권을 활동지원서비스 안에서 풀어낼지, 별도의 양육서비스를 요구해야 할지에 대한 고민은 계속되고 있다.

유언을 만난 세계

제도가 마련되지 않으면 아이를 갖고 싶은 중증장애인들에게 결정의 기회마저 박탈될 수 있어요. 기존의 아이가 있는 사람들이 제대로 육아를 할 수도 없고요. 활동지원서비스는 정부가 예산에 맞춰서 주는 게 아니라 필요한 사람들에게 필요한 만큼의 지원을 해야 해요. 그걸 목표로 단계적인 계획을 가져가야 되는 거죠. 언제나 예산에 맞춰서 서비스를 받는 구조로 가면 계속 이런 상황은 생길 수밖에 없는 거예요. (박길연)

문제는 무엇을 얼마만큼 더 얻을 것이냐가 아니다. 장애인의 권리를 바라보는 시스템의 근본적 변화를 추동해내는 것이 핵심이다. 인천장애인교육권연대 김광백 사무국장이 최근 가장 고민하고 있는 '박기연의 숙제' 역시 바로 이것이다.

장애인단체들끼리 모여서 의제를 가지고 좀 더 싸워야 되는 게 아닌가 하는 생각이 있어요. 투쟁할 게 한두 가지가 아닌데 기관들이 너무 바빠요. 사업하느라고. 자립생활센터들도 행정일 하느라고 바쁘고 체험홈 운영하느라고 바쁘고. 활동이 개별화되어 있는 거죠. 옛날엔 만나서 이념적으로 서로 싸워보기도 하고, 이런 거 해볼까 저런 거 해볼까 고민도 나누고, 피켓 같은 거 같이 만들면서 고충이 뭔지도 나누는데, 이제는 그런 걸 하기 힘들죠.
그때보다 단체들이 커졌지만 집회에 나오는 수를 보면 오히려 적어요. 열정도 떨어졌고. 저는 우리가 열사를 잊어버리기도 했지만, 열사의 존재 이유도 잊어버렸다고 생각해요. 그 이유를 다시 찾아내야 하는 게 아닌가 싶어요. 박기연 열사를 기억한다면, 그때에 우리가 왜 모였을까를 다시 생각해보면 좋을 거 같아요. 2006년에 이분이 돌아가시고 우리가 모여서 고생하고 투쟁도 했어요. 조직도 만들었죠. 조직을 왜 만들었을까요. 뭔가 해보려고 만든 거잖아요. 지금보다 나아지도록. (김광백)

민들레센터 역시 사업이 많아지면서 활동가들이 실무에 파묻히는 현실에서 자유롭지 못하다. 주말도 연휴도 없이 일하느라 박길연 소장은 2019년 9월 활동을 할 수 없을 만큼 건강이 악화되기도 했다. 쉽게 답을 내릴 수 없는 문제다. 그러나 중요한 싸움이 있으면 모든 것을 내려놓고 간다는 원칙만은 분명하다.

우리가 지금 만들어진 법제도만 가지고 적용해서 활동한다면 장애인들의 삶은 변화가 없을 거예요. 특히 중증장애인들은 우리 사회의 구성원이 될 수 없어요. 스스로 활동가라고 했을 때는 지금 존재하는 이 법제도 안에서 활동하는 게 아니라, 여전히 많은 사람들을 사회구성원으로 들어올 수 없게 하는 이 제도를 바꾸는 활동을 같이해야만 하는 거죠. 그게 단체를 만든 목적에 부합하는 게 아니냐는 생각이 들어요. (박길연)

유언을 만난 세계

박기연의 사후에 던져진 그의 숙제는 그간 장애인운동이 일구어온 투쟁의 성과를 증명하는 것이기도 하다. 많은 것들이 바뀌면서 관성화되는 영역들도 늘어났다. 그럴 때 위기를 느끼고 가야 할 방향을 새롭게 탐지하는 예민한 촉수가 발동한다면, 그 역시 투쟁을 통해 벼려진 것이리라. 열사의 삶을 환기한다는 것은 우리의 투쟁이 역사를 가지고 있음을 확인하는 일이기도 하다. 또한 그것은 우리가 쌓아온 투쟁과 경험이 우리의 앞길을 비출 것임을 믿는 일이기도 하다. 박기연이 지금 살아 있었다면, 그의 휠체어는 어느 곳을 향해 나아갔을까. 그가 망부석처럼 버티고 앉아 지키고자 했을 것은 과연 무엇이었을까.

옆에도 뒤에도
항상 그가 있었네

우동민 열사

1968. 10. 24 ~ 2011. 1. 2

홍세미 글

바닥에서 흐른 시간

우동민은 종로구 숭인동에서 태어났다. 발붙이고 살 땅 한 평 없는 피난민과 이주민들이 낙산 꼭대기에 마을을 이루고 사는 달동네였다. 그의 부모는 혼인 후 마을 초입에서 작은 점방을 하는 형님네와 함께 살았다. 아랫동네에서 소주나 빵을 10원에 사 와 12원에 파는 식의 조그마한 가게였고 안쪽 모서릿방에 부부가 살았다. 날림으로 지은 집에는 수도가 없어 공동수도에서 한 통에 2원을 주고 물을 길어다 생활했다. 당시 아버지는 일을 찾지 못해 형님을 돕고 있었는데 형님네도 형편이 어려워 부부를 제대로 살피지 못했다. 동민을 임신한 엄마는 시래기를 주워다 삶아 먹었고, 이마저도 없어 굶는 날이 많았다.

1968년 10월 24일 앙상하게 마른 엄마는 작은 사내아이를 낳았다. 동민은 젖을 잘 빨지 못해 또래보다 한참 작았다. 돌이 지나도 목을 이기지 못해 휘청였고, 옹알이는 말이 되지 못했다. 어렵게 찾아간 한의원에서 의사는 엄마가 굶어서 아이가 뱃속에서 병을 얻었다고 했다. 엄마는 스스로를 탓했다. 동민에 이어 여자아이 둘과 남자아이 한 명이 더 태어났다. 연이은 출산에 제대로 먹지 못한 엄마는 폐결핵에 걸리고 만다. 밤에 기침이 나오면 엄마는 주인집 눈치가 보여 입을 틀어막고 집을 나와 골목 구석에서 마른기침과 피를 토했다.

동민 아버지는 가구점에서 장롱 배달하는 일을 했다. 혼자 벌어 여섯 식구를 먹여야 했으니 살림은 쉬이 펴지지 않았다. 그 시절 동민의 가족은 나들이나 외식 같은 걸 해본 적이 없다. 아버지 월급날에 집에서 삼겹살을 구워 먹은 게 특식이라면 특식인데, 그마저도 동민이가 여남은 살이 넘어서 해본 일이었다. 식구들이 함께 외출해야 할 때가 드물게 있었는데 엄마는 어린 동생들이 아니라 걷지 못하는 동민을 업어야 했다. 부모는 작은 아이에게 장애가 있었더라면 큰아이가 도왔을 텐데 하필 맏이가 이렇다고 작게 한탄했다. 동민의 외출은 막내가 태어나자 거의 사라졌다.

동민의 가족은 동대문에서 면목동으로, 또 신길동에서 구로로 열댓 번이 넘게 집을 옮겨야 했다. 아이가 넷이면 세를 잘 주지 않아 둘이라고 속여 들어갔다 쫓겨난 적도 있었다. 단칸방이 아니었던 적이 없어 가족은 좁은 방이 불편하다고 생각해본 적이 없었다. 부모는 네 아이가 굶지 않는 것에 안도했다. 동민과 동생들은 작은 방에 옹기종기 엉켜서 놀았다. 별다른 장난감이 없어 바닥을 기며 서로가 장난감이 되어주곤 했는데, 동민은 항상 동생들의 장

　　　　　　　　　　　　　유언을 만난 세계

난을 몸으로 받아주었다. 동생들에게는 어떤 잘못도 받아주는 너그러운 형이고 오빠였다. 한 무리가 되어 놀던 동생들은 여덟 살이 되자 하나둘 국민학교에 들어갔다. 부모는 집 밖의 동민을 상상해보지 못했다. 동민의 장애는 부모 탓이라고 생각했으므로 동민의 삶은 자신들의 책임이었다. 재우고 입히고 굶기지 않는 것이 부모에게는 최선이었다. 동민은 학교에 다녀본 적이 없다.

동생들은 학년이 올라갈수록 학교에 머무는 시간이 길어졌고, 동민이 혼자 보내야 하는 시간은 늘어났다. 동민은 아침, 점심, 저녁 내내 주구장창 라디오를 틀었다. 동민의 하루는 라디오 프로그램과 함께 흘렀고 세상은 소리로 전달되었다. 스무 살 무렵부터는 이어폰을 끼고 라디오를 들었다. 남동생에게 형은 옆으로 누워 이어폰을 끼고 라디오를 듣고 있는 모습으로 남아 있다.

동민은 동생들이 보던 한글 공부 책을 장난감 삼아 뒤적였다. 온종일 혼자 '가'를 그리다가 좀 익숙해지면 '나'를 그렸고 꽤 오랜 시간이 걸려 '우' '동' '민' 세 글자를 쓰게 되었다. 한글은 그리는 수준으로밖에 익히지 못했다. 아버지는 동민의 무료한 시간을 조금이나마 달래주기 위해 쉬는 날이면 장기를 가르쳤다. 동민의 장기 실력은 나날이 늘어 남동생이 동민을 장기로 이겨본 적이 없을 정도로 발전했다.

안에서 바라본 바깥

동민이 열아홉이 되었을 때 가족들은 방 두 칸짜리 집으로 이사를 갔다. 새로 지은 복도식 아파트였다. 동민과 남동생이 같이 쓰는 방 한쪽에는 개킨 이부자리와 라디오가, 남동생 책상 옆으로는 작은 창이 하나 있었다. 동생이 등교하면 동민은 팔로 의자를 딛고 올라가 책상 위에 앉았다. 창 너머가 보이는 높이였다. 동민은 책상에 앉아 라디오를 들으며 지나가는 사람들과 자동차를 구경했다.

다리에 힘을 줄 수 없던 동민은 팔 힘을 이용해 집 안을 기어다녔다. 다리가 바닥에 쓸려 무릎에 염증을 달고 살았는데 어떨 때는 주먹만 한 혹이 나기도 했다. 동민이 문밖을 나갈 일은 거의 없었다. 동민은 방 안에 있다가 기어서 화장실에 가거나 거실에 나갔다. 현관문은 주로 아침과 저녁에, 동생들이 학교에 갈 때, 아버지가 출근할 때, 어머니가 장 보러 갈 때 열렸다. 동민의 시선이 닿는 바깥은 앞 건물에 가려진 좁은 하늘뿐이었다.

동민이 스물한 살이 된 어느 날, 외출하고 돌아온 엄마는 방 안에 있어야 할 동민이 없어졌음을 알았다. 가족들은 놀란 마음에 집 안팎을 뒤졌고 15층에서 난간을 붙들고 서 있던 동민을 발견했다. 동민은 복도 난간을 붙잡고 자신이 살던 7층에서 아파트 꼭대기 층까지 올라갔다. 동민이 언제부터 현관문을 열고 나갔는지 가족들은 알지 못했다. 첫날은 7층 계단 앞까지 갔을 테고, 어느 날은 계단 난간을 붙들고 한 층 오르는 데 성공했을 것이다. 10층,

12층, 하루하루가 쌓여 도착했던 15층에서 동민은 바깥을 오래도록 바라보았다.

가족에게 외출을 들킨 이후 동민은 현관문을 열 때 더는 눈치를 보지 않았다. 아파트 단지 한 바퀴를 도는 데 보통 20분 정도가 걸렸지만, 목발로 앞을 짚어가며 걷는 동민은 세 시간이 걸렸다. 계속 비틀거렸고 자주 넘어졌지만 걷는 연습을 쉬지 않았다.

동민이 스물세 살이 된 1990년 겨울, 옆집 아주머니가 어머니에게 동민을 시설에 보내는 게 어떻겠냐고 말했다. 장애인들을 모아 공부시키고 기술을 가르쳐주는 곳이라며 안산에 있던 '명휘원'을 소개했다. 부모는 동민이 기술을 배우면 좋을 거라고 판단했다. 시설에 보내는 것이 동민을 위한 일이라고 생각했다. 동민은 처음으로 서울을 벗어나게 되었다.

동민의 낮과 밤

명휘원은 원래 장애남성에게는 목공과 전자를, 장애여성에게는 양재와 편물 과목을 가르치는 경증장애인 직업학교였다. '건설적이고 생산적인 직업인 육성'이라는 원대한 비전을 품었으나 현실에서 원생들은 기술을 배워도 직업인이 되기 힘들었다. 명휘원은 1990년 광명시에서 안산 남쪽 끝자락으로 시설을 이전하며 직업학교가 아닌 중증장애인 보호작업장으로 전환하게 된다. 동민은 시설 안팎이 새로 정비된 다음 해인 1991년 입소했다. 입소

명휘원 시절의 우동민 열사(가운데).

선배였던 이원교는 우동민을 처음 만난 날을 기억한다. 순하고 수더분한 인상이었다. 이원교가 스물여섯, 우동민은 스물넷이었다.

원생들은 명휘원 내 거주시설에 살면서 보호작업장에서 나무젓가락 봉지 끼우기, 장난감 만들기, 물파스 불량 고르기 등과 같은 단순작업을 했다. 시설의 일상은 보호작업장을 중심으로 돌아갔다. 6시 기상, 7시 아침식사, 9시 작업, 12시 점심식사, 13시 작업, 16시 자유시간, 18시 저녁식사, 20시 점호, 22시 소등. 원생들은 시설 일정에 몸을 맞추며 사감의 지도에 따라 생활했다. 지도에 잘 따르지 않는 원생들은 사감과 가까운 방으로 옮겨졌고, 사감의 관리를 받아야 했다. 점호시간에는 사감이 방마다 들어와 정리정돈은 잘 되어 있는지, 쓰레기통은 비웠는지, 신발은 가지런히 놓았는지, 방 걸레는 깨끗하게 빨았는지를 검사했다. 그때가 되면 동민은 몸에 배어 있던 맏이의 습관대로 누구보다 먼저 움직였다. 휠체어에서 내려와 바닥을 쓸고 걸레로 닦았다. 동민은 입소 3개월 만에 사감과 가장 먼 방으로 배치되었고 방장이 되었다.

시설에 맞춰 살아야 하는 삶은 스트레스가 많았다. 명휘원은 주말 외출이 가능했는데, 외출할 때면 원생들은 종종 읍내에 있는 호프집에 모여 술을 마셨다. 취해서 들어온다거나 싸움을 하는 등의 사고가 빈번하게 일어났다. 큰 소리 한 번 낸 적 없이 부모님 말씀에 순응하며 살아온 동민에게는 상상할 수 없는 일이었다.

원생들은 보호작업장에서 일하고 한 달에 5만 원을 받았다. 대부분은 그 돈으로 필요한 물건이나 옷을 사거나 주말에 읍내에 있는 호프집에서 술을 한잔했다. 동민은 그 돈을 쓰지 않고 모았다. 하루는 김기정이 물었다. 동민이 느리게 했던 말을 기정은 아직까지 기억한다.

"동민아, 그 돈 그렇게 모아서 뭐 할 거야?"

"누나, 나는 맏아들이야."

돈을 처음 벌어본 동민은 전부 모아 엄마에게 주고 싶었다. 동민은 돈 때문에 고생했던 엄마를 기억했고, 가족이 기대하지 않았던 맏이와 아들로서의 책임감을 항상 품고 있었다.

동민이 입소하던 해 명휘원에는 발달장애인과 뇌병변장애인이 다수 입소했다. 명휘원은 전국장애인체육대회를 대비해 뇌병변장애가 있는 원생들에게 보치아를 가르치기 시작했다. 이원교가 먼저 시작했고 뒤이어 우동민이 합류했다. 비교적 넓은 공간이 필요한 보치아는 공을 굴리거나 던져서 표적구에 가장 가까이 보낸 선수나 팀이 승리하는 경기다. 동민은 시설에 있는 5년 동안 보치아를 훈련했다. 한여름 무더운 날씨에도 동민은 훈련을 빠진 적이 없다. 그러나 보치아 선수로서 치명적인 어려움이 있었는데, 동민은 시력이 퍽 좋지 않았다. 그의 눈꺼풀은 강직으로 심하게 떨렸고 눈동자는 초점이 맞지 않았다. 공을 표적구에 가까이 보내는 일이 동민에게는 쉽지 않았다. 하지만 넓은 공간에서 원생들과 어울려 배우는 시간이 즐거웠다. 좁은 방 안에서 혼자 긴 시간을 보내왔던 동민에게 할 일이 생긴 것은 낮과 밤처럼 큰 차이였다.

명휘원에는 여름과 겨울에 방학이 있어서 원생들은 각자 집에서 몇 주를 보내고 다시 시설로 돌아와야 했다. 1990년대 초, 휠체어를 탄 장애인이 이용할 수 있는 저상버스나 장애인콜택시는 아예 없었다. 지하철에 엘리베이터는커녕 휠체어 리프트조차 설치되지 않은 곳이 더 많던 시절이었다. 동민은 방학 동안 방 안에서만 지내다 시설로 돌아갈 날이 가까워 오면 사람들을 만날 생각에 즐거워했다. 김기정은 당시를 기억하며 말했다.

집보다 나았을 거예요. 우선 같이 어울릴 사람들이 있었잖아요. 자기 이야기를 들어줄 사람도 있고, 뭔가 할 수 있는 일도 있고요. 집에서 아무 지원도 받지 못하고 지낼 바에는 차라리 더 빨리 시설에 들어가서 공부라도 했더라면 하는 아쉬움도 있어요. (김기정)

유언을 만난 세계

제한된 일상의 작은 즐거움

명휘원에는 친구는 물론이고 동민이 의지하고 기댈 수 있는 누나와 형도 있었다. 동민은 작업장에서 친해진 김기정에게 "누나, 커피"라고 서슴없이 조르곤 했다. 기정이 너그러운 웃음을 지으며 자판기에서 커피를 뽑아주면 동민은 조심스레 다리 사이에 종이컵을 고정시키고 수동휠체어를 후문 쪽으로 밀었다. 그곳에는 커다란 나무가 한 그루 있었다. 이원교, 김기정, 신인기, 우동민은 점심식사 후 으레 나무 앞에 모였다. 햇볕을 쬐며 커피 마시는 시간이, 곁에 누군가 있다는 사실이 동민을 벅차게 했다.

신인기는 명휘원 내 특수학교인 명혜학교에 다니다가 입소한 친구였다. 동민보다 한 살 어렸는데 특유의 친화력으로 형 동생 말고 친구 하자며 대뜸 동민의 이름을 불렀다. 신인기는 커피를 좋아하는 동민을 위해 자주 작업장으로 커피를 배달해주었다. 인기는 1층 자판기에서 커피를 뽑아 휠체어와 오른쪽 다리 사이에 종이컵 세 잔을 나란히 두고 경사로를 이용해 2층 작업장까지 올라갔다. 이원교, 김기정, 우동민에게 커피가 무사히 배달되면 다들 어린아이처럼 좋아했다. 커피 배달은 무료한 작업 시간을 버티게 했던, 소소하지만 큰 즐거움이었다.

당시 신인기는 곤봉과 포환 선수를 할 정도로 활동적이었다. 수동휠체어도 스스로 밀고 다녔던 신인기는 라면과 소주 반입 담당이었다. 신인기는 휠체어 뒤에 배낭을 걸고 한 달에 한 번 시설 문을 나섰다. 정문에서 300미터 정도 떨어진 슈퍼에서 라면 열 봉지, 소주 다섯 병을 사 오는 게 신인기의 임무였다. 한 달에 한 번 갖는 비밀회식이었다. 소등하면 하나둘 사감 선생님 방과 가장 먼 방으로 모였다. 라면 열 개를 부숴서 깨끗이 씻은 양은 대야에 한 꺼번에 넣고 끓는 물을 부은 다음 익혀 먹었다. 동민이 소주와 회식의 맛을 처음 알게 된 순간이다.

시설에서 휠체어로 10분 정도 가면 갯벌이 있었다. 당시는 시화호 방조제가 완공되기 전이라 해안도로에서 밀물과 썰물을 볼 수 있었다. 저녁을 먹고 점호까지 한 시간 정도 자유시간이 있었고, 이때 이원교, 김기정, 신인기, 우동민은 수동휠체어를 천천히 밀어 해안도로로 나갔다. 도착하면 노을이 질 무렵이 되는데 바위 근처에 옹기종기 모여 살아온 시간과 살아갈 날들에 대한 이야기를 나누었다. 태어나 처음 접한 바다 냄새, 파도 소리, 너른 갯벌, 노을 빛깔은 동민에게 선명하게 남았다. 무엇보다 이들과 나누었던 이야기를 동민은 오래 기억했다.

명휘원에서 거주할 수 있는 기간은 최대 5년이다. 이원교, 김기정, 신인기는 모두 우동민보다 앞선 1995년 퇴소했고, 우동민은 함께 어울렸던 무리에서 마지막으로 남았다. 이듬해인 1996년 명휘원은 '그룹홈'(공동생활가정) 운영을 시작했다. 그룹홈은 거주인 네 명과 생활교사 한 명이 한집에서 생활하는 소규모 장애인 거주시설이었다. 우동민은 그룹홈 1기생이 되어 출퇴근하면서 보호작업장 일을 이어갈 수 있었다. 그룹홈에서의 일상은 시설과 크게 다르지 않았다. 이번에도 방장을 맡게 된 동민은 세 명의 발달장애인과 함께 생활했다. 그룹홈의 최대 거주 기간인 5년도 금방 흘

유언을 만난 세계

렀다.

2001년 동민은 다시 재가 장애인이 되었다. 10년이 흐른 후에도 재가 장애인의 삶은 크게 달라지지 않았다. 사회적 자원이나 복지서비스가 없던 그 시절, 집은 오히려 시설보다 더 큰 고립과 단절을 안겨줬다. 보치아 경기를 하고 바다를 보러 다녔던 친구들은 뿔뿔이 흩어졌고 우동민은 서른네 살에 갈 곳과 할 일, 친구를 잃었다. 다행히 시설은 동민에게 하나의 통로를 남겼는데 바로 신인기였다. 1995년 퇴소 후 전국을 떠돌던 신인기가 정착한 곳은 신기하게도 우동민의 집 근처 임대아파트였다. 둘은 2004년 우연히 지하철역에서 만나게 된다.

가족은 모르는 표정

우동민이 긴장을 덜고 말을 할 수 있는 상대는 많지 않았다. 함께 활동하는 성북장애인자립생활센터(이하 '성북센터') 동료들은 우동민이 그럴 수 있는 몇 안되는 존재들이었다. 이들은 동민이 전한 단어로 문장을 구성해 동민에게 다시 물었다. "동민이 형, 이런 뜻이야?" 동민은 고개를 끄덕이거나 젖히거나 저어서 문장을 함께 완성했다. 동료 활동가 외의 사람들에게는 대개 표정이나 고갯짓, 손짓으로 의사 표현을 대신했다. 표정은 대부분 웃음이었다. 우리에게 익숙한 그 표정, 입을 벌리고 침을 튀기며 어금니와 목젖을 환히 내보이는 그 커다란 웃음 말이다.

우동민은 몸을 비틀어서 목구멍까지 소리를 올린 후에 입안에서 한 음절을 만들어냈다. 동민이 힘을 들여 뱉어낸 말은 여러 소리로 갈라져 매끄럽지 못했다. 듣는 사람은 시간과 애정을 들여 소리를 확인해야 했다. 고르고 골라 내어놓은 말은 잘 전해지지 못했다. 동민은 가까운 사람들 외에는 말을 잘 하지 않았다.

부모는 동민이 하는 말들 중에서 배고프다는 말만 겨우 알아들었다. 동민이 말하는 모습을 보는 게 힘이 들었던 부모는 이런 말을 자주 했다. "됐다. 그만해라." 그만 말하게 하는 것이 동민을 덜 힘들게 하는 거라고 생각했다. 동민과 여섯 살 차이가 나는 남동생은 어린 시절 동민의 말이 가닿았던 유일한 사람이었다. 그러나 10년 만에 시설에서 돌아온 동민의 말을 남동생은 더 이상 알아듣지 못했다. 소통할 사람이 사라진 집에서 동민은 입을 달았다.

아버지는 엄한 분이었다. 아버지는 어린 시절 동민에게 '문밖은 위험하니 주는 밥 먹고 집에 안전하게 있으라'는 말을 입버릇처럼 했다. 서른이 훌쩍 넘은 동민에게 아버지는 여전히 두렵고 어려운 존재였다. 동민은 자신과 동료들의 활동을 아버지에게 이해시킬 자신이 없었다. 퇴소한 직후 일주일에 한두 번이었던 외출은 날이 갈수록 늘어 2004년부터는 매일이 되었다. 가족들은 동민이 복지관에서 운영하는 장애인작업장에 나가고 있다고 생각했다. 그렇지 않고서야 월요일부터 금요일까지 하루도 빼놓지 않고 아침에 나가 밤에 들어올 리가 없었다. 동민은 가족들에게 아무런 설명도 하지 않았고 가족들도 동민의 하루를 궁금해하지 않

유언을 만난 세계

앉다. 걱정할 일을 한 번도 하지 않았던 동민에 대한 믿음이 바탕이 된 무심이었다.

2006년 어느 날, 아침에 멀쩡히 나간 동민이 삭발을 하고 들어온 적이 있었다. 장애인 활동지원서비스 제도화를 외치며 삭발 투쟁을 한 날이었다. 가족들은 놀라 이유를 추궁했고 동민은 나쁜 사람들에게 끌려가 머리를 깎였다는 핑계를 댔다. 동민의 말을 곧이곧대로 믿었던 가족들은 그럴 수 있는 일이라고 생각하며 조심해서 다니라는 걱정의 말을 보냈다.

부모는 세상에 동민의 자리가 있을 거라고 생각하지 못했다. 동민이 시설에 있을 때 부모는 매달 한 번 동민을 집으로 데리고 와 주말을 함께 보내곤 했다. 담임 선생님은 그때마다 동민에 관한 이야기를 들려주었는데, 부모는 그것이 신기했다. 꾀부리는 법 없이 어떤 일이든 끝까지 해낸다는 평, 책임감이 강하고 성실하다는 평, 동민이 운동 경기에 출전한다는 소식은 의아하기까지 했다. 동민이 무언가를 할 수 있을 거라고 생각해본 적 없던 부모였다. 동민은 경기에 나가 유명 메이커 상표가 붙은 경기복이나 운동화를 받아오곤 했다. 엄마는 동민이 메이커 옷을 타려고 경기에 나가는 것은 아닐까, 생각하고 변변한 옷 한 벌 사준 적이 없던 지난 시간을 떠올렸다. 부모는 동민의 경기를 보러 간 적이 없었기에 표적구 가까이 공을 굴리기 위해 온 신경을 집중한 동민의 모습을 알지 못했다. 경기 중 동료들과 함께 기뻐하고 좌절했던 순간의 얼굴을, 햇볕을 쬐는 나른한 표정을, 술에 취할 때만 나오는 선명한 발음을, 집회 현장에서 자신의 스쿠터로 전경의 방패를 들

2010년 9월, 우동민 열사가 '경기도 장애인체육대회'에서 받은
메달을 들어 보이며 환하게 웃고 있다.

이받으며 전진하는 동민의 뒷모습을 가족은 알지 못했다.

비가 오나 눈이 오나 출근하는 동민씨

2005년 1월 성북센터가 문을 열었다. 이원교, 김기정, 신인
기, 이규식, 문애린이 모여 얻은 작은 공간이었다. 당시 이원교
는 센터 개소 전부터 신인기를 통해 우동민의 소식을 알고 있었
다. 동민은 같은 동네에 살던 신인기와 함께 집회에 나오곤 했다.
이원교는 자립생활에 대한 우동민의 열망을 알고 있었고 그가 성

유언을 만난 세계

북센터에 필요한 사람이라고 생각했다. 이원교는 사무실을 마련한 후 우동민에게 함께 일하자고 제안했고 동민은 1초도 망설이지 않았다. 그렇게 우동민이 합류했고, 다음 해에는 박현이 들어왔다.

성북센터는 공간을 단독으로 얻을 형편이 되지 않아 장애인문화공간, 장애인실업자종합지원센터와 공동으로 성신여대 근처 농협 건물 1층에 10평 남짓한 공간을 얻었다. 10평에 놓을 수 있는 책상의 수는 최대 여섯 개였고 한 단체당 두 개의 책상을 배정했다. 사무실 가운데에는 공동으로 쓰는 원탁 테이블을 놓았다. 성북센터가 배정받은 책상은 서류 작업이 가능한 활동가들이 나누어 썼고 자리가 없는 사람들은 원탁 테이블에 둘러앉았다. 좁은 공간에 수동휠체어, 전동휠체어, 스쿠터를 탄 12명이 오밀조밀 들어차 있었다.

동민에게 갈 곳과 할 일이 다시 주어졌다. 그룹홈에서 나온지 5년 만이었고 동민이 서른여덟이 된 해였다. 동민은 비상근 활동가였지만 상근자와 마찬가지로 출퇴근 시간을 지켰다. 동민은 아침밥을 먹고 집에서 나와 해가 떨어져야 집으로 돌아갔다. 당시 우동민의 별명은 '비가 오나 눈이 오나 출근하는 동민씨'였다. 동민은 이원교 소장을 제외하고 나이가 가장 많았기 때문에 성북센터 활동가들은 모두 동민을 큰형으로 생각했다. 동민 자신도 책임감을 갖고 부담스러운 일이나 어려운 일을 맡으려고 했다. 집회나 기자회견, 자조모임 같은 외부활동을 자원하고 나섰다. 사무 업무가 익숙하지 않았기 때문이기도 했지만 중증장애인 당사자로서 목소리를 내고 사람들을 조직하는 것을 자신의 역할이라고 생각했다.

빨간 스쿠터 탄 운동가

동민은 그룹홈을 퇴소한 해부터 스쿠터를 탔다. 2000년대 초반에는 스쿠터 타는 사람이 흔치 않았다. 집회 현장에서 스쿠터는 전경의 방패에 맞설 수 있는 좋은 무기가 되어주곤 했다. 동민은 상체 근육이 발달해 체격이 제법 큰 편이었는데 동료 활동가들은 "동민이 형 인상이 좀 되니까 앞에 서요"라고 농담을 하기도 했다. 전경들 앞에 서면 동민은 부러 험악한 표정을 짓기도 했다. 현장의 동민은 사무실에서보다 활동적이었다. 〈장애해방가〉를 좋아했던 동민은 늘 현장에서 울려 퍼지는 투쟁가를 따라 부르며 행진했다.

반토막 몸뚱이로 살아간다고 친구여 이 세상에 기죽지 마라
삐뚤어져 한쪽으로 사느니 반쪽이라도 올곧게
말뿐인 장애복지 법조항마저 우리의 생존을 비웃고 있다
노동으로 일어설 기회마저 빼앗긴 형제여

아 차별의 폭력 눈총을 깨고 사백만의 힘으로 하나로
자 외쳐 불러라 해방의 나라 장애해방 참세상을

2008년 6월, 동료들과 시설 비리 척결 투쟁에 나선 우동민 열사(앞줄 가운데).

아 우리는 뼈아픈 고통의 시련마저
싸워 싸워야 승리하리라

　　　　　　　　　　—〈장애해방가〉(글·곡 김호철, 노래 박준)

동민의 빨간 스쿠터를 기억하는 사람은 2006년 5월 평택 대
추리마을에도 있었다. 동민은 평생 살아온 터전을 빼앗길 위기에
처한 농민들을 위해 미군기지 이전 반대투쟁에 동참했다. 진보 장
애인운동계의 연대 차원이 아닌 우동민 개인의 참가였다. 김종환
은 당시를 떠올리며 말했다.

당시 대추리 투쟁은 운동권이 총집결했던 대규모의 투쟁이었어요. 스스로 활동가라고 생각한 거의 모두가 참가했었죠. 저도 동료 활동가들과 함께 여러 번 갔었어요. 가장 큰 충돌이 있었던 '여명의 황새울' 작전 즈음이었어요. 대추리로 향하는 모든 길이 막혀서 근교를 뱅뱅 돌았어요. 뿔뿔이 흩어져 투쟁하다가 저 멀리서 눈에 익은 빨간 스쿠터 한 대를 발견했어요. 동민이였어요. 동민이를 거기서 보게 될 거라고 상상도 못했거든요. 시골은 휠체어로 접근하기가 어려워요. 더군다나 평택역에서 10킬로미터 넘게 떨어진 대추리에서요. 중증 장애가 있던 동민이는 정말 힘들게 대추리까지 갔을 거예요. 동민이는 자신을 스스로 활동가라고 정체화했고, 잘못된 권력을 상대로 투쟁해야 하는 이유, 연대의 의미를 잘 알고 있던 거예요. 우동민 열사 추모제를 치를 때면 전 늘 대추리의 동민이가 떠오릅니다. (김종환)

맨몸으로 맞선 활동지원서비스제도화 투쟁

우동민이 활동하던 2005~2010년은 유독 굵직굵직한 장애 이슈가 많던 시기였다. 정립회관 투쟁, 활동지원서비스제도화 투쟁, 성람재단·석암재단 비리 척결 투쟁, 탈시설 권리 쟁취 투쟁, 장애등급제 폐지 투쟁 등 동민은 그 현장에 함께 있었다. 모든 투쟁에 마음을 다했지만 동민이 가장 긴 시간 함께했던 활동은 활동

유언을 만난 세계

지원서비스제도화 투쟁이었다.

2005년 12월 경상남도 함안에 살던 한 중증장애인이 수도관이 터진 방 안에서 동사한 사건이 일어났다. 장애인 활동지원은 중증장애인의 생명과 직결된 서비스로 더 이상 미룰 수 없는 사안이었다. 2006년 전국장애인차별철폐연대 등 장애인단체는 활동지원서비스가 중증장애인의 권리임을 선포하고 활동지원서비스 제도화를 요구하며 삭발투쟁 및 서울시청 등 전국 각지에서 무기한 천막 농성을 벌였다.

당시 이명박 서울시장은 활동지원서비스에 대한 책임을 정부에 떠넘기며 면담조차 응하지 않고 있었다. 그 와중에 서울시는 노들섬에 오페라하우스 건립 예산으로 7000억 원을 배정했는데, 그들이 돈이 없다며 깎으려 했던 활동지원서비스 예산은 고작 15억 원이었다. 2006년 4월 27일 중증장애인들은 기어서 한강대교를 건너 노들섬까지 가는 투쟁을 벌였다. 맨몸으로 한강대교를 기는 중증장애인 뒤편에는 30여 명의 장애인들이 서로의 휠체어를 쇠사슬로 묶고 차량을 막아섰다. 중증장애인들은 거칠고 뜨거운 아스팔트 위를 맨몸으로 기면서 자신의 삶과 투쟁에 대한 처절한 의지를 보여주었다. 아스팔트 위를 기어가는 바로 그 행렬에 우동민이 있었다. 그의 낡은 청바지는 20미터도 채 가지 않아 금세 해졌다. 살이 찢겨 피가 흘렀지만 동민은 멈추지 않았다.

결국 서울시는 오페라하우스 건립을 포기하고 활동지원서비스를 전면 시행하겠다고 약속했다. 이후 각 지방자치단체 역시 하나둘 서비스를 제도화하기 시작했다. 그러자 중앙정부도 이러한 흐름을 거부할 수 없게 되었고, 2007년 1월 보건복지부는 장애인 활동지원서비스를 전국적으로 시행하기 위한 사업지침을 발표했다. 하지만 곧 이 지침의 문제가 드러났다. 자부담을 10퍼센트 져야 했고, 한 달 이용 시간은 최대 80시간으로 제한되었으며, 차상위 200퍼센트 안에 드는 소득 수준의 사람만 서비스를 이용할 수 있었다. 활동지원서비스를 '중증장애인의 권리'로 인정하지 않는 것이다.

2007년 1월 24일 중증장애인 활동가들은 활동지원서비스의 대상 제한 폐지, 생활시간 보장, 자부담 폐지라는 3대 요구안을 걸고 국가인권위원회(이하 '인권위') 11층 배움터를 점거, 무기한 집단 단식 농성에 들어갔다. 우동민은 단식자 명단에 이름을 올리지 않았지만 자발적으로 하루 단식에 동참했고 그 자리를 함께 지켰다. 삭발한 중증장애인들이 곡기를 끊은 지 23일째 되던 날, 보건복지부는 중증장애인들의 요구를 일부 수용하겠다고 발표했다. 소득 수준과 관계없이 활동지원서비스를 받게 하고 이용시간을 최대 180시간으로 확대하겠다는 내용이었다. 마침내 2007년 4월 활동지원서비스가 전국적으로 시행되었다. 하지만 자부담금 등 해결해야 할 과제는 여전히 남아 있었다. 우동민은 바로 그 자부담 때문에 활동지원서비스를 이용할 수 없었다. 뇌병변 1급의 중증장애인이었던 우동민은 당시 월 60시간의 활동지원서비스를 이용할 수 있었지만, 자부담이 부담스러워 신청조차 하지 못했다.

유언을 만난 세계

보통의 삶을 꿈꾸다

동민은 꽃잎과 낙엽이 바람에 흩날리면 달리던 스쿠터를 멈추고 바라보곤 했다. 커피 한 잔을 스쿠터 바구니에 꽂고 동료와 함께 햇볕이 잘 드는 벤치를 찾는 일은 중요한 일과 중 하나였다. 그는 낭만을 아는 사람이었고 그런 소소한 순간들을 놓치는 법이 없었다.

동료들이 우동민 하면 가장 먼저 꼽는 것이 술이다. 술을 마시면 긴장이나 경직이 조금 풀렸고 그런 나른한 느낌을 좋아했다. 무엇보다 동료들과 서슴없이 어울릴 수 있어 좋았다. 우동민은 말을 함축적으로 담아낼 줄 알았다. 유머를 담아 짧게 툭 던지면 동료들은 박장대소했다. 거기에 술이 좀 들어가면 갑자기 발음이 분명해지면서 가끔 찰진 욕도 튀어나왔다. 동민은 술자리에서의 자유분방함을 사랑했다. 그 사랑이 과해 술에 취해 길 위에서 잠들어버린 때도 가끔 있었다. 동료들은 동민만 보면 술 좀 줄이라고 구박했다.

동민은 외로움을 많이 탔다. 자신의 집에서 스쿠터로 10분 거리에 있는 신인기 집을 자기 집처럼 드나들었다. 집에 있다가도 술 생각이 나면 스쿠터를 몰고 그의 집을 찾았다. 정작 신인기는 술을 좋아하지 않았지만 동민을 위해 냉장고에 술을 채워두곤 했다. 동민은 집회가 끝나고 뒤풀이하러, 주말이면 삼겹살을 구워 먹으러, 명절이 되면 친척들의 방문을 피하기 위해 그의 집에 갔다. 즐거울 때나 힘들 때나 항상 이들은 함께였다. 신인기는 동민

2009년 10월 24일, 자신의 생일에 동료 활동가들과 즐거운 시간을 보내고 있는 우동민 열사. 테이블 위에 초가 꽂힌 케이크와 맥주가 놓여 있다.

과 자신을 '바늘과 실' 같은 관계라고 이야기한다.

2008년 무렵 신인기는 목디스크가 악화하여 목 아래로 마비가 왔다. 수술받은 후 혼자서 해왔던 일들을 더 이상 하지 못하게 되었다. 동민은 수술 후 집에 누워만 있던 신인기가 걱정돼 매일 그의 집을 드나들었다. 동민도 거동이 자유롭진 못했다. 왼손은 경직이 심해 대부분의 일은 오른손으로 해야 했는데, 누워 있는 그를 위해 한 손으로 집을 청소하고 소변보는 일도 도왔다. 신인기가 배가 고플 때면 가스레인지 앞에 의자를 갖다 놓고 앉아 라면을 끓여 먹여주었다.

우동민은 시설에서 나오면서부터 줄곧 자립생활을 꿈꿨다.

신인기가 임대아파트에 입주해 생활하는 모습을 지켜보며 더욱더 자립을 소망하게 되었다. 우동민은 가족과 함께 살았기 때문에 임대아파트 입주 조건을 만들려면 세대를 분리해 집에서 나와야 했다. 맏아들로서 집에 도움을 주지는 못할망정 손을 벌릴 수 없다고 생각했던 우동민은 활동을 시작하면서 자립생활을 계획했고, 활동비를 받게 되면서부터는 집 보증금 마련을 목표로 돈을 모았다. 한 달 용돈으로 정해둔 1만 원을 제외한 나머지 돈은 모두 저금했다. 밥도 얻어먹고 술도 얻어먹고 커피도 얻어 마셨다. 옷은 접힌 곳이 닳을 때까지 입었다. 동민은 아끼는 것만큼은 자신 있었다.

마흔이 넘었던 우동민은 결혼해서 가족을 이뤄 살고 싶었다. 가까운 동료들은 동민이 시설에서 알게 된 한 여성을 오래전부터 좋아하고 있다는 사실을 알고 있었다. 동민은 자판기 커피 한 잔으로 작게 마음을 표현하곤 했다. 동민이 할 수 있는 최대의 표현이었다. 퇴소 후에도 그 친구의 소식에 귀를 기울였다. 자립하고 자리를 잡으면 연락할 생각이었다. 어느 날 회식 자리에서 동민은 술에 취해 어린아이처럼 울었다. 그 사람의 결혼 소식을 들은 날이었다.

우동민의 책상

성북센터 사무실에 동민과 인기의 책상은 오랜 기간 없었다.

책상 하나를 더 두려면 그만큼의 공간이 필요했다. 센터 설립 초기에는 책상을 둘 자리도 책상을 살 돈도 없었다. 성북센터는 개소 2년 후에 다섯 평을 넓혀 독립했지만 이때도 둘의 책상을 마련하지 못했다. 다시 2년이 지나고 살림을 더 키워 20평 정도의 공간으로 이사했고, 이원교 소장은 가장 먼저 우동민과 신인기 공동 책상을 구매했다.

우동민의 개인 책상은 센터 개소 5년 후인 2009년 말에 생겼다. 우동민은 자기 자리가 생겼을 때 가장 크게 웃었다. 동민에게 책상은 자신의 존재를 인정받는 것, 더 확고하게 이 센터의 일원이 되었다는 의미로 받아들여졌다. 우동민은 더욱 책임감을 느꼈다. 지역에서 보치아 선수들을 발굴하고 자조모임을 만들어 지원하는 업무를 맡았고, 책임감을 더 단단히 하며 집회 현장에 열심히 나갔다.

책상과 함께 개인 컴퓨터도 생겼다. 동민은 시력이 좋지 않았다. 앞에 있는 사람이나 물체는 흐릿하게 윤곽만 볼 수 있었다. 안경을 맞추고 싶었지만 당시만 해도 눈에 초점이 잘 맞지 않는 동민이 시력검사를 할 수 있는 장비를 갖춘 병원이 드물었다. 아니, 정확히 말하면 스쿠터를 탄 동민을 받아주는 병원이 없었다. 안경은 끝내 갖지 못했지만 컴퓨터로 글씨를 확대해서 볼 수 있게 되었다.

동민이 공부를 시작한 것도 책상이 생기면서부터다. 동민은 한글 공부를 시작했다. 떠듬떠듬 읽을 줄은 알았지만 쓰지는 못했다. 현장에 나가지 않을 때는 자기 자리를 떠나지 않았다. 동민은

　　　　　　　　　　　　유언을 만난 세계

동료 활동가와 틈틈이 한글을 공부했고 자원봉사자와 초등 검정고시 준비도 시작했다. 동료 문애린의 채근에 못 이겨 서류 보는 연습도 해볼 계획이었다. 동민은 자신의 책상에서 차근차근 미래를 준비하고 있었다.

이원교 소장은 우동민이 책상을 갖게 된 시점을 이야기하다가 한동안 말을 삼켰다. 그는 긴 숨을 내쉬고는 말을 이었다.

요즘 들어 동민이 생각을 자주 해요. 요새 AAC가 나왔잖아요. AAC는 이용자가 기기의 그림이나 문장을 선택하면 음성으로 출력해주는 의사소통 보조기구예요. 언어장애가 있는 사람들이 기계를 이용해 대화를 나눌 수 있게 된 거예요. AAC를 잘 활용하는 중증장애인 활동가들을 볼 때마다 동민이가 생각나요. 동민이가 살아 있을 때 이 기기가 있었다면 동민이가 얼마나 잘 썼을까? 불과 8년 전이지만 그때만 해도 의사소통할 수 있는 방법은 말을 하거나 글자를 쓰는 수밖에 없었거든요. 동민이는 아무것도 제대로 누려보지를 못했어요. (이원교)

인권이 무너진 곳에서 인권을 일으켜 세우며

이명박 정부가 들어서면서 인권위는 조직과 역할이 축소되었고 파행으로 치달았다. 2010년 7월 취임한 현병철 인권위원장은 사회적 약자의 인권에는 관심이 없고 정부와 여당 눈치를 보는 데 급급했다. 용산참사나 민간인 사찰과 같은 국가기관의 인권침해 사안에 대해서도 침묵했다. 시민사회단체와 활동가들이 인권위가 준비하는 행사의 참석과 인권상 수상을 거부하면서 인권위는 사실상 명패만 유지하게 되었다.

2010년 11월 현병철 위원장 사퇴 운동이 전국적으로 벌어졌다. 11월 4일 전국장애인차별철폐연대를 포함한 228개 인권·시민사회단체들은 대책위를 구성해 인권위 7층 인권상담센터를 점거하고 농성에 돌입했다. 인권위를 파행적으로 운영한 것에 대한 책임을 물으며 현병철 위원장의 사퇴를 촉구했다. 11일에는 경기, 전북, 광주, 대구, 부산 등 전국의 660개 시민사회단체가 현병철 위원장의 사퇴 촉구 성명에 힘을 보탰다.

장애인 활동가들은 인권위를 바로 세우는 일에 동참하기 위해 11월 22일 인권위 11층 배움터에서 현병철 위원장 사퇴 촉구를 외치며 농성에 돌입했다. 12월 2일 밤 9시, 전국에서 모인 200여 명의 장애인 활동가들은 8층부터 12층까지 인권위 전 층을 기습적으로 점거했다. 모든 층의 출입구를 자신의 휠체어로 막아서며 그들은 소리쳤다. "현병철은 사퇴하라!"

이원교 소장은 당시를 이렇게 설명했다.

"단순히 예산을 더 받기 위한 그런 투쟁이 아니었어요. '인권'이라는, 눈에 보이지 않지만 결코 포기할 수 없는 명제를 지키기 위한 투쟁이었습니다. 인권위는 사회적으로 차별받고 있는 사람들에게는 없어서는 안 될 기관이었어요. 인권위가 망가지는 것은

유언을 만난 세계

장애인의 인권뿐만 아니라 우리 모두의 인권이 망가질 수도 있다는 의미였죠. 우리의 투쟁은 장애인에 국한된 것이 아니었습니다."

유언으로 남은 한마디 말

12월 3일 '세계 장애인의 날', 인권위는 장애인들에 의해 봉쇄되었고 모든 업무는 마비되었다. 출근하는 인권위 직원들은 장애인 활동가들을 막아서며 이들이 자신들의 업무를 방해하고 공간을 침해했다며 고성을 질렀다. 활동가들은 논의 끝에 전 층 점거는 3일 오후에 마무리하고 농성은 11층 배움터에서 이어가기로 결의했다. 그러나 인권위 직원들은 이마저도 철수를 요구했고, 직원 중 한 명은 투쟁하는 중증장애인 활동가들을 향해 소리쳤다.

"비장애인에게 더 이상 이용당하지 말라."

인권위 직원들의 인권 의식은 절망스러운 수준이었다. 인권위 직원들은 자신들의 행동이 얼마나 반인권적인지 알지 못했다. 인권위는 남대문경찰서에 공문을 보내 사무실 점거투쟁 중인 장애인들의 강제해산과 사법처리를 요청했다. 12월 6일 두 명의 장애인 활동가가 공무집행방해와 폭행 혐의로 경찰에 연행되고 난 뒤 11층 배움터에는 우동민과 문애린을 포함한 다섯 명의 중증장애인 활동가들만이 남아 투쟁을 이어갔다.

12월 3일부터 10일까지 농성 기간 중 인권위는 경찰을 동원해 출입을 통제했고, 휠체어를 탄 장애인들의 이동을 막기 위해 엘리베이터 운행을 수시로 중단했다. 활동지원사의 출입과 인원도 통제했으며 혹한의 추위에도 난방을 끊었다. 전기가 수시로 중단된 사실과 식사 반입을 저지한 정황도 드러났다.

건물 안에서 농성 중이던 활동가들은 중증장애인이었다. 전기가 끊겨 전동휠체어가 멈췄고 활동지원사의 출입이 제한되어 배변, 식사 등의 신변 처리도 어려웠다. 난방이 끊긴 공간에서 밤을 보낸 활동가들의 건강은 급속도로 나빠졌다. 우동민은 차가운 바닥에서 잠을 잘 수 없어 스쿠터에서 앉은 채로 밤을 지새웠다. 12월 6일 우동민은 폐렴 증세와 허리 통증을 호소하며 응급실로 실려갔고, 8일 문애린도 같은 증상으로 응급실에 급히 이송됐다. 전기가 끊기고 난방이 중단되고 식사 반입이 막히는 중에도 중증장애인 활동가들은 점거를 이어나갔다. 우동민이 폐렴에 걸려 응급실로 실려 나가기 이틀 전이었다. 하루의 농성을 정리하는 이야기를 나누는 저녁 시간, 늘 묵묵히 자리를 지키던 그가 평소와 달리 길게 말했다.

"앞만 보지 말고 옆도 보고 뒤도 보고 그렇게 함께 갑시다."

그날의 이야기는 우리에게 유언으로 남았다.

갑작스러운 죽음

2010년 12월 8일 한나라당은 이명박 정부가 내놓은 장애인 활동지원법(이하 '활동지원법')을 날치기 통과시켰다. 활동지원법은

©비마이너

2010년 12월 8일, '한나라당의
장애인활동지원법 날치기 통과'를
규탄하는 기자회견 후 도로를 점거하며
항의하는 장애인 활동가들.
우동민 열사(오른쪽 두 번째)가
경찰과 대치하고 있다.

옆에도 뒤에도 항상 그가 있었네

이전에 합의한 활동지원서비스보다 자부담을 높게 책정하고, 서비스 대상자를 장애 1등급으로 제한하며, 서비스 상한선을 두는 등 심각한 문제를 예고했다. 이런 문제점이 있음에도 활동지원법은 국회에서 단 한 차례도 논의되지 않은 채 날치기로 통과되었다.

같은 날, 살이 에일 듯한 한파 속에서 장애인 활동가들은 한나라당사 앞에 모여 '한나라당 규탄 기자회견'을 열었다. 인권위 농성으로 응급실에 후송되었던 우동민이 폐렴을 앓은 지 이틀이 지나지 않은 때였다. 동료들은 여전히 기침을 하던 동민에게 찬바람 쐬지 말고 들어가서 쉬라고 했지만, 동민은 기자회견이 끝날 때까지 자리를 지켰다. 투쟁 당시를 이야기하던 문애린의 눈시울이 붉어졌다.

동민이 형은 정말 고집이 세요. 일에 관해서는 더 그랬어요. 형은 자기가 맡은 바 주어진 일은 자기 몸이 아파도 하는 게 있었어요. 마음먹은 일은 끝까지 밀고 나가는 그런 사람이었어요. (문애린)

그날 이후 동민은 밤새 기침을 토해냈고, 숨을 쉬는 것마저 버거운 상황이 되었다. 병세는 하루가 다르게 나빠졌다. 약을 먹어도 듣지 않자 가족은 동민을 업고 급히 동네 병원으로 갔다. 단순한 감기라고 생각했지만 병원에 가보니 급성폐렴이었다. 12월 23일 동민은 기침과 열, 호흡곤란의 증상으로 상계백병원 응급실

유언을 만난 세계

로 실려갔다. 응급실에서 바로 중환자실로 옮겨져 치료를 받던 우동민은 더 이상 버티지 못하고 2011년 1월 2일 숨을 거둔다. 폐렴으로 인한 급성호흡곤란증후군이었다.

동민의 갑작스러운 죽음에 가족들은 황망함을 감추지 못했다. 부모에게는 마흔네 해 동안 외롭게 살다 간 장애인 자식의 불쌍한 죽음이었다. 장애인 자식의 죽음을 함께 슬퍼할 사람이 없을 거라고 생각해 병원에서 가장 작은 장례식장을 빌렸건만, 가족들은 그렇게 많은 장애인을 그날 처음 보았다. 장례 기간 내내 장례식장은 우동민의 죽음을 슬퍼하는 사람들로 발 디딜 틈이 없었다.

추모조차 가로막은 인권위

동민은 너무도 갑작스럽게 모두를 떠났다. 동료들은 동민을 살피지 못했다는 생각에 망연자실했다. 그러던 사이 장례식이 진행되었다. 김기정은 하염없이 눈물을 쏟다가 급하게 양복 한 벌을 마련했다. 살아 있는 동안 제대로 된 옷 한 벌 입지 못했던 동민이 안쓰러워 그냥 떠나보낼 수 없었다. 기정이 마련한 양복은 동민과 함께 태워졌다.

동료들은 동민을 지키지 못했다는 자책감에 가족들 앞에 나서기가 어려웠다. 자식의 죽음으로 세상이 무너지는 슬픔을 겪고 계신 부모에게 무어라 드릴 말씀이 없었다. 동민의 지난 활동을 전혀 알지 못했던 가족들에게 동민의 갑작스러운 죽음이 인권위 점거 때 얻은 폐렴 때문이라는 설명조차 제대로 할 수 없었다.

1월 4일 오전 11시 동료 장애인 활동가들은 인권위 건물 앞에서 우동민 열사의 장례를 '장애해방열사장'으로 치렀다. 열사장을 마친 참가자들은 영정을 들고 고인이 마지막으로 투쟁했던 인권위 11층 배움터를 찾아 헌화하고자 했다. 하지만 인권위는 장애인들의 출입을 막기 위해 엘리베이터 운행을 중지시켰다. 마치 그날처럼.

"영정이 못 들어가게 문을 잠그는 경우가 어딨어요. 엘리베이터 열어라!"

참가자들은 1층 로비에서 큰소리로 항의하고 눈물로 호소했지만 인권위 측은 엘리베이터를 가동하지 않았다. 걸을 수 있는 장애인과 비장애인 10여 명만이 영정을 들고 계단으로 올라가기로 했다. 휠체어를 탄 장애인 활동가는 눈물을 흘리며 우동민 열사의 영정을 비장애인 활동가에게 건넸다.

"우리 동민이 잘 보내주세요."

11층 배움터 문은 이미 잠겨 있었다. 참가자들은 울분에 찬 목소리로 문을 열어줄 것을 호소했다. 인권위 측은 헌화 이외에 다른 일은 하지 않고 30분 안에 나간다는 약속을 받아내고서야 문을 열었고, 참가자들은 두 시간의 승강이 끝에 겨우 열사의 넋을 추모하며 헌화할 수 있었다.

무작정 모란공원으로 향하다

　가족들은 우동민의 분골을 벽제 서울시립승화원 유택동산에 뿌리기로 결정했다. 찾아올 사람이 없는 자들, 무연고자들의 분골이 뿌려지는 곳이다. 유택동산으로 올라가는 길은 계단뿐이라 휠체어를 탄 장애인들은 접근할 수 없었다. 부모는 자신들이 죽으면 동민을 돌볼 사람이 아무도 없을 거라고 생각했다. 장애인 활동가들은 동민을 그곳에 남기고 올 수 없었다. 장애해방운동을 하던 활동가가 정부 기관의 횡포로 인해 사망했으니 마땅히 추모할 수 있는 공간에 모셔야 했다. 이원교 소장과 활동가들은 마석 모란공원 민주열사묘역에 모시자고 설득했지만, 가족들은 그 제안을 받아들이기 어려웠다.

　"당신들이 우리 동민이를 평생 책임질 수 있습니까?"

　가족들은 갑자기 등장해서 동민이의 동료라고 주장하는 이 많은 사람들을 쉽게 믿지 못했다. 김기정은 동민을 모란공원으로 데려가게 해달라고 울면서 호소했다. 김기정의 눈물에 가장 완강하던 동민 아버지의 마음이 움직였고, 활동가들은 우동민의 유골함을 안고 무작정 모란공원으로 향했다. 모란공원 측과 묏자리가 미리 논의된 상황도 아니었다. 죽음은 갑작스러웠고, 장례와 화장은 가족들에 의해 빠르게 진행되고 있었으며, 활동가들은 발인 날 열사장을 동시에 진행해야 했기 때문에 모란공원에 자리를 요청할 여력이 없었다.

　활동가들과 가족들은 오후 5시께 모란공원 민주열사묘역에

마석 모란공원 민주열사묘역에 자리한 우동민 열사 묘역.
8주기 추모제(2019년 1월)에 당시 최영애 인권위원장이 참석해
인권위 농성 과정에서 일어난 우동민 열사 죽음에 대한 인권위의 책임을 인정하고
사과했다. 묘비 옆에는 최영애 인권위원장 이름으로 된 국화가 놓여 있다.

도착했다. 한겨울이라 주변은 이미 어둑어둑했다. 휠체어를 탄 동지들이 쉽게 찾아올 수 있는 곳을 찾던 활동가들은 우동민의 자리를 민주열사묘역 입구 표지석 뒤쪽 나무로 정했다. 시간은 곧 저녁 6시를 넘겼고 주변은 칠흑같이 어두워졌다. 표지석을 둘러싼 십여 대의 전동휠체어 조명이 우동민 열사의 영정을 비췄다. 표지석 위에는 열사의 영정과 소주 한 잔, 담배 한 대가 놓였다. 가족과 동료들은 차례로 표지석 뒤 나무에 열사의 분골을 뿌렸다.

"민주열사가 묻힌 이 땅에 무덤 하나 없이 우동민 동지를 묻습니다."

유언을 만난 세계

이원교는 말을 잇지 못했다.

"동지가 열사가 되어버렸습니다. 동민이를 제대로 지키지 못해 죄송합니다. 외롭게 가게 만들어 미안합니다."

활동가들은 서로를 부둥켜안고 눈물을 흘렸다.

"동민아, 이제 아빠 잔소리 안 듣는 곳에서 네 마음대로 훨훨 날아다녀라."

아버지는 떨리는 목소리로 자식의 분골을 나무 위에 뿌리며 말했다. 그리고 부모님은 활동가들의 손을 잡고 마지막 인사를 전했다.

"동료 여러분, 동민이를 여러분의 동지로 보내드리겠습니다. 동민이 동료 여러분, 고마웠습니다. 고맙다는 말밖에 할 말이 없습니다."

우동민 열사 사십구재에서 아버지는 유가족 대표로 추도사를 낭독하며 눈물을 흘렸다.

"동민아, 지금 너의 동지들은 다 여기에 있는데 너는 어디에 있니? 아픈 몸 이끌고 나가지 말라고 만류했는데도 굳이 나가더니 지금 너는 여기에 없구나. 아버지는 네가 나갈 때마다 신발 신겨주던 모습이 떠오르고, 지금이라도 네가 문을 열고 집에 올 것만 같아 너를 기다린다."

건강하셨던 우동민 열사의 아버지는 열사가 세상을 떠나고 5개월 뒤에 운명을 달리했다.

8년 만에 이뤄진 진상조사와 공식 사과

인권위는 농성에 참가한 장애인 활동가들에 대한 인권 침해가 원인이 되어 우동민 열사가 사망했다는 사실을 지속해서 부인했다. 2012년 국회 인사청문회에서는 사건을 조직적으로 은폐하고 심지어 인권위가 피해를 입었다고 피해사실보고서를 작성하기도 했다. 2014년 유엔인권이사회에서는 장애인 활동가들이 인권위 직원들을 폭행했다며 폭력배 취급하는 발언을 하고 "전기와 난방은 인권위가 관여할 수 없고 음식물 반입도 금지하지 않았다"고 거짓 해명했다. 2015년 박근혜 정부 때 취임한 이성호 인권위원장은 사건 가해 당사자 가운데 한 명인 안성모를 사무총장으로 임명했다. 안성모는 인권위 운영지원과장으로 일하던 당시 출입 통제·난방 공급 중단 등이 명시된 〈장애인단체 점거 농성 경과 보고〉 서류에 결재를 한 장본인이다. 안성모 사무총장은 직위를 유지하는 동안 우동민 열사의 죽음에 대한 진상조사 요구를 계속해서 묵살했다.

장애계와 우동민 열사의 동료들은 우동민 죽음에 대한 진상조사와 인권위의 공식 사과가 이루어지지 않는 것에 분노하고 절망했다. 더 늦기 전에 우동민 열사의 죽음에 대한 제대로 된 조사와 평가가 이루어져야 했다. 2014년 우동민을 기억하는 사람들이 모여 우동민열사추모사업회가 출범했다. 추모사업회는 매년 1월 2일 추모제를 진행하고 우동민 열사를 기리는 각종 연대사업 등을 기획하며 우동민 열사의 유훈을 담아 투쟁을 이어갔다. 모든

유언을 만난 세계

투쟁의 서두에 인권위의 사과와 진상조사를 치열하게 요구했다.

2017년 10월, 정권이 바뀐 지 5개월여 만에 외부위원들로 구성된 인권위 자문기구인 혁신위원회가 발족했다. 혁신위원회는 조사 활동을 마무리하면서 보고서의 '과거반성과 재발방지' 부분 첫 번째 권고안에 "우동민 사망 및 장애인 활동가 인권침해 건"을 담았다. 조사에서 12월 4일 난방과 전기가 공급되지 않은 사실이 확인됐다. 혁신위원회는 인권침해 행위에 대한 인권위의 공식사과, 우동민 활동가의 명예회복 노력 및 진상조사팀 구성, 고위 간부 책임 부과, 인권옹호자 선언 채택 공포, 장애인권 향상을 위한 직원교육 등을 권고했다. 2018년 1월 2일, 우동민 열사 7주기 추모제에 참석한 이성호 인권위원장은 사건 당시 인권위가 인권적 조치를 취하지 않았음을 인정했다.

인권위는 혁신위원회의 권고안을 수용해 2018년 7월부터 11월까지 조영선 사무총장을 단장으로 자체 진상조사를 진행했고, 12월 11일 진상조사 결과를 발표했다. 새로 취임한 최영애 인권위원장은 이 자리에서 "장애인의 인권을 보호하고 차별을 시정하는 장애인차별 시정기구로서, 당시의 점거 농성이 가지는 인권옹호 활동으로의 의미를 이해하고, 그 대응 과정에서 농성 참여 장애인 인권 활동가들의 인간으로서의 존엄과 가치가 침해되지 않도록 적극적인 조치를 해야 했으나 그렇게 하지 못했다"면서 "유족과 여러분들께 말로 다할 수 없는 깊은 상처와 고통을 드린 점에 대해 인권위를 대표하여 머리 숙여 사죄의 말씀을 드린다"고 잘못을 인정하고 고개 숙여 사과했다. 최영애 인권위원장의 사과는

2019년 1월 2일 마석 모란공원 민주열사묘역에서 열린 우동민 열사 8주기 추모제에서 다시 한 번 이어졌다. 우동민의 죽음 후 농성하는 사람들의 인권을 지키기 위해 전기, 난방 등 최소한의 것은 제공되어야 한다는 가이드라인도 마련되었다.

우동민 열사는 정규교육을 받은 적이 없고, 성북센터에 들어오기 전까지 제대로 된 직업을 갖지 못했다. 가족의 지원을 거의 받지 못하고, 국가의 시스템 안에서는 오로지 시설에 들어갈 수밖에 없었던 전형적인 중증장애인의 삶을 살았다. 또한 그는 장애로 인한 차별과 장벽을 모두 경험한 사람이었고, 그 차별과 장벽에 적극적으로 저항했던 사람이었다. 자기 삶을 기반으로 운동한 활동가였고, 죽는 날까지 자립생활을 추구했던 사람이었다. 2011년 우동민은 장애인운동에 헌신한 현장 활동가들에게만 수여하는 '정태수상'을 수상한다.

우동민열사추모사업회 회장이기도 한 이원교는 우동민 열사를 기억해야 하는 이유에 대해 다음과 같이 이야기했다.

"우동민 열사의 죽음을 '한 중증장애인이 점거 농성 하다가 폐렴에 걸려서 사망했다'로 끝내서는 안 됩니다. 우동민 열사를 장애인의 생존권을 위해 전 생애를 걸고 싸웠던 사람으로 기억해야 합니다. 나아가 '인권'을 인간의 '권리'로서 보장받는 것에 대한 자성과 반성의 의미로 우동민 열사를 기록해야 합니다."

2020년 1월 2일 인권위 10층에서 우동민 열사 9주기 추모식과 동판 제막식이 함께 열렸다. 그 동판에는 이렇게 쓰여 있다.

유언을 만난 세계

2010년 12월, 우동민 열사와 장애인운동 활동가들이 국가인권위원회를 점거해 국가인권위원회의 독립성 확보와 장애인 활동지원에 관한 법률 개정 반대 등을 외쳤습니다. 그러나 당시 국가인권위원회는 경찰을 동원한 출입 통제 및 엘리베이터 운행 제한, 난방 미제공 등 중증장애인 활동가에 대한 인권침해 행위를 자행함으로써 우동민 열사 등이 병원에 응급 후송되었습니다. 이후 우동민 열사는 병세가 악화해 폐렴으로 결국 사망했습니다.

국가인권위원회는 어떠한 국가기관보다 국민의 기본권 보호에 대한 감수성과 민감성을 가져야 하지만, 당시 인권옹호자인 장애인 농성자에 대한 적극적 보호조치가 미흡했습니다.

국가인권위원회는 이와 같은 반인권적인 행위로 인권기관으로 지켜야 할 기본적인 가치를 훼손하고 인간으로서의 존엄을 보장하지 못한 부분에 대해 성찰하며, 장애인과 사회적 소수자, 그리고 국가인권위원회의 독립성 확보를 위해 투쟁한 우동민 열사의 정신을 기리기 위해 이 동판을 설치합니다.

—2020년 1월 2일

"앞만 보지 말고, 옆도 보고 뒤도 보고 그렇게 함께 갑시다."
(우동민)

김순석 열사

참고 자료

〈객이 설친 지체부자유학생체전〉,《동아일보》, 1984. 10. 8.
〈서울거리 '턱'을 없애주시오, 휠체어 시민 유서 쓰고 자살〉,《조선일보》, 1984. 9. 22.
장애인문제연구회 울림터,《장애인문제연구회 울림터 활동기록집 1986~1992년》,
　　1993.

자문

이정훈(부산말 번역·에큐메니안 편집장)
정우영(사단법인 노란들판 활동가·1984년 당시 대학정립단 소속)
김종환(정태수열사추모사업회 집행국장·장애해방열사_단 활동가)

최정환 열사

참고 자료

《1995년 보건복지백서》, 보건복지부, 1995.
《장애인 노점상 최정환 열사 분신 관련 투쟁기록집》, 전국장애인한가족협회, 1995.

《함께걸음》 1993년·1994년·1995년 합본호.

김지민, 〈노점상 문제의 현황과 운동의 방향〉, 《도시와 빈곤》, 1994년 2월.

최인기, 《가난의 시대》, 동녘, 2012.

하금철, 〈'앵벌이 장애인'의 외침은 어디로 갔는가〉, 《기억과전망》, 2020년 여름.

자문

김종환(정태수열사추모사업회 집행국장·장애해방열사_단 활동가)

최인기(민주노점상전국연합 수석부위원장)

김병태(정태수열사추모사업회 회장)

김흥현(빈민해방실천연대 고문)

유희(십시일반 밥묵차)

조덕휘(전 전국노점상총연합 의장)

홍남호(전 대한성인장애인복지협의회 부회장)

김원휴(최정환 지인)

이덕인 열사

참고 자료

김용하, 《인천의 간척과 도시개발: 2018 인천광역시 민속조사 보고서 주제별 조사보고서 1》, 인천광역시·국립민속박물관, 2018.

대통령소속 의문사진상규명위원회 결정문 진정 제23호, 2002. 8. 30.

민주노점상전국연합, 민족민주열사·희생자추모(기념)단체연대회의, 빈곤철폐를 위한사회연대, 인권중심 사람, 인권운동+(더하기), 전국민족민주유가족협의회, 전국장애인차별철폐연대, 한국전쟁전후민간인피학살자전국유족회 공동주최 기자회견, '23년 피맺힌 유가족의 한을 풀, 이덕인 열사 의문사 진실규명 및 명예회복 촉구 청와대 앞 기자회견' 자료(2018. 5. 23).

'장애인 노점상 고故 이덕인 열사 사인 진상규명과 책임자 처벌 및 빈민생존권 쟁취를 위한 비상대책위원회'가 발행한 《이덕인 열사 투쟁 자료집: 핏빛 아암도》 외 당시 자료들.

정태수열사추모사업회, 《한국사회 장애민중운동의 역사》, 2005.

최인기, 〈장애인 노점상 이덕인 열사 이야기〉, 《민플러스》, 2019. 5~7. 기획연재.

인천도시역사관 기획전시, '송도 일대기: 욕망, 섬을 만들다', 2019. 7. 10~10. 6.

컴팩스마트시티 특별전시, '사라진 섬, 파묻힌 바다, 태어난 땅', 2015. 8. 25~11. 29.

EBS, 〈하나뿐인 지구: 생존기록 검은머리갈매기 소금땅에 오다〉, 2006. 6. 12.

자문

김종환(정태수열사추모사업회 집행국장·장애해방열사_단 활동가)

박경석(전국장애인차별철폐연대 상임공동대표·전국장애인야학협의회 이사장)

유희(십시일반 밥묵차)

조덕휘(전 전국노점상총연합 의장)

조성남(성동장애인자립생활센터 소장)

최인기(민주노점상전국연합 수석부위원장)

홍명희(중구 노점상(당시 장애인자립추진위원회))

이덕인 열사 어머니 김정자님, 아버지 이기주님과 가족들.

박흥수 열사

참고 자료

정태수열사추모사업회, 《한국사회 장애민중운동의 역사》, 2005.

싹틈 소식지 4(5~6월), 1989.

싹틈 소식지 5(7~8월), 1989.

싹틈 소식지 9(10~12월), 1990.

전국장애인한가족협회, 《중증장애인의 삶의 실태와 그 대책안》, 1995.

박경석, 《지금이 나는 더 행복하다》, 책으로여는세상, 2013.

하금철, 〈'앵벌이 장애인'의 외침은 어디로 갔는가〉, 《기억과전망》, 2020년 여름.

최인기, 〈핏빛 노을 가득한 아암도〉, 《누리하제》, 노나메기, 2014.

최인기, 〈장애인 노점상 이덕인 열사 이야기〉, 《민플러스》, 2019. 5. 15.

최예륜, 〈그날의 아암도〉, 《비마이너》, 2019. 10. 22.

〈의문사진상규명위원회 1차보고서〉(2000. 10~2002. 10), 2003년 1월.

〈장애자 복지회관 '짓는다' '안된다': 장애자-주민 대치 6개월〉, 《중앙일보》, 1988. 5. 24.

2012년 10·17 '빈곤철폐의 날' 열사추모제 자료집, '빈곤철폐의 날' 조직위원회, 박흥수 추모시, 장애해방열사_단 홈페이지(cafe.daum.net/sadddan).

〈고 박흥수 동지를 떠나 보내며〉, 정태수열사추모사업회 홈페이지.
정태수열사추모사업회, 《장애해방! 인간해방! 정태수열사추모자료집》, 2002.

자문

김종환(정태수열사추모사업회 집행국장·장애해방열사_단 활동가)
송효정(피플퍼스트 서울센터 사무국장·인터뷰 작업 참여)
조성남(성동장애인자립생활센터 소장)
박경석(전국장애인차별철폐연대 상임공동대표·전국장애인야학협의회 이사장)
문상민(민들레장애인야학 사무국장)
최인기(민주노점상전국연합 수석부위원장)
이상호(장애인기업종합지원센터 센터장)
배복주(정의당 부대표)
고명선(전 전국장애인한가족협회 활동가)
유희(십시일반 밥묵차)
익명 요청(전 장애인자립추진위원회)

정태수 열사

참고 자료

김도현, 《차별에 저항하라》, 박종철출판사, 2007.
정태수열사추모사업회, 《장애해방! 인간해방! 정태수열사추모자료집》, 2002.
장애해방열사_단 홈페이지(cafe.daum.net/sadddan).

자문

강영자(정태수 열사 어머니)
김영희(일과 노래, 정태수 열사 배우자)
박경석(전국장애인차별철폐연대 상임공동대표·전국장애인야학협의회 이사장)
김종환(정태수열사추모사업회 집행국장·장애해방열사_단 활동가)

그 외 인용된 구술은 모두 《장애해방! 인간해방! 정태수열사추모자료집》(정태수
열사추모사업회, 2002)에서 가져왔음을 밝힌다.

최옥란 열사

참고 자료

장애인문제연구회 울림터, 《장애인문제연구회 울림터 활동기록집》.
전국장애인한가족협회, 《전장협 활동기록집 '장애해방 그 한길로!'》, 2002.
민중복지연대, 《농성을 통해서 본 2002년 민중복지운동의 과제》, 한진, 2002.
유의선, 〈실업운동의 과정과 평가〉, 《사회운동》, 2004년 5월.
김용출, 《시대를 울린 여자: 최옥란 평전》, 서울포스트, 2003.
'생존권쟁취와 최저생계비 현실화를 위한 농성단' 취재요청서 및 보도자료.
생존권 쟁취와 최저생계비 현실화를 위한 농성단 농성일지, 2001.
〈2002~2012, 최옥란들〉, 장호경 감독, 2012.

자문

조성남(성동장애인자립생활센터 소장)
김병태(정태수열사추모사업회 회장)
박경석(전국장애인차별철폐연대 상임공동대표·전국장애인야학협의회 이사장)
유의선(정치발전연구소 교육국장)
김종환(정태수열사추모사업회 집행국장·장애해방열사_단 활동가)
최인기(민주노점상전국연합 수석부위원장)

박기연 열사

참고 자료

신대근, 〈천주교 인천교구 엠마우스의 예를 통해 바라본 장애인 사목의 미래〉, 인천가톨릭대대학원 석사논문, 2004.
강혜민, 〈'뇌병변장애인 지원 마스터플랜' 대대적으로 홍보해놓고 예산 반영 안한 서울시〉, 《비마이너》, 2019. 10. 8.
허현덕, 〈장애등급제 '진짜' 폐지 농성장에서, 1년 전 죽은 권오진을 추모하다〉, 《비마이너》, 2019. 6. 18.
인천장애인차별철폐연대, 〈인천장애인차별철폐연대 10년사〉.

자문

김광백(인천장애인교육권연대 사무국장)
신영노(한국뇌병변장애인인권협회 인천지부장)
박길연(민들레장애인자립생활센터 소장·민들레장애인야학 교장)
최명신(한국뇌병변장애인인권협회 사무처장)

우동민 열사

참고 자료

홍은전, 《노란들판의 꿈》, 봄날의책, 2016.
〈2010년 인권활동가들이 뽑은 '10대 인권뉴스'〉, 인권운동사랑방, 2010. 12. 13.
강혜민, 〈인권위, 고 우동민 열사 사망사건에 드디어 '공식 사과'〉, 《비마이너》,
    2018. 12. 12.
〈국가인권위 혁신위원회 권고문〉, 2017. 12. 27.
국가인권위원회 혁신위원회 활동결과 보고서, 2018. 3.
유튜브: 우동민 열사 발인(slowdafkss), 우동민 동지 장애열사해방장(Media
    VOP), 2019년 1월 2일 우동민 열사 8주기 추모제(전국장애인차별철폐연대)

자문

권순자(우동민 열사 어머니)
우동수(우동민 열사 남동생)
이원교(우동민열사추모사업회 회장·성북장애인자립생활센터 소장)
김기정(성북장애인자립생활센터 활동가)
신인기(성북장애인자립생활센터 활동가)
박현(전 성북장애인자립생활센터 사무국장·현 한국장애인자립생활센터협의회
    활동가)
문애린(전 성북장애인자립생활센터 활동가·현 이음장애인자립생활센터 소장)
김종숙(성북장애인자립센터 활동가)
김종환(정태수열사추모사업회 집행국장·장애해방열사_단 활동가)

그들이 여기,
우리와 함께 머물 수 있도록

김도현《장애학의 도전》저자

김순석, 최정환, 이덕인, 박흥수, 정태수, 최옥란, 그리고 박기연과 우동민. 그들의 이름을 나지막이 한 번씩 읊조려본다. 내겐 익숙하지만, 동시대를 살아가는 많은 시민들에게는 아마도 대부분 낯설 이름들.

장애학생을 가르치는 교사가 되고자 특수교육과에 진학했던 1996년, 입학식을 위해 찾은 대학 캠퍼스 곳곳에는 최정환과 이덕인을 살해한 김영삼 정권을 규탄하는 대자보가 붙어 있었다. 그해 겨울 평택 에바다복지회의 비리와 인권 유린 사태가 세상에 알려졌고, 이 문제의 해결을 위해 전국에바다대학생연대회의 활동을 하며 '장판의 전태일'과도 같았던 김순석의 존재를 알게 되었다. 2001년 대학 졸업과 함께 노들장애인야학 사무국장으로 사회운동을 시작한 나는 정태수의 집에 찾아가 소주를 얻어 마셨고, 명동성당 앞 노숙 농성장에서 최옥란을 만났으며, 갑작스럽게 세상을 떠난 박흥수의 영구임대아파트에서 망자의 체취와 함께 며칠간 머물기도 했다. 박기연과 우동민은 장애인 이동권 확보와 활동지원서비스 제도화를 위한 투쟁 현장에서 마주치곤 했던 나의 동지들이었다.

본격적인 장애인운동 활동가로서의 삶을 결의했던 20년 전, 나는 무엇보다 이 운동의 역사에 대해 제대로 알고 싶었다. 그래야 앞으로 무엇을 고민하고 무엇을 해야 할지 가늠할 수 있을 것 같았기 때문이다. 하지만 장애인운동 주체들이 겪어왔던 환경의 열악함과 고단함 때문이었을까. 기록된 장애인운동의 역사는 너무나 단편적이었고, 내가 접할 수 있었던 텍스트라곤 전국장애인한가족협회 시절 작성된 A4 여덟 쪽 남짓의 약사가 전부였다. 나는 선배 활동가들과의 술자리에서 구전을 통해 1980년대와 1990년대의 투쟁을 무용담처럼 전해 들어야 했다. 그런 아쉬움과 갈증을 조금이라도 해소하고자 2007년 《차별에 저항하라: 한국의 장애인운동 20년, 1987~2006》을 쓰게 되었고, 그 책에는 박기연과 우동민에 앞서 간 여섯 명 열사의 이름이 언급되어 있다. 그러나 여러 한계들로 인해 그들의 투쟁과 죽음에 대한 기본적 사실만을 나열했을 뿐, 열사들의 삶은 하나의 이야기로 구성되지 못했다.

그런 면에서 《유언을 만난 세계: 장애해방열사, 죽어서도 여기 머무는 자》의 성취는 놀랍고도 소중하다. 발터 벤야민은 〈역사의 개념에 대하여〉 6번 테제에서 "과거를 역사적으로 표현한다는 것은 '그것이 실제로 어떠했는가'를 인식하는 일을 뜻하지 않는다. 그것은 오히려 어떤 위험의 순간에 번득이는 어떤 기억을 제 것으로 삼는다는 것을 뜻한다"고 말한다. 진실은 사실의 단순한 퍼즐 맞추기, 혹은 사실의 합이 아닌 것이다. 기록되어 있고 전해 들을 수 있는 '사실'의 한계 속에서도, 이 책의 필자들은 우리가 기억해야 할 '진실'을 담은 여덟 명 열사들의 삶의 이야기를 기어코 구성해냈다. 평등하고 존엄한 인간으로서의 삶을 희구하며 한 시대를 뜨겁게 살다 간 그들의 이야기 속에는 또한 개인사를 넘어선 장애의 사회사가 담겨 있다. 그 작업은 이 책의 부제처럼 '장애해방열사'들이 '죽어서도 여기 머물' 수 있도록 하기 위한 또 다른 투쟁이었다고 나는 생각한다. 그러니 부디 많은 이들이 함께 읽어주시길. 열사들의 투쟁, 그리고 그들의 삶을 엮어낸 필자들의 투쟁은 이 책을 읽을 독자들을 통해 완성될 것이므로.

장애해방열사,
살아 있는 역사

장혜영 정의당 국회의원

누군가는 '열사'라는 단어가 낡은 언어라 말한다. 불합리한 체제, 부조리한 사회에 맞서 목숨을 걸고 투쟁할 일은 이제는 없지 않느냐는 것이다. 지하철에는 엘리베이터가 생기고, 활동지원서비스 제도가 생겼으니 '이 정도면 살 만하지 않느냐'고도 덧붙인다. 여전히 죽음을 각오하고 싸우는 사람들이 있음에도 불구하고, 그 투쟁을 설명하는 언어는 더욱 납작하고 단순해졌다. 장애인들의 생존권을 위한 이동권투쟁은 '교통방해', 점거농성은 '업무방해'라는 짧은 단어로 간략하게 정리되곤 한다.

책상에 놓인 장애해방열사·희생자 열사력을 바라본다. 달력을 한 장 한 장 넘길 때마다 가장 눈에 띄는 것은 기일에 적힌 열사들의 이름이다. 이 수많은 열사들의 이름은 단지 글자가 아닌, 살아 있는 역사이다. 책에 등장하는 열사들이 목숨을 걸고 외쳤던 구호들은, 2021년 현재에도 여전히 유효하다.

김순석, 최정환, 이덕인, 박홍수, 정태수, 최옥란, 박기연, 우동민. 지금 우리들이 살아가고 있는 이 세상은 열사들이 만들어낸 세상이다. 그리고 열사들의 뜻과 생을 받아안아, 지금도 세상을 바꾸어내고 있는 사람들이 있다. 《유언을 만난 세계: 장애해방열사, 죽어서도 여기 머무는 자》는 지금까지의 한국 장애인운동사를 기록한 소중한 사료이자, 앞으로의 장애해방운동을 이끌어 갈 지침서가 될 것이다. 각자의 자리에서 누구보다 뜨겁게 투쟁했던 이들의 삶이 보다 많은 사람들에게 전해지기를 바란다.

유언을 만난 세계

장애인의
'살림'살이를 위하여

홍세화 《나는 빠리의 택시운전사》 저자

오래된 아프리카 격언이 말하듯 "아이를 키우려면 마을이 필요하다"면, 장애인의 살림살이를 위해선 마을 이상의 것이 필요하다. 그것이 국가공동체의 존재 이유이기도 하다. 그러나 성장주의 이데올로기 앞에서 장애인들은 그저 장애물에 지나지 않았다. 빠른 발걸음에 채이거나 밟히지 않으려면 차라리 눈에 보이지 않는 편이 나은 존재였다. 그러므로 "복수해달라, 400만 장애인을 위해서라면 죽어도 좋다"는 외침은 우리 모두를 겨냥한 것이다. 장애인의 살림살이는 여지없이 배반당하는데, 살림살이라는 말에 담긴 '살림'의 반대는 '죽음'이 아니라 '죽임'이다. 동시대인들 중에 이 '죽임'과 무관할 사람이 있을까.

이 책은 나부터 반성토록 했다. 오랫동안 권위주의 권력에 압도당한 탓일까, 우리는 저 위를 바라보는 데 익숙해져 있다. 주변을 살피면서 사회를 보듬는 일은 나중의 일로 치부했다. "착취당할 자격조차 없"이 가족에게 영원한 짐이 되는 장애인들이 존재의 당연한 권리인 살림살이에 안간힘으로 도전할 때, 그 자리에 함께한 시민은 많지 않았다.

장애해방 분투의 역사를 그린 이 책이 많은 독자와 만나 '살림' '살림살이'의 뜻을 다시금 곱씹어보는 계기가 되길 바란다.

유언을 만난 세계

초판 1쇄 펴낸날	2021년 12월 3일
초판 3쇄 펴낸날	2022년 8월 10일
기획	비마이너
글	정창조·강혜민·최예륜·홍은전·김윤영·박희정·홍세미
펴낸이	박재영
편집	이정신·임세현·한의영
마케팅	신연경
디자인	조하늘
제작	제이오
펴낸곳	도서출판 오월의봄
주소	경기도 파주시 회동길 363-15 201호
등록	제406-2010-000111호
전화	070-7704-2131
팩스	0505-300-0518
이메일	maybook05@naver.com
트위터	@oohbom
블로그	blog.naver.com/maybook05
페이스북	facebook.com/maybook05
인스타그램	instagram.com/maybooks_05
ISBN	979-11-90422-99-4 03300

이 책의 인세 전액은 전국장애인차별철폐연대 후원금으로 쓰입니다.

만든 사람들

책임편집	임세현
디자인	조하늘